中国经济史学会会刊

中国经济史评论

CHINA
ECONOMIC
HISTORY
REVIEW

主　编／魏明孔　戴建兵
执行主编／隋福民

2017年第1期
（总第5期）

社会科学文献出版社
SOCIAL SCIENCES ACADEMIC PRESS (CHINA)

主办：中国经济史学会

　　　河北师范大学历史文化学院

　　　《河北师范大学学报》编辑部

目 录

纪念文章专栏

努力开拓中国经济史学研究新境界 ……………………… 蔡　昉 / 3

缅怀大师风范，推进学科发展 …………………………… 高培勇 / 7

中国经济史研究与建构中国特色社会主义政治经济学 ……… 王立胜 / 10

父亲与他的经济史研究 …………………………………… 吴　洪 / 15

忆家父几事 ………………………………………………… 汪同三 / 20

敬业专注、包容豁达、开拓创新的典范 ………………… 董志凯 / 24

以学术为天下公器：吴承明先生学术上的大智大勇 ……… 李伯重 / 27

"理论经济史"与"实证经济史"的开拓与发展 …………… 陈　锋 / 30

走经济史自己的路 ………………………………………… 戴建兵 / 38

缅怀大师风范，开拓学术新域 …………………………… 马　敏 / 42

沿着前辈开辟的中国经济史研究路径前行 ……………… 刘志伟 / 49

继承创新精神不断探索前进 ……………………………… 朱荫贵 / 53

弘扬汪老师以学术为生命的敬业精神 ················ 杜恂诚 / 59
永远怀念我学术道路上的引路人
　　——吴承明先生 ······························ 慈鸿飞 / 62

专题论文

从锦生润票号看山西票号之衰败 ············ 孟　伟　魏晓锴 / 67
国家、社团与社会视野下的合作社与乡村再造
　　——以平教会为中心的考察 ······················ 谢　健 / 80
民国初年奉天省土地丈放研究 ······················ 金艳丽 / 98
唐代地方水利建设与利用探析
　　——以河东地区为例 ·················· 赵晓峰　姚春敏 / 142

综述与述评

近代中国市场上的外国银元研究述评 ················ 熊昌锟 / 155
宋代重庆农业发展考述 ···························· 裴一璞 / 176
当代中国环境史研究：概况、特征与不足 ············ 张连辉 / 188

稿　约 ··· / 217

纪念文章专栏

努力开拓中国经济史学研究新境界

蔡 昉*

尊敬的各位来宾，各位经济史学界的专家，大家上午好，非常高兴有机会参加吴承明、汪敬虞先生百年诞辰学术研讨会。在中国社会科学院建院40周年之际，我谨代表中国社会科学院对吴承明、汪敬虞先生百年诞辰纪念会，对经济研究所为迎接建所90周年而举行的系列活动，表示诚挚的祝贺！对来自国内外30多所高校和科研院所的近150位嘉宾表示热烈的欢迎！

吴承明、汪敬虞两位先生是中国社会科学院首批荣誉学部委员，两位先生都是蜚声海外的经济史大家，他们写出了很多传世的金字塔尖式的著作，对中国经济史学科的奠基和发展做出了重要的贡献，而且留下了贯通古今、融汇中西的学术传统，严谨勤奋、执着坚守的精神，谦和宽厚、帮扶后学的为人品格，乐观通达、奋斗不息的人生态度。

他们这种光辉的学人精神在学人和后辈学人中广泛的流传，感人至深，是经济史学界和整个经济学界宝贵的精神财富。中国社会科学院经济研究所是我们中国经济学界的"老所""大所"，兼具理论经济学、应用经济学和经济史学，包括经济史和经济思想史，这些学科以基础理论的研究为主，以综合性的经济研究见长。建所近90年来，经济所涌现了许多经济学的名家大师，贡献了一大批具有重大影响的科研成果，其中经济史学者做出的成就令人瞩目。

我印象中的经济史研究室，当年都是一二十个人（最多四十多人）的规模，不止说是大师云集，仅规模就很大。经济史研究室是在民国时期的中央研究院社会研究所的基础上建立起来的，新中国成立后，在经济研究

---

* 蔡昉，中国社会科学院副院长、党组成员，中国社会科学院学部委员、学部主席团成员，第十二届全国人民代表大会常务委员会委员、农业与农村委员会委员。

所形成了以严中平先生为首的经济史研究团队，从事以中国近代经济史为中心的资料整理编纂工作，以严谨的学风和卓越的成果闻名中外，一度成为中国史研究的中心之一，并且培养出了一大批中青年的经济史专家。早在1960年初，当时的中国科学院经济研究所等单位，就根据周恩来总理的指示，承担了编写《中国资本主义发展史》的重要任务，许涤新、吴承明等经济史学者以马克思主义基本原理为指导，系统总结了中国资本主义经济的历史过程，形成了三卷本的皇皇巨著《中国资本主义发展史》。经济史学者数十年磨一剑，先后完成了由严中平先生主编的《中国近代经济史1840~1894》，汪敬虞先生主编的《中国近代经济史1895~1927》，刘克祥、吴太昌主编的《中国近代经济史1927~1937》等，这些著作被誉为中国近代经济史的扛鼎之作。它们浸透了经济史学者的辛勤汗水，是经济史学人的智慧的结晶。这些中国经济史著作的问世，对政治经济学中国化和广义政治经济学的发展提供了必不可少的素材，具有重大而持久的学术价值。

在新的历史起点上，时代赋予中国经济史学新的使命，也就是以中国特色社会主义经济建设中所面临的新情况、新问题为研究的落脚点，发挥经济史学以古鉴今的作用，以纵向的历史视野和横向的国际视野，解释中国经济中长期发展的历史进程。

我们史学界有一个说法叫"昨天即历史"，明年是中国改革开放的四十周年，我们说四十不惑，不惑，就是说我们要进行总结，要在理论上进行更新的概括。所以中国经济发展所创造的这个奇迹，已经引起了全世界的广泛关注。中国经历的由盛至衰并再度崛起的经济增长，作为一个经典的案例，理应对经济学和经济史学做出贡献，增进人们对世界经济发展演进规律的整体性认识。我们不仅说我们自己有经验，还要把它变成理论，而且我们应该为人类发展提供中国经验和中国方案。

但是总体来说，传统的经济增长理论，甚至经济史学，以西方为主流，它们对中国现实的理解往往是从一些固定的教义出发，那么这些教条可能历史上有它存在的理由，它是从西方的经验中总结出来的，但是中国，不仅是中国，早一些，东亚的整个经济发展，和西方的传统的古典资本主义发展是不一样的，中国更是不一样，因此西方的传统和经济学不能解释中国的奇迹。那么制度经济学尝试解释中国经验所显示出的制度变迁，也做了很好的描述，但还是预设了很多特定的制度轨迹，给我们标出了一些圭臬。但是事实上发现，你也没有遵守他的这些东西，因此，总的来说，这些理论在解释中国奇迹的时候显得捉襟见肘。

比如说很流行的有一本书，讲中国改革，科斯和王宁写的（《变革中国：市场经济的中国之路》），他们引用了哈耶克的一个说法，叫作人类行为的意外结果，就是说不是人有意为之，但是产生了一个你原来预想不到的一个结果。它说，用这个来说，中国改革案例是最佳的一个例子。

那么我想，我们不说它对不对，至少它是一个典型的用西方经济学话语权来解释中国特殊经验的案例。从一个更宏观的历史层面进行考察，经济学和经济史学理应对下面一些命题给出理论分析，也就是说今天实践的理论期待，也是为中国特色社会主义政治经济学做出贡献。

第一个就是李约瑟之谜。这看上去是一个老问题，但是实际上把它放得更广义一些，它是一个所谓的大分流之谜。而大分流之谜是我们经济学者孜孜以求的探索国家兴衰，但是至今没有破题的一个大命题。而中国是走了一个完整的周期，由盛至衰再复兴的这么一个过程，所以我觉得中国是一个最好的案例，而我们作为中国经济学者，具有得天独厚的条件。

第二个就是中国奇迹之谜。就是说我们如何在改革开放的40年里实现了改革开放促发展、促共享这么一个过程，这是迄今为止，我们没有看到这么成功和这么大规模的经济改革，那么我们有很多经验，独特的经验。

第三个就是我们今后怎么发展，我们也可以把它叫作中等收入陷阱之谜——尽管我们未必就会——我们还面临多大的中等收入陷阱的危险？可能并不大，因为按照我们现在的增长速度，即使减速了，到2022年前后，中国的人均GDP按2010年的价格大概也超过了12600美元，也就是说已经跨越了中等偏上收入到高收入国家的这个门槛。那么继续增长，我们可以想象到2030年、2040年，我们肯定是在中高收入国家中的比较高的收入的行列中。那么，就像总书记说的，中等收入陷阱，我们一定会跨过去的。关键是，跨过去以后怎么发展？那么我想，我们也可以把这个叫作一个中等收入陷阱之谜，那么也是既有历史价值，又有经济史学价值，也是中国特有的具有针对性的现象。

注入这样的一些命题，把我们具有的丰富的发展经验和经济史素材，和我们的经济理论和构建中国特色社会主义政治经济学的使命结合起来，我们当前面临着诸多的课题可以去做。目前中国社会科学院全院上下都在认真学习贯彻习近平总书记系列重要讲话精神和治国理政新理念新思想新战略，特别是最近习近平总书记"7·26讲话"以及总书记给我院40年院庆的贺信。希望通过这次学术研讨会的成功举办，经济所、经济学史学者再接再厉，取长补短，努力开拓中国经济史学研究的新境界。

同时，也希望经济所把建所90周年系列活动作为一个契机，系统梳理经济研究所的辉煌历程和贡献，总结经济研究所名家大师们宝贵的精神财富，增强全所同仁的荣誉感、使命感和凝聚力。为加快构建中国特色社会主义政治经济学这一宏伟事业做出自己的贡献，谢谢大家！

缅怀大师风范,推进学科发展

高培勇*

尊敬的各位前辈、各位来宾及各位同行,还有媒体界的朋友,大家上午好!时值酷暑季节,大家又异常繁忙,能够抽出宝贵的时间来到经济所参加我们这一次中国经济史学界的盛会,我感到特别的感动,所以首先请允许我代表经济所全体同仁,对于大家莅临经济所参加这次会议表示衷心的感谢和热烈的欢迎。

关于这次会议的主题,刚才蔡院长已经讲得非常全面,我没有太多的话要讲,我只想站在经济所的角度,就这次会议谈点个人的体会,我们这次会议,实际上细分起来有三个主题。第一是吴承明、汪敬虞两位老先生百年诞辰的一次隆重的纪念活动。

第二是关于经济史理论和研究的一次研讨会。

第三是我们经济所建设90周年系列纪念活动之一。纪念名家大师的首场重大活动。

所以这三个方面的活动放在一个会上,我们觉得意义还是不同于以往的。

首先,我们之所以非常隆重地纪念吴承明、汪敬虞两位老先生百年诞辰。其实我想不仅仅因为他们是中国社会科学院经济研究所的两位著名的研究员,也不仅仅因为他们是中国社会科学院首届荣誉学部委员,甚至也不仅仅因为他们曾经为中国经济史的研究、中国经济思想史的研究,写下了多少著作,发表了多少成果。其实最重要的考虑是中国经济史、中国经济思想史学科在中国经济学的发展进程,在中国经济的发展进程中越来越呈现出十分重要的作用。

---

* 高培勇,中国社会科学院学部委员,中国社会科学院经济研究所所长,研究员。

而两位老先生为中国经济史学的发展，特别是中国社会科学院经济研究所经济史学科的发展做出了奠基性的贡献，直到今天我们还在为他们曾经做出的这些贡献以及以他们为代表的老一辈经济所人所做出的贡献感到特别的自豪，而且这是我们进一步前行的一种动力。我想这一点我们全体经济所人是深有同感的，对两位老先生，对老一辈的经济所人，我们素怀高山仰止之感，所以这是我特别想强调的一条。

其次我们说选择这样一个时间举行经济史理论与研究的研讨会，我们也是有一系列的深刻考虑。纪念两位老先生，当然我们是对两位老先生，对以他们为代表的老一辈经济所人所做出的这种奠基性的贡献倍感自豪。但与此同时，我们感觉到的是一种沉甸甸的责任感。我想各位都有体会，当前中国经济学界一项非常重要的工作，也是必须完成的较重要的任务，就是构建中国特色社会主义政治经济学。这显然有多个方面的线索，其中刚才蔡院长已经讲过，讲好中国经济的故事，因为中国特色社会主义政治经济学的灵魂就在于以马克思主义为指导，立足中国实践，解决中国问题。我们也常说中国经济的实践是成功的，特别是中国改革开放40年，甚至包括新中国成立将近70年，整个社会主义经济建设也都是成功的。既然实践是成功的，那一定是因为我们做对了什么，把做对的东西总结出来，上升到理论层面，从而做出创新性的理论概括，这无疑就是中国特色社会主义政治经济学构建的一个必由之路。

所以在这样一个宏伟的事业和伟大的工程当中，我们越来越深切地感受到经济史学研究和经济思想史学的研究，绝对是不可或缺的。讲好中国经济的故事，特别是把中国改革开放40年和新中国成立将近70年的基本轨迹、基本经验、基本规律梳理清楚，这不就是当前中国经济史学界一项非常重要的工作吗？那么这项工作本身不就是中国特色社会主义政治经济学构建的一个基础性的工程吗？不就是中国经济史学界为人类社会的发展和经济的发展贡献中国智慧、提供中国方案的一个非常重要的线索吗？

所以这一段时间我们也在思考，总的一个判断就是，中国特色社会主义政治经济学的构建，可能要从经济理论研究和经济史学研究两者之间彼此融合、相互交叉这样一个线索上往前推进，很可能就是，两者是密切结合在一起的，谁也离不开谁，将经济史的研究和经济理论研究结合在一起，从而走两者结合、彼此融合的这样一个发展道路，也将会是经济所未来一段时间学科建设的一个非常重要的思路和考虑之所在。

在最近一段时间，经济研究所的学科建设越来越受到重视，特别是经济史学和经济思想史的研究，我们把它摆到了一个前所未有的重要的位置。经济所现在有11个研究室，学科可以做多方面的归结，但是从大的方面，从总体上，我们把它概括为"两学两史"，都是一级学科，"两学"即理论经济学、应用经济学，"两史"就是中国经济史和中国经济思想史。从这样一个布局当中，我们看到经济史的研究和经济思想史的研究就占据了经济所研究的半壁江山，所以有了这样的一个基础，特别是我们老一辈经济所人打下的关于"两学两史"的这个重要学科的发展基础，我们觉得中国特色社会主义政治经济学的构建在经济所人身上是必须担负的、不可推卸的重要历史责任。

所以今天经济史学界的那么多的朋友，经济史学界那么多的前辈到会，也是想借此机会请大家为经济所的学科建设、为经济所的学科发展，特别是为经济所在构建中国特色社会主义政治经济学这项工作上给我们指点迷津，贡献你们的智慧，这对我们做好工作是一个极大的鼓舞。

最后，从7月18号开始，我们举行了经济所建所90周年系列纪念活动的启动仪式，也就是说从今年开始一直到2019年7月份，也就是我们经济所建所90周年这将近两年的时间当中，经济所将举行一系列的建所90周年的纪念活动，像今天举行的这次会议，就是纪念名家大师的这个活动的首场。

搞这样一个活动，其实不仅仅是完成一项庆典，甚至不仅仅是像普通人那样过一个生日，或像一个机构那样过一个生日。我们特别寄希望于通过这样的活动，能够在系统总结经济所90年发展这个基本轨迹、基本经验、基本规律的基础上，提炼出经济所人的与生俱来的、沿袭已久的学术传统，能够由此激发经济所人的认同感、归属感、荣誉感和使命感，借此做好我们当下的工作。

当下的工作，对我们来讲，既是继承也是发展，衷心地期望各位来宾、各位前辈关心经济所，特别是关心眼下为期两年的经济所建所90周年的系列纪念活动，通过建所90周年的契机和这样一个平台，帮助我们把经济所的工作做得更好，经济所也愿意为大家，特别是为中国经济史学界的研究和繁荣做出我们应有的一份贡献。

再次地谢谢大家！

中国经济史研究与建构中国特色社会主义政治经济学

王立胜*

尊敬的各位前辈，各位专家，大家上午好！

今天我们在这里集会，纪念吴承明、汪敬虞两位先生100周年诞辰。两位先生都是我国经济史学界的大家，同时也是经济所的老前辈。我今天要讲的主题是"中国经济史研究与建构中国特色社会主义政治经济学"。选这个主题主要是以下三个方面的考虑：第一，如何从经济史的角度来理解中国特色社会主义政治经济学的时空规定性；第二，如何从经济史研究的角度来理解中国特色社会主义政治经济学的核心；第三，有一个想法，就是政治经济学界，应该和经济史学界协作，构建中国特色社会主义政治经济学。

先讲第一个想法。马克思说，"每个原理都有其出现的世纪"。任何理论的产生都有其特定的时代条件。一种思想理论体系的产生往往是其时代精神的凝结，同时又在它的时代产生巨大的思想影响。政治经济学是理论的一般性和历史的特殊性两者的结合。在《哲学的贫困》中，马克思就明确提出，"为什么该原理出现在11世纪或者18世纪，而不出现在其他某一世纪，我们就必然要仔细研究一下：11世纪的人们是怎样的，18世纪的人们是怎样的，他们各自的需要、他们的生产力、生产方式以及生产中使用的原料是怎样的；最后，由这一切生存条件所产生的人与人之间的关系是怎样的"。马克思主义政治经济学有"其出现的世纪"，中国特色社会主义政治经济学也必定有"其出现的世纪"。正是"其出现的世纪"赋予它不同于其他理论体系的内在规定性。

习近平总书记在致第二十二届国际历史科学大会的贺信中提出："历

---

* 王立胜，中国社会科学院经济研究所党委书记，中国社会科学院新疆智库专家委员会委员。

史研究是一切社会科学的基础,承担着'究天人之际,通古今之变'的使命。世界的今天是从世界的昨天发展而来的。今天世界遇到的很多事情可以在历史上找到影子,历史上发生的很多事情也可以作为今天的镜鉴。重视历史、研究历史、借鉴历史,可以给人类带来很多了解昨天、把握今天、开创明天的智慧。'吴承明、汪敬虞两位先生的经济史研究,都是把理论的一般性与历史的特殊性进行有机结合的典范。譬如,汪敬虞先生认为,中国资本主义的产生,不是或主要不是由小手工业→工场手工业→机器大工业而来,而是或主要是由一部分和手工业没有联系的官僚、地主和商人对新式工业的创办而来。中国资本主义现代企业产生的历史条件中,带有决定性的因素是外国资本主义新的生产力的引进。大量的历史证据都表明,中国的资本主义发展道路,不同于马恩笔下的典型资本主义发展道路,具有鲜明的中国特征。

与此相类似的是,中国近代以来所走的社会主义道路,也不同于马恩等经典作家预想中的社会主义道路。历史表明,社会主义革命并不必然在发达资本主义国家集中爆发,而是可以在单个落后国家率先发生,而后波及其他国家。中国特色社会主义道路,正是在落后的半殖民地半封建国家实现的。同时,新民主主义革命与社会主义革命在一定程度上是交织进行的,这也与马恩所预言的革命顺序有所不同。中国社会主义道路的特殊性,决定了中国特色社会主义政治经济学是政治经济学谱系中的特殊类型,是马克思主义政治经济学基本原理和中国具体实践相结合的产物。因此,从经济史角度进行定位,就为理解中国特色社会主义政治经济学的时空规定性提供了理论基础。

第二个问题,从经济史的角度来理解习近平总书记最近的一个论断:任何一个理论体系的构建都必须建立在历史尺度和价值尺度相统一的基础上。

总书记有一段话,这段话原来没有公开发表,在最近的《习近平关于社会主义经济建设论述摘编》里边,他在第十页有一段话说,"我们党执政,就是要带领全国各族人民持续解放和发展社会生产力,不断改善人民生活"。这就点明了中国特色社会主义政治经济学的核心。总书记提出的这个新的论断就是中国特色社会主义政治经济学的核心。他引用了邓小平的一段话。他说:"邓小平讲:'社会主义阶段的最根本任务就是发展生产力,社会主义的优越性归根到底要体现在它的生产力比资本主义发展得更快一些、更高一些,并且在发展生产力的基础上不断改善人民的物质文化生活。'"我们可以看到,新中国成立以来很长一段时间内,我们对社会主义本质、社会主义生产目的的认识存在着一定的偏差,这表现为在社会主义政治经济学理论体系上,一定程度上忽视了对生产力的分析和解释,片面地倚重对生产关系的研究。在这一点上,尽管两位老先生并未进行直接的探讨,但他们在经济史的研究中特别强调生产力发展的重要作用。

汪敬虞先生主张,首先要从生产力的变革方面研究中国资本主义产生的条件。在中国历史上,新生产工具的使用不是出于中国封建社会内部手工业力的自然发展,而是来自入侵的外国资本主义的技术引进,这也是引进了封建生产关系所不能容纳的一种新的社会生产力。正是这样的引进,在某种程度上规定了中国近代资本主义发展和不发展的道路。吴承明先生所著的《中国资本主义发展史》自始至终都是要求注重生产力和流通,并要求凡是能计量的尽可能做一些定量的分析,他全书制作了487张统计图表,这在当时的史学著作中是罕见的。所以在社会主义建设过程中,解放和发展生产力同样是推动生产关系演进的最主要的力量。因此,中国特色社会主义政治经济学的核心,最重要的历史尺度就是发展生产力。

另外,作为马克思主义经济史学家,两位先生始终坚持唯物史观的分析范式,从生产力生产关系的互动出发,来解释中国近代的资本主义发展过程。汪敬虞先生以资本主义的发展和不发展作为中国近现代史的主线,他认为,外国资本主义既是中国资本主义成长的促进者,又是中国资本主义发展的压迫者,他用了"放脚"和"铐手"这样一个非常形象的说法来说明中国资本主义道路是根本行不通的。中国近代史的经验提示我们,社会主义解放和发展生产力必须解决生产目的问题,也就是历史尺度和价值尺度相统一的问题。社会主义解放和发展生产力,其目的必然是满足广大人民群众的物质文化需要,丧失了这个根本立场,中国特色社会主义政治经济学也就成了无源之水、无本之木。只有把解放和发展生产力与满足人民需要结合起来,中国特色社会主义政治经济学才有它存在的合理性。所以,总书记提出中国特色社会主义政治经济学的核心,根本的着眼点还是强调社会主义的生产目的,处理好生产力的发展和提高人民生活水平的这个关系问题。

第三个问题，政治经济学界和经济史学界应该协作构建中国特色社会主义政治经济学。刚才所长也表达了这样一个观点。1995年吴承明先生在《经济研究》发表了《经济学理论与经济史研究》一文，这一篇文章后来获得了孙冶方经济科学奖。在这篇文章当中，吴先生提出一个十分鲜明的观点，就是经济史应当成为经济学的源，而不是它的流，这就表示了这样的观点，就是我们今天政治经济学的建构，应该扎根于中国经济史的发展当中，所以经济学和经济史是不能分开的，经济史学在某种程度上就是对过往的一切经济现象和经济问题的研究。

党的十八大以来，习近平总书记高度重视马克思主义政治经济学，强调要学好用好政治经济学，不断开拓当代马克思主义政治经济学新境界。在2015年11月中共中央政治局集体学习中，提出了要提炼和总结我国经济发展实践的规律性成果，把实践经验上升为系统化的经济学说，不断开拓当代中国马克思主义政治经济学新境界。这里所指的经济学说的系统化，我的理解是，不仅是指中国特色社会主义政治经济学理论本身的系统化，而且还包括政治经济学在内的更为广泛经济学说的系统化。在这个庞大的学术体系中，经济史、经济思想史的研究必然占有非常重要的地位。我们党一直以来非常重视经济史和经济思想史的研究工作，也非常善于总结历史经验，通过总结历史经验来提炼理论认识，比如说党对政府和市场关系的认识，就是一个从不断发展的经济现实进行理论提炼的过程，也就是对经济现实的研究，同时也是对经济史的研究。从十五大、十六大，到十七大、十八大，对于政府和市场关系的论述就说明了这样一个过程。

回顾这段历史，我们就可以看到这个十八届三中全会提出的使市场在资源配置中起决定性作用和更好发挥政府作用这样一个论断，实际上是对中国现代经济史研究的一个非常高度的凝练。在构建中国特色社会主义政治经济学理论体系的过程当中，我们必须高度重视经济史和经济思想史学科的发展。在如何评价新中国成立以来经济发展历程和经济史发展历史的问题上，特别要注意不要把前30年和后30年割裂开来，这是要以史为鉴，辩证地看待中国经济史上的一些成绩和方式的挫折，把这些历史经验吸收到中国特色社会主义政治经济学理论体系的这个建构工作当中来。所以开展这项工作就需要经济史学界和政治经济学界携起手来，共同努力打造一个体现中国历史、彰显中国风格、包含中国智慧的中国特色社会主义政治经济学。现在可喜的是在这个问题上，大家逐渐地形成了共同的认识，包括顾海良教授提出的"一学两史"的问题，包括武力教授一直提到的"中国特色社会主义政治经济学要以历史为基础"的观点。最近这种看法越来越得到共识。

好！谢谢大家，请大家批评指正。

父亲与他的经济史研究

吴 洪*

我其实没有研究过我父亲所毕生研究的经济史，但是我还是研究了一下研究经济史的我的父亲。

我见到的父亲的第一个学术研究成果是一本题为《古代云南中土关系之研究》的手稿，他一笔一画工整誊录又装订好糊上封皮的竖排版小册子，一个个古老的铅笔字，一张张手绘的地图和表格，是他在西南联大本科的毕业论文，写于1940年，那年他23岁。论文用的是文言文，我读不大懂，端在手里却有种莫名的感动，曾拿着它请一位研究民族史的朋友看，朋友阅后惊讶地说："我们业内近几年还在不断讨论的问题，居然你父亲七十年多年前就差不多已经都讲清楚了。"

我父亲的最后一篇经济史论文题目是《全要素分析方法与经济史研究》，刊登在《永久的思念——李埏教授逝世周年纪念文集》（云南大学出版社，2011）上。他拿到这本书见到他最后一篇研究成果的问世非常高兴，很费力地认真看了很久很久，抬头对我说，"不是每一个人都能够在94岁时还发表文章的，可我做到了"，此时他已经过了94岁，距他离世仅仅一个多月。非常感激这本文集的及时问世，是它带给了父亲最后的欣慰。

从第一篇的1940年到最后一篇的2011年，从他的23岁到他的94岁，整整70余年，父亲只干了这一件事：研究经济、历史和理论，父亲是以匠人之心来打造他的经济史理论的。

但是，就算70年只干一件事，也不是人人都能干好的。这期间，天赋，内心的喜爱，无条件的坚持，环境和机遇，特别是义无反顾地付出，

---

* 吴洪，吴承明先生之女，北京邮电大学教授。

一定都是成功的先决条件。

我一直想搞清楚的两个问题：一是经济史是不是父亲最适合的研究领域；二是哪些因素会影响以及怎样影响我父亲的学术研究。

在家里一般认为，同辈人中，我父亲比较聪明，懂中文、英文、文言文，有良好的教育基础，又特别勤奋。我们有时就想，如果父亲不做研究经济史的工作，而是像我叔叔那样从事自然科学和工程学，或者像几个姑姑那要从事文字教育或者医学，那是否也会像他研究经济史一样最终取得今天这么不凡的成就？经济史，是不是父亲最适合的研究领域？

2017年初，我曾到他年轻时就读和参加学生运动的清华大学档案馆，请工作人员帮助找到了父亲在20世纪30年代的学籍卡、成绩单，他其实没有等到从清华毕业就因为参加"一二·九"学生运动被校方开除，所以这张成绩单是不完全的，但就已有内容我发现，虽然他学习过的科目很多，但成绩最优秀的全都是经济类和历史类课程，这既与家学渊源有关，更决定了他日后专业方向的选择；我也听过他回忆在美国哥伦比亚大学商学院留学时的课程和成绩，同样是所有的经济学及历史学课程都是最优秀的成绩，这才使他有条件后来在美获得"金钥匙"奖章。我记得20世纪70年代初，他被下放到东北和河北的"五七干校"劳动，有一次从辽宁盘锦干校回来，带回两本深蓝色皮、油印的水稻种植方面的资料，那时他尚为中年，身体尚好，但明显情绪低落，并不快乐，我问他："您又看这个，那现在您不做以前的研究了？"他说"现在就是种稻子"，我并没有见到他看过那些水稻种植资料，只是将其长期搁置于一堆书中，他在干校会把时间花在诗词欣赏和写作方面。后来，直到他又有机会借调到商业部去编专业书籍，才见他恢复充实忙碌但愉悦的心态；我听父亲几次说过："在自然科学上有所创新太困难，那些人太了不起了，而社会科学，只要我去努力还是能够做到有所创新和贡献。"我父亲对很久以前发生的事情和数据有着惊人的记忆力，这是每次我们家里亲友聚会大家都印象深刻的，对过往，在每个人回忆的情形不一致时都能够最后证明我父亲的记忆才是比较准确的，但是他对人脸识别记忆、方向感等就不像是对事件、数字的记忆那么良好。总之，我自己认为，经济史研究成为父亲一生为之努力探索的方向，是经济史也是他自己的一大幸事，这大概是比其他专业更让他能如鱼得水和发挥潜能才智的领域，也是他真心热爱愿意一如既往努力投入的研究领域。

我父亲对经济史的贡献得到了学界的广泛认可，我却知道他为此付出过太多太多。他的一生，除了经历过他那个年代的学者都曾经历过的战乱、颠沛流离、历次运动、十年浩劫等这些系统性灾难之外，我们家里的微观环境对他的学术研究也并不总是有利的：我母亲早在1963年仅46岁就在工作时突患脑溢血瘫痪在床，那时我只有六岁，在幼儿园上大班，隐约的记忆中，忽然有天全幼儿园空空荡荡，到夜晚就只剩下我和值班的阿姨，那其实是因为母亲突如其来的病倒，父亲连按时接我回家都做不到了。此后，我的记忆就是：父亲的一张大书桌，紧紧地挤着母亲的一张病床，父亲趴在书桌上埋头写作，母亲静静地躺在床上休息。直至今天的夜晚，梦中常常萦绕着的仍然是这个我内心最渴望再现的画面。我母亲，只有父亲坐在她床前的桌旁工作时才最平静；我父亲，只有母亲躺在他工作着的桌旁养病时他工作才最踏实。父亲精心照顾病榻上的母亲的饮食起居，与此同时抓紧分分秒秒埋头在稿纸堆里又写又算，这个画面，从1963年持续到1994年1月母亲离世，整整31年。这期间，在1981年、1984年、1991年母亲的脑溢血都曾经复发，且一次比一次更加凶险，直到1994年1月份最后一次发病，母亲终辞别我们而去。当时大夫们都认为，在那个年代的医疗条件下，我母亲的病情能够有长达31年的生存期完全可以说是个奇迹。

1989年，父亲主编《中国资本主义发展史》，写作最有压力和紧张的时候，家里唯一的男孩——我哥哥罹患癌症，发现时已是晚期，去世时仅仅39岁，这让父母心如刀绞，痛不欲生。此时，父亲排解悲痛的方式竟然是工作，他每天含着泪水一声不吭，没有任何言语，头都不抬地将自己埋入纸堆和书本中，企图用工作来麻醉自己痛苦的神经，似乎从工作状态中走出来就无法安放破碎的心灵；2006年，父亲的女婿（我先生）在51岁时又因肝癌过早去世，人生最大的悲痛莫过于白发人送黑发人，父亲却重重地遭受了两次，但是他每次都丝毫没耽误一天的研究和写作。人们常说，只有时间才是医治痛苦的良药。对我父亲来说，良药只能是工作，他只能让工作充满时间才可得到安慰。

父亲全身心投入研究，可谓达到无我的境界，常常忘记时间，忘记吃饭，甚至有时忘记身体在哪儿，如不几次三番地叫他，他会从早上到天黑一直写下去，每次吃完饭一放下饭碗，就一头又折回书桌，一旦坐下来就似再没有什么能够拽回他起身让他停止工作的事情了。房间内小孩打闹，头顶邻居装修电钻轰轰响，他都能像入无人之境。终于有一次他过于长久地投入写作，刚刚站起身来便一头栽倒在地，磕破鼻眼满嘴鲜血，我们将他送入朝阳医院急诊缝针，但稍稍好转后他又是一头埋进工作中。

不仅仅不幸、悲苦不能阻止他的研究，欢乐和幸福也同样不能让他工作受到影响。如逢年过节，家里孩子结婚，有了第三代，第三代上大学、出国、工作、结婚，有了第四代……所有这些，他最多就是与家人一起欢欢喜喜地聚个餐，餐桌上非常放松，谈笑风生，放下饭碗的第一时间就像什么都没有发生过一样又回到书桌投入写作。

收入低，待遇差，房子小，种种的不公正等情况也不会影响他的研究。20世纪80年代全民经商时期，中信银行曾有意聘请他当副总，给出了一个非常有诱惑力的薪资待遇和能够大大改善居住、出行条件的机会，但却被他婉拒了。原因就是"如果我去做这个工作就要中断学术研究，这我可不能接受"。他晚年时曾对我说，房子、待遇那些事情反正也解决不了，即便现在解决我怕也再没多少机会享受了，自己一生从没有过挨饿受冻是比较满足的，他认为老是提那些不愉快白白耽误时间，别人对他提起就跟着附和几句，但是心里真正着急的却是做研究的时间越来越少了。

父亲临终前对自己一生的学术成果做了一个整理，列了一份这七十年来他的专著出版、论文发表的统计目录，共计20本专著，134篇文章。我根据他的目录按照年份做了图表观察，发现除了十年"文革"的空白之外，其余的日子里，他每年都有研究成果问世，家里发生的幸与不幸，他本人处境的顺利与否，都丝毫没有影响到他对经济史研究的贡献。相反，家里遭受不幸最多的80年代到90年代中末期，这段是他的理论体系逐渐成熟、精力旺盛、研究最为硕果累累的时期。从他最为倾注心血地写作《中国资本主义发展史》的时间来看，这段时间即1977到1993年也是家人病患最频繁和灾祸最多，住房条件、经济条件最差最不顺利的十五年，却是他工作最为拼命的时间，他引用率最高的论文、获取孙冶方奖的论文以及他自己最满意的著作《经济史：历史观与方法论》问世的年份，都是家里有亲人病逝他遭遇痛苦打击的年份，只有到了2000年以后他自己85岁以后甚至90岁的高龄时，随着身体状况的下滑，他的研究步伐才逐渐放慢了下来。

父亲健康状况明显恶化是2011年初，到了2011年6月份，父亲预感到了生命即将走到尽头，他一次性预发了家中小保姆三个月的工资，见他难受，为了安慰，我劝慰道：

我：放心，您的病还会好起来。

　　父亲：这次不行了，但你不要伤心，我觉得我现在就走挺好的。

　　我：为什么呢？

　　父亲：我快95岁了还发表了文章，现在走，过五年，到我100岁时，大家还会记得我的研究。但如果我继续活着，比如从95岁活到100岁，这五年我肯定是再也做不出研究了，到那时我再走，走后的五年即我105岁时，大家不会记得我了（大意）。

　　我：那又为什么呢？我认为仍然会记得您。

　　父亲：因为会有新人，经济史研究会有新的理论创新，新人新成果会被记住，应该是这样的（大意）。

他说这些话时很平静，但很认真，让我深深震撼，他在这次谈话之后不到一个月就离开了我们。此时我也终于知道，困难、幸与不幸、亲人的遭遇、钱财、待遇……这世上就没有什么东西能够阻止父亲的经济史研究，除非生命本身的终止。其实父亲自觉自愿地认为，如果不能再继续做他的理论研究了，那么生命本身也就再没有太大的意义，变得可有可无，且应该将生命的位置和资源让位于能够有新贡献的经济史学人了。

今年是父亲的百年诞辰，已是他去世的第六个年头，随着时间的推移，我现在越来越能够理解、越来越思念我的父亲。许多他当年说过的话、办过的事、评价过的人和事、做过的选择和决定，我到现在才逐渐能够想通原因。我很想对父亲说，如果还有机会，我将一定能够更好地关心您、照顾您、帮助您，我一定能够让您钟爱的经济史研究做得更顺利，让您的烦心事更少，让您对您爱的家人更满意，让您每天的心情和身体更愉悦，我一定能成长得让您更欣慰一些，连您最爱吃的两个菜我现在做的手艺也比以前提高了许多，您爱喝的酒我也了解更多。只可惜，所有这一切，父亲您都再无从知晓，我都永远没有了机会。此时的心境，就像歌手刘和刚那首深情的《父亲》里所唱："我的老父亲，我最疼爱的人……这辈子做您的儿女我没有做够！央求您下辈子还做我的父亲。"

忆家父几事

汪同三[*]

家父汪敬虞生于1917年,今年恰逢百年诞辰。经济所为与家父同龄的吴承明先生和家父举办学术纪念活动,并邀我发言,不胜感激!家父逝于2012年,至今虽已有5年过去,但老人家的音容笑貌时时浮现面前,令人难以忘怀。

(一)

家父生于旧社会,年轻时以学学问、做学问为追求,在政治方向上并不明确。在武汉大学读书时,曾与一中共地下党员同宿舍,只是认为他是一个不简单的同学,并未与之交流过政治,在新中国成立后再相遇时,才知晓其身份而恍然大悟。1949年家父未随其供职的"中央研究院"大部去台湾,而是留在了大陆,后经在华北革命大学学习后,加入中国科学院经济研究所从事中国经济史研究工作。家父在经济所期间专注于中国的资本主义萌芽问题,提出"中国资本主义的发展与不发展"的一系列观点,这是家父自觉学习历史唯物主义并在研究工作中坚持历史唯物主义的结果。家父在充分占有历史资料的基础上深刻分析了中国资本主义萌芽的因素,特别是西方国家资本主义发展对中国的影响,以及帝国主义国家对中国的侵略如何摧残阻遏了中国资本主义萌芽进程。家父注重坚持历史唯物主义,将对历史问题的研究与中国经济发展的现实结合起来,在研究"旧中国为什么不能实现国家工业化"的问题时指出,"只有根本改变半封建半殖民地的中国为独立、自由、民主和统一的中国,才可能得到真正的工

---

[*] 汪同三,中国社会科学院学部委员,研究员,原中国社会科学院数量经济与技术经济研究所所长。

业化"。

在"文化大革命"中,家父在新中国成立前的经历以及在台湾的亲属关系使得他必然被归类于"牛鬼蛇神",遭受住"牛棚"的待遇。这种磨炼却使他去除了不少书生气,提高了政治认识,在"文革"后期满怀热情地投入到续写范文澜先生开创的《中国通史》的工作,以自己的学术积累为这一工作做出了贡献。更为可贵的是,虽然经受了"文革"浩劫,身心均遭摧残,家父在重新工作后郑重地提交了入党申请,并被接受,显示出家父在磨难之后坚定的政治选择。

(二)

家父一生治学态度给我最深印象可用三个词来表述:一是勤奋。在家中,特别是家父晚年,我见到家父最多的景象是他坐在那张用了数十年的陈旧的书桌前,或凝神沉思,或奋笔疾书。家父晚年时,家中购买了轿车,我想多带家父驾车出游散心,但他难得应允,辞称时间不够用。家父一生笔耕不辍,成果丰硕,文章数十篇,著作十余部。

二是严谨。从20世纪50年代开始,在经济所工作的几十年中,家父的中心工作是参与编纂《中国近代经济史》。为了做好这一工作,家父和同事们,包括严中平、李文治、彭泽益、章友义、姚贤镐、张国辉、聂宝璋、魏金玉、经君健、宓汝成等前辈先生,坚持从基础研究做起,从细节资料做起。我的记忆中,50年代中期他们前往上海数周,搜集有关历史资料。囿于那时技术手段的不足,寻找和整理资料全凭翻阅和抄录,这在当时是一项既需体力又十分烦琐枯燥的事情。为了保存卡片形式的资料,家父专门请人打造了一具不小的资料柜,那是在以后数十年陪伴家父不曾舍弃的家具。他们经年不懈,在大量占有资料的基础上,一方面撰写专题文章,攻破项项专题;另一方面分工整理编辑出版数卷本的资料文集,不仅为此次撰写《中国近代经济史》奠定了扎实的资料基础,同时为经济史学界和后来者留下了珍贵的史料。在专题研究和整理史料的基础上,历经30年左右的时间,直至80年代,我国经济史学界与全国人民一起迎来了改革开放的春天,这些中国经济史学界的前辈先生们终于得以把他们的心血结晶奉献于世。这部《中国近代经济史》荣获中国社会科学院经济学科历史上的第一个优秀科研成果一等奖当之无愧、名至实归!

三是向前看。家父做学问脚踏实地,却又敬畏未来,这是实事求是做学问的必备素质。家父给我留下深刻记忆的一件事情是，当他们的中国近代经济史工作在60年代初初见曙光的时候，有人提出要把这一工作做成"空前绝后"，家父对我讲，"空前"尚可争取，"绝后"恐怕是不可能的。

（三）

家父的人品在经济所颇具口碑，颇有君子风范。一是严于律己。我至今仍然记得我学龄前时家父的一次身教。那时我家住在中关村，当时除了几幢简陋的三层家属楼之外几近荒郊，家属区有一道铁丝网围栏。一夜家父晚归，急于回家而钻网抄近，被警卫发现，处理办法有二，或缴罚款或写检查。缴罚款易且省事，而写检查费时且碍颜面。家父选择了写检查，他对我说，唯如此才能认识而戒。

二是与人为善。家父生前逝后我常听到他的经济所同事对他为人处世的称赞，上至领导同志，下至普通工勤人员。我母亲是妇产科医生，我上小学和初中时，晚间常有经济所人员或自己或携亲属来我家咨询就诊。那时家中狭小，作为男孩的我就要被撵出门，任由我在外游荡一番。确实，那时经济所职工的孩子有不少是在我母亲的医院出生的呢。

回忆家父的力求温良恭俭让的君子之风，深深感到他人品之端正、道德之操守确实是做好学问的必要条件。

（四）

我就业后也在社会科学院工作，在长辈的教诲下和同事的帮助下也取得了一些成果。回忆起来，家父的直接教导和扶持使我获益匪浅。第一件事：我中学是学俄语的，"文革"开始后整日无所事事，时间荒废。家父虽在单位已受冲击，艰难度日，但仍谆谆劝导我自学英语。他对我说，学英语日后必有用。在家父的指点下，我找到一本英语课本，开始自学，以后坚持数十年，水平逐步提升。英语成为我终身受用的一门重要的科研工具，家父不仅是我的第一位英语教师，更是我理解全面掌握科研工具重要性的指路人。

第二件事：我学习进入数量经济学领域，接触到投入产出法。在苏联出生，后定居美国的经济学家列昂捷夫因对投入产出理论做出了贡献，获得诺贝尔经济学奖。家父曾对我讲，他们在20世纪40年代就已经提出了经济部门之间存在着相互投入和产出的关系，并进行过研究，写过论文，只是没有形成国际影响。这件事告诉我，中国人不比其他国家的人笨，我们只要努力，聪明才智得以发挥，照样可以站到学术前沿上。

第三件事：家父对于科学的、先进的经济学研究方法是十分敏感和重视的。我在 80 年代初进入社会科学院研究生院数量经济系做研究生，当时数量经济学国内相关书籍很少，学习并无教材。家父便从图书馆给我借来了一本《OPERATION》（运筹学），这是我研读的第一本数量经济学书籍，虽是英文阅读极其困难，却带我入门，建立了逐步拓展的基础。对我学习研究数量经济学来说，是这本《OPERATION》带我入门。而在某种意义上应该说，是家父带我入的门。回想起来，80 年代中后期，我进入数量经济与技术经济所参与的第一个获得国家级奖项的大项目，"技术进步与产业结构"的课题研究中，我负责的"大道定理"模型的一些基本概念都是在研读《OPERATION》中获得的。家父虽然研究的是经济史，但他对现代经济学永久方法的重视是具有远见的。

忆家父几事，谨记述于此，深切缅怀逝者，与家父亲友同事共勉。

敬业专注、包容豁达、开拓创新的典范

董志凯*

时光荏苒，我国近现代经济史学界泰斗——吴承明、汪敬虞先生虽然都离开我们了，但他们的音容犹在面前，他们的教诲仍在耳边。两位先生著作等身，我们要学习的非常多。今天只从三个方面谈谈我对他们的敬仰与思慕。

第一，敬业、专注的人生价值观

吴承明与许涤新共同主持的《中国资本主义发展史》，汪敬虞主编的《中国近代经济史》都以数十年的功夫，抓住我国近代以来经济发展中最核心的问题——如何认识资本和资本主义发展、演变的历史，进行深入诠释与探索。

许涤新先生在《中国资本主义发展史》第一卷《中国资本主义的萌芽》中，撰写了全书的总序，其中指出：资本主义萌芽是一个渐进的过程……它的出现，不必借助于暴力，也不一定以暴风雨式的所谓原始积累为前提。……往往是默默无闻的，而这也正是我们考察它的难处；[①] 近代以来资本尽管不断发展，但统计的不足加剧了研究的难度；特别是在相当长时期，受到偏颇观念的影响与束缚，经济史学界一些学者对于中国资本与资本主义问题望而却步。

尽管如此，吴承明先生鸿篇巨著的主要内容均与资本、市场相关，仅外国在华投资及中国资本主义的著作就有十余部，特别是三卷本的《中国资本主义发展史》为集大成之作。

汪敬虞先生在主编《中国近代经济史》二卷过程中，明确指出，中国

---

* 董志凯，中国社会科学院经济研究所研究员，中国经济史学会名誉会长。
① 许涤新、吴承明主编《中国资本主义发展史》总序，人民出版社，1985，第22页。

资本主义的发展和不发展，是贯穿中国近代史全过程的一条主线。他的名著《唐廷枢研究》是坚持唯物辩证法对一个买办人物剖析得细致入微的范本。

两位经济史学科泰斗将研究的重点共同指向中国的资本与资本主义，显现了他们的卓识与远见。直至今日，这个问题仍然是中国特色社会主义政治经济学的焦点，可见两位先生的敬业与专注，以及他们对学科建设和理论发展的贡献。

第二，包容、豁达的学术方法观

他们将经济史、经济思想史与经济学三者视为不可分的有机整体。从"不是意识决定生活，而是生活决定意识"[①]的观念出发，他们撰写的经济史以经济发展为基本内容，以经济思想史为探讨对象，以提升和得到验证的经济学为指导方法。将三者视为经济史探讨进程中不可分割的整体，并提出了经济史是经济学的"源"，经济理论又为经济史研究提供了方法。

在具体研究方法上，他们主张并力行包容，采纳多种方法，即"史无定法"；认为经济史既要定量，也要定性，缺一不可。文献及口述史料叙述、统计、计量等多种方式均可尝试，但以前者为基础，各种方法取长补短。

吴承明先生指出，"目前中国的经济史研究可说有三大学派：一派偏重从历史本身探讨经济的发展，并重视典章制度的演变。一派重视从经济理论上阐释经济发展过程，乃至计量分析。一派兼重社会和文化思想变迁，自成体系"，[②] 从不同角度和方法出发，百家争鸣，才能促使学科全面发展。在吴老提倡的"史无定法"的包容理念下，经济史学界各学派相互借鉴与启迪，使研究得以深入。

两位先生在世时没有赶上"大数据"。但是在"大数据"方兴未艾的今天，他们包容、豁达、海纳百川的精神，指导我们义无反顾地接受新鲜事物，改进研究方法。

第三，开拓、创新的学科建设观

根据吴承明先生的论述，经济史学科的形成要比历史学科晚许多。中

---

① 《马克思恩格斯文集》第一卷，人民出版社，2009，第525页。
② 摘自吴老在中国社会科学院研究生院的讲稿，转引自吴承明《经济史理论与实证》，刘兰兮整理，浙江大学出版社，2012，第325页。

国现代意义上的经济史学是引进西方史学和经济学后于20世纪前期逐步形成的。100多年来，经济史研究出现了两种趋势：一是分工越来越细，越来越专业化；二是经济史与政治史、社会史、文化史、科技史等其他社会科学、自然科学"沟通"，形成交叉与融合的趋势。

细分的趋向有利于研究中"以小见大"，展现历史的多面相、多维度，深入揭示历史的真实层面；沟通、交叉和"融合"的趋向体现了在经济全球化趋势下，种种重大问题都不是一两个具体学科的研究所能够解决的，需要多个学科密切结合共同应对。

吴承明先生从历史哲学的角度赞成"究天人之际，通古今之变"；主张作实证判断和规范判断的两种价值判断；赞成结构主义的整体史观。他还指出，对于这样的高标准，"作为方法论我们还做不到"[①]。因此，需要分工合作。这就涉及科研机制、科研组织与管理形式、科学研究的评价体制的调整与改革，推进跨学科研究机构和跨学科团队的建设。

吴承明、汪敬虞两位前辈所执着的价值观、方法观、学科建设观关系大数据下信息的处理与运用，是经济史学界的宝贵财富，也恰恰是眼下人工智能难以替代的弱项。学习与继承他们的遗产，我们才能不辜负经济所成立近九十年来历代先人的期待。

---

① 吴承明《经济史理论与实证》，刘兰兮整理，浙江大学出版社，2012，第326页。

以学术为天下公器：
吴承明先生学术上的大智大勇

李伯重*

"夫学术者，天下之公器"，这句话出于近代学者黄节（1873～1935）的《李氏焚书跋》，原文是"夫学术者天下之公器，王者徇一己之好恶，乃欲以权力过之，天下莫不怵也"。后由于梁启超极力倡导，遂广为流传，深入人心。然而，说起来容易做起来难，真正能够把学术作为天下公器来对待的人，实际上并不多见。

要以学术为天下公器，就要对学术有一个正确的看法。首先，学术是天下公器，因此我们每个人做出来的学术成果，都是学术共同体做出来的成果的一个部分，而不是个人的私有财产，不能像土财主那样死守不放。其次，学术总是在不断进步，而进步就意味着吐故纳新。一些过去取得的成果，如果发现有错误的话，必须扬弃；而一些新的不成熟的看法，如果被证明有道理的话，也必须采纳。只有这样，学术才能够前进，个人做出的成果也才能成为共同的学术的一部分，即使后来被修正甚至扬弃，也是一种贡献。

1919年，韦伯在慕尼黑大学为青年学生们作了《以学术为业》的讲演。在这个激励了几代人的著名讲演中，他说：

> 一个人的研究无论怎么说，必定是极其不完美的。只有严格的专业化能使学者在某一时刻，大概也是他一生中唯一的时刻，相信自己取得了一项真正能够传之久远的成就。今天，任何真正明确而有价值的成就，肯定也是一项专业成就。因此任何人，如果他不能给自己戴

---

* 李伯重，北京大学历史系教授，原国际经济史学会执行委员，中国经济史学会顾问。

上眼罩,也就是说,如果他无法迫使自己相信,他灵魂的命运就取决于他在眼前这份草稿的这一段里所做的这个推断是否正确,那么他便同学术无缘了。……

我们每一位科学家都知道,一个人所取得的成就,在10年、20年或50年内就会过时。这就是科学的命运,当然,也是科学工作的真正意义所在。这种情况在其他所有的文化领域一般都是如此,但科学服从并投身于这种意义,却有着独特的含义。每一次科学的"完成"都意味着新的问题,科学请求被人超越,请求相形见绌。任何希望投身于科学的人,都必须面对这一事实。

韦伯的这些话,是对"学术乃天下公器"这句话的一个很好的阐释和补充。但是要做到这一点却非常困难。只有那些真正以学术为天下公器的大智大勇之人才能做到,而吴承明先生就是这样的一个人。

我在过去的一些文章中对中国经济史学科的学术史做过讨论,指出:在20世纪后半期,我国经济史学的理论创新中最重要的是资本主义萌芽理论。这个理论体现了一种比较史观,即把中国历史纳入世界历史范围之中,把中国历史作为世界历史的一个部分进行研究。这个理论打破了长期以来盛行于西方的"中国停滞"论和"冲击-回应"模式的束缚,使得我们能够以发展的眼光来看待中国过去的历史,并且把研究的重心放到中国自身,而不是将近代中国经济的变化归之于外部因素。在寻觅资本主义在何时何处"萌芽"的过程中,中国经济学者们对商品经济、雇佣劳动等至关重要的问题付出了巨大努力,并且取得了丰硕成果。而在资本主义萌芽的理论和实证研究方面,吴承明先生是最有建树者,可以说是集大成者。

然而,以往的资本主义萌芽研究中也存在着若干重大问题。到底什么是资本主义?资本主义与市场经济之间究竟是什么关系?近代早期欧洲的经济发展是否必然会导致近代工业资本主义?……不弄清这些问题,就不可能了解什么是资本主义萌芽。然而,过去我们对于以上问题的看法存在错误。因此建立在这些看法之上的资本主义萌芽研究,也日益暴露出破绽。

有感于此,我在20年前写了一篇《资本主义萌芽情结》的小文,对"资本主义萌芽"提出质疑。这篇文章在《读书》杂志1996年第8期刊出后,引起了一场小小的风波。吴承明先生看到这篇文章后,不仅不以为忭，而且予以肯定，这使我非常感动。之后，他在学术会议上提出不应当再提资本主义萌芽的问题，而应把注意力转到对市场的研究上。同时，他发表了一系列关于明清市场经济的著作，为我们研究20世纪以前的市场经济提供了指导。

作为资本主义萌芽研究的集大成者，毅然放弃自己多年研究得出来的观点，需要何等的学术勇气啊！在学界，有几个人能够做到这一点？但是吴承明先生做到了，这充分表现了他确实是以学术为天下公器，体现了他的大勇。

吴承明先生放弃原有的观点，但是过去的努力并未白费。在扬弃"资本主义萌芽"观点的同时，他提出了明清市场经济的新观点，从而使得自己的研究上了一个新的台阶。的确，在"资本主义萌芽"理论难以自圆其说的诸多方面，市场经济理论都能解释。布罗代尔把资本主义和市场经济做了分别，并认为"作为社会生活中间层的市场经济"与"作为社会生活顶层的资本主义"之间有不可混淆的界限。"市场经济"和"资本主义"是社会生活的两个不同领域，"市场经济"是竞争的领域，而"资本主义"是垄断的领域。这是两个相互反对的社会生活领域。因此"资本主义"是"不同于市场经济的一些活动"，它始终占据社会生活顶层。布罗代尔的这个区分是有道理的。市场经济就是商品经济的实现形式，其本身并不包括社会制度及意识形态内容。因此，吴承明先生提出不再谈资本主义萌芽而要研究市场经济，使得中国经济史研究摆脱了困境，进入一个更为广阔的天地。韦伯说"科学请求被人超越"，而吴承明先生自己超越了自己，这是真正的大智。

因此，吴承明先生从"资本主义萌芽"研究的权威转向"明清市场经济"研究的倡导者，确确实实表现了他的大智大勇。这种大智大勇，来源于他真正以学术为天下公器的信念和实践。他的这种做法，为我们提供了最好的榜样，是他留给我们的一份珍贵遗产。

"理论经济史"与"实证经济史"的开拓与发展

陈 锋*

一 经济史的定义与经济史学派

"什么是经济史"？或者说"经济史的研究对象是什么"？看似简单的问题，实际上众说纷纭。赵德馨先生说："经济史学在时间上是历史的，但其内容却是经济的。它本质上是一门经济学。学科内容决定其研究方法。经济史学的方法，包括研究方法和叙述方法，必须是按时序的（历史的）经济学方法。用这样的方法写出的经济史著作，经济学的味道才会浓一些。"又说："在横向上，就经济史学科中的各个分支而言，其对象，有的是生产力，有的是生产关系，有的是生产力与生产关系及其相互关系。若就整个学科而言，则只能表述为'经济'，即物质资料的生产以及相应的交换、分配、消费。这包括社会生产力及社会生产关系。在纵向上，就经济史学科中的各个分支而言，其对象，有的是古代，有的是近代，有的是现代，有的是从远古到最近的一个发展阶段的终止之日。若就整个学科而言，而只能表述为'史'，即已成为学科研究对象的过程，而非绝对时间意义上的昨天。换言之，经济史学科的对象，横向上，宽到经济全领域；纵向上，长到历史全过程，包括整个的经济的全部历史。它只受'经济'与'史'的限制。"[①] 赵先生论述到经济史研究中"经济学"与"历史学"的关系，但关键之点是，经济史"本质上是一门经济学"。李伯重

---

* 陈锋，武汉大学历史学院教授，中国经济史学会副会长兼中国古代经济史专业委员会主任。

① 赵德馨：《我们想写一部怎样的〈中国经济通史〉》，《中国社会经济史研究》1997年第3期。参见《重提经济史学科研究对象的问题》，《中国社会经济史研究》1992年第3期。

在《中国经济史应当怎么研究》一文中认为：经济史的定义，在各种说法中，以吴承明和希克斯（John Hicks）的解释最为合理。前者认为经济史是"过去的、我们还不认识或认识不清楚的经济实践"。后者则认为经济史"可以看成是一个单一的过程，即一个具有可以认识其趋势（至少到目前为止）的过程"①。我在为普通高等教育"十五"规划教材《中国经济史纲要》写的《绪论》中，综合各种对经济史不同的解释，得出了一个结论："经济史的研究内容不外乎四个大的方面，即经济制度与政策、经济结构与方式、经济发展事实与经济行为、经济发展的外部环境。由此，用一句话界定经济史的定义为：经济史是研究历史上经济制度、经济政策、经济结构和经济事项以及与经济发展相关联的外部环境的专门史。"② 认为经济史有经济学和历史学的交叉属性，但本质上不属于经济学，而属于历史学，经济学的理论与方法，只是研究经济史的一种学科方法。这也就是吴承明先生一句名言所说的："在经济史研究中，一切经济学理论都应视为方法论。"

另外，在不同的时期，在不同的学者笔下，对"经济史"的称法也不相同，大致有"经济史""社会经济史""经济社会史""国民经济史""财政经济史"等数种。不同的称法可能意味着侧重不同，如"社会经济史"与"财政经济史"对称时表现明显，但在许多情况下含义相近或等同。

对经济史的不同界定，以及经济史的研究实践，会导致不同研究方法的偏重和经济史学派的产生与形成。吴承明先生在《经济史：历史观与方法论》一文中归结："二次大战后西方的经济史学可说有三大学派。一是20世纪30年代兴起的法国年鉴学派进入第二代，形成以布罗代尔（Fenand Braudel）为首的整体观史学。二是以福格尔（Robert W. Forgel）为首的计量史学。三是以诺斯（Douglas C. North）为首的新制度学派经济史学。"③ 在这里，吴先生提出了在世界经济史学界经济史研究的三大学派：以布罗代尔为首的整体或结构经济史学派，以福格尔为首的计量经济史学派，以诺斯为首的制度经济史学派。这种划分与提法为许多学者所接受。

---

① 李伯重：《中国经济史应当怎么研究》，《中国经济史研究》2006年第2期。
② 陈锋、张建民主编《中国经济史纲要》，高等教育出版社，2007，第4页。
③ 吴承明：《经济史：历史观与方法论》，《中国经济史研究》2001年第3期。

对于中国学者经济史研究的现状,吴先生认为:"目前中国的经济史研究可说有三大学派:一派偏重从历史本身探讨经济的发展,并重视典章制度的演变。一派重视从经济理论上阐释经济发展过程,乃至计量分析。一派兼重社会和文化思想变迁,自成体系"。这种对国内外经济史学派的划分无疑值得我们重视和思考。我认为,根据中国经济史的学者出身、经历与研究现状,实际上有两大学派,即"理论经济史"和"实证经济史"。

二 "理论经济史"和"实证经济史"

由于经济史学科的边缘、交叉性质(历史学与经济学、历史学与财政学等),经济史学者的出身、经历、学养不同,研究方法互异,在中国经济史学界已经有不同的流派,有的偏重于理论,有的偏重于实证,或者说,有的偏重于经济学,有的偏重于历史学,我把偏重于经济学、偏重于理论的称为"理论经济史",把偏重于历史学、偏重于实证的称为"实证经济史"。

赵德馨先生已经分析过:"从历史学(系、所)出身的,史学理论与历史知识基础好,了解人类社会历史的整体进程,知道一些典章制度的变迁,懂得历史文献和史实考证的重要性与方法。他们把经济史作为人类社会历史进程中的一部分,研究经济史的目的是为了说明人类社会历史的进程。所以他们多从历史的角度研究经济发展,喜欢从引起社会(结构、事件)变化的原因角度选题,善于用顺时序、考证、联系社会各个方面进行分析等方法,侧重说明某个历史时期经济发展的状况,经济变迁的社会原因的社会后果。这是他们之所长。从经济学(系、所)出身的,经济理论与部门经济学的基础知识好,了解经济的整体结构与运行机制,学了高等数学、统计学、会计学和计算技术。这使他们在研究问题时,喜欢研究国民经济整体或其中某个部分的变化(如供求关系变化、市场发育程度、部门经济史等等),即从宏观经济角度选题,善于从计量上说明经济的发展状况,设计某种模型,从经济理论上解释经济发展的原因与后果,抽象出经济学理论观点。一般地说,他们不愿意也不擅长对具体的典章制度进行考证。"[1] 这是一般性的说法和概括,考察吴承明、汪敬虞诸先生的出身和

---

[1] 赵德馨:《经济史学科的分类与研究方法》,《中国经济史研究》1999 年第 1 期。

经历，实际情况可能与上说会有所出入。

我们先来看看吴承明先生和汪敬虞先生的出身与经历。

吴承明（1917～2011），就读于清华大学经济系，毕业于北京大学史学系，1946年获哥伦比亚大学经济学硕士学位，先后在国民政府资源委员会经济研究所、中央工商行政管理局调查研究处、中国社会科学院经济研究所工作。

汪敬虞（1917～2012），毕业于武汉大学经济系，先后在中央研究院社会研究所、中国社会科学院经济研究所工作。

再看经济所以及其他单位代表性经济史学者的出身与经历。

严中平（1909～1991），毕业于清华大学经济系，先后在中央研究院社会研究所、中国社会科学院经济研究所工作。

李文治（1909～2000），毕业于北京师范大学历史系，先后在中央研究院社会研究所、中国社会科学院经济研究所工作。

梁方仲（1908～1970），清华大学经济系毕业，先后在中央研究院社会研究所、岭南大学经济系、中山大学历史系工作。

汤象龙（1909～1998），1925年考入清华大学首届文科，专攻中国近代财政史，先后在中央研究院社会研究所、西南财经大学经济研究所工作。

傅衣凌（1911～1988），毕业于厦门大学历史系，先后在福建省银行经济研究室、厦门大学历史系工作。

彭雨新（1912～1995），毕业于中央政治学校大学部财政系、中央研究院社会科学研究所，先后在中央研究院社会研究所、岭南大学经济系、中山大学经济系、武汉大学经济系、武汉大学历史系工作。

李埏（1914～2008），毕业于西南联大历史系、北京大学文科研究所，先后在浙江大学史地系、云南大学历史系工作。

以上诸先生，梁方仲、严中平、吴承明、汪敬虞出身于经济学，汤象龙、彭雨新出身于财政学，李文治、傅衣凌、李埏出身于历史学。以出身经济学者居多，其中，梁方仲等先生可以说是实证经济史的扛鼎者，吴承明等先生可以说是理论经济史的举旗人。他们事实上理论与实证兼具，并没有因为经济学、财政学的出身，而忽视经济史的实证研究，如果检视他们的论著，更多的具有实证研究的色彩。

之所以如此，我认为原因有三：一是经济学的出身，并不能改变经济史的历史学特征，一旦研究经济史，必须遵循历史学的研究规律。二是尽量还原历史，把经济史实缕述清楚，实证是主要的手段，经济学理论与方法在有些时候可能处于从属的地位。三是老一辈著名的经济史学者，大都在中央研究院社会科学研究所工作过，直接参与了《中国近代经济史研究集刊》（不久改名为《中国社会经济史集刊》）的创办，与现代经济史学的建立有密切的关联。中国社会科学院经济研究所之所以成为中国经济史研究的重镇，与新中国成立后他们集聚经济所，延续经济史的研究传统有关。其他老一辈学者，分散于各地，大都在历史系任教，培养的弟子多为历史学出身，武汉大学、中山大学、厦门大学、云南大学的经济史研究传统，也与老一辈学者的引领密不可分。

吴承明先生在前揭文章中也认为："实证主义是研究历史的基本方法，不可须臾或离。中国史学自司马迁起就是实证主义的，宋代加入义理，并改进因果论证。清代考据学、训诂学出现盛况，20世纪初兼采考古学成果和西方考证方法，益臻完善。……经济史的根据仍然是经过考证的史料，在经济史的研究中，一切经济学理论都应视为方法论。"① 也就是说，实证在经济史研究中有其至关重要的作用和地位。一般的经济学理论，可以作为思考方法和分析方法，至于结构主义和整体史观、经济计量学、制度变迁与经济发展均是研究经济史可资借鉴的理论与方法。应该说，吴承明先生对经济史研究的理论与方法归纳已经达到极致，国内学者无出其右者。

同时，也应该说明，我不太同意这样的笼统说法："历代的《食货志》之类都偏重于典章制度，未能成系统的经济史。系统的经济史是20世纪早期学习西方建立起来的。"② 众所周知，《史记》中的《平准书》和《货殖列传》是经济发展史的专论，有关财政经济、社会经济的记述已经相当全面。班固的《汉书》在《史记·平准书》的基础上创立了《食货志》。《汉书·食货志》开篇云："洪范八政，一曰食，二曰货。食谓农殖嘉谷可食之物，货谓布帛可衣，及金刀龟贝，所以分财布利通有无者也。二者，生民之本。"表明了《食货志》是叙述经济事项的专篇。《汉书·食货志》从上古写到西汉，实际上在当时具有经济通史性质。《汉书·食货志》以

---

① 吴承明：《经济史：历史观与方法论》，《中国经济史研究》2001年第3期。参见吴承明《中国经济史研究的方法论问题》，《中国经济史研究》1992年第1期。
② 吴承明：《经济史：历史观与方法论》，《中国经济史研究》2001年第3期。

后，各史中列有《食货志》的有13种，即：《晋书》《魏书》《隋书》《旧唐书》《新唐书》《旧五代史》《宋史》《辽史》《金史》《元史》《新元史》《明史》《清史稿》。加上《史记》的《平准书》《货殖列传》和《汉书》的《食货志》《货殖列传》，整个二十六史中专门记载经济事项的门类则有17种。已经构成较为完整的经济史资料系列。《十通》中的经济史资料非常丰富，尤以《通考》系列的内容最为丰富，如马端临撰《文献通考》三百四十八卷，分为二十四门，其中田赋、钱币、户口、职役、征榷、市籴、土贡、国用八个门类都是专门的经济史资料，占24门的1/3。其他"赋役""漕运""盐法""钱法""荒政"等专篇或专书，对历朝历代的经济史也有较为系统的记述或论述。所以，我同意李根蟠的说法："中国不但很早就出现关于经济史的记述，而且形成了延绵不断的传统，这在世界上是罕见的，我们可以称之为中国传统经济史学。"①

而且，我认为，上述经济史文献，不能单纯地看作经济史资料，其中也有很多重要的识见。我在《中国俸禄制度史》中，曾经引述过刘锦藻《清朝续文献通考·职官考·禄秩》，其开篇云：

> 俸禄惟汉最优，唐宋所不及。元以公田租充俸，名曰公田，实输之民，此法极弊者。明代禄米最薄，洪武初，定一品月俸八十七石，递减至五石止，嗣以钞折米，寻钞少，又以布折钞，官至极品，月米易钱仅一千数百文，不成政体。我朝银米兼支，京员另有月俸，雍正时复有恩俸，外官加养廉，乾隆时京官概给双俸，外官佐杂及武职亦予养廉，加惠臣工至优且渥。迨改官制，禄糈益丰。

此段话语从汉唐说到明清，充分显示出作者的见识，没有疑问，这是一种明确的财政经济史论述②。

再引述一段《奉天全省财政说明书·划分国家税与地方税说明书》的记载：

> "税"之字义，《说文》："税"者，"租"也。《广韵》："敛"

---

① 李根蟠：《中国经济史学形成和发展三题》，侯建新主编《经济—社会史：历史研究的新方向》，商务印书馆，2002。
② 黄惠贤、陈锋主编《中国俸禄制度史》，武汉大学出版社，1996，第503页。

也。《汉书·食货志》:"税谓公田什一及工商虞衡之入也。"可知"税"义实能为表示公经济收入之广义,即可以为概括一切公经济收入上狭义之名词。例如古时之曰贡,曰助,曰彻,曰课,曰赋,得以"税"义概括之。又如近时之曰捐,曰厘,亦得以"税"义概括之。英文 TAX 者,中世纪专指直接税而言,今则沿用为一切租税之总称矣。曰 SCOT(按:系指习惯上特别订定之税而言),曰 BEDE(按:系指封建时代日耳曼之佃户付与贵族之地主之税而言),曰 TALL(按:系指通行道路及桥梁之税而言),曰 DUTY(按:系指专课货物之税而言),均得概括于 TAX 义中。与我国"税"字为表示公经济收入之广义,可以为概括一切公经济收入上狭义之名词不谋而合。互相印证,其一例也。惟训诂究有差异之点,近时诂 TAX 者,其最流行之说,为人民之义务及为人民之赋课金两义。今我既欲采用彼都之租税制度,势不能不援六书假借之例,假借义务与赋课金两义以诂"税"字,庶几租税之领域易明。领域明,而何者为税,何者为非税,当此租税法未定之时,即可一望而知①。

这里试图从古意及外文语词中论说"税""捐"之本意及区别,明显具有专论色彩,也显然不能单纯以经济史资料视之。

以上主要在于说明两点:第一,中国传统的经济史在传统的意义上是比较成熟的,到了晚清,又有新的发展。不能忽视中国本土经济史的研究传统,研究中国经济史,也应该本着中学为体、西学为用的原则②。第二,传统的实证研究,讲究义理、考证、辞章三原则,已经有其理论、方法和表现形式,在借鉴运用经济学理论与方法的时候,不可偏废。

三 结语

吴承明、汪敬虞以及严中平、李文治等老一辈学者,是 20 世纪具有现

---

① 《奉天全省财政说明书·划分国家税与地方税说明书》第 1 章,《论租税之领域及课税权》。按:原书外文及有关文字有错误,陈锋主编《晚清财政说明书》已经订正。见陈锋主编《晚清财政说明书》第 1 卷,湖北人民出版社,2015,第 214 页。
② 参见陈锋、王燕《以传统为本体 以西学为方法》,《光明日报》2016 年 11 月 26 日,《理论·史学》版。

代意义的中国经济史的主要开拓者,在学养上,他们兼具历史学和经济学的功底,在方法论上,坚持历史的考证之学,经济之史实,大多亲自考述,既不假手他人,也不轻易"拿来",所以,他们的论著,即使是理论色彩浓厚,也有史有据,经得起历史的考验。这也正是今天我们研究经济史应该继承发扬的地方。

一代人有一代人之学问,一代人有一代人之视野,随着新一代经济史学者的成长,随着研究理论和研究方法的更新,经济史研究的发展可以期待。但值得注意的是,在借鉴西学、宏观视野、问题意识、讲求模式的鼓噪下,有一些不太好的倾向,有的学者指责此前的一些经济史研究,"仅是了解局部的经济现象,如江南的米价波动、江南运河修浚,等等,顶多是瞎子摸象",他们系统测算和研究的"北宋、明、清的GDP总量、经济结构、增长格局以及公共财政等问题",对了解历史的中外对比,起到了关键作用。且不说这种研究是否符合历史的实际,但是所谓的宋、明、清的"公共财政"用语,就有很大的问题。希望研究经济史的历史学出身的学者,不要在意"碎片化"的讥讽,保持发扬优良的传统,在实证研究的基础上,多学习经济学的理论与方法。研究经济史的经济学出身的学者,多学习历史学的理论与方法,像老一辈学者那样,多一些亲自考述,少一些轻易"拿来"。互相学习,取长补短。

走经济史自己的路

戴建兵[*]

我是读着吴承明、汪敬虞两位先生的书一步一步走过来的。

我的硕士生导师是傅尚文先生,他于20世纪80年代中后期在河北大学创立了中国近现代经济史的专业方向,历史系和经济系联合培养,他一共没招几个学生,学生里男生一共四个,大师兄是南开大学的李金铮教授,二师兄有两位,目前在经济学和社会学界显露头角,我入门晚,爱玩,在河北大学替本科生踢了三年足球。

据李金铮教授说,傅先生在他上学的时候就领着他去见过吴承明、汪敬虞两先生,这对他日后发展有很大帮助。而两位二师兄回忆,当年他们也跟着老师常去北京及一些相关历史传统企业进行调查研究。到了我这一届,老师身体已衰,我印象最深的两条,一是和刘永佶老师扎扎实实地读了一年半的《资本论》,研讨《资本论的逻辑》,再就是上了一系列的经济学课程,还发有经济系的资料室的借书证。这在今天大学院系专业分得如此清楚的情况下是很难想象的,体现了傅老师的创新精神。

吴承明、汪敬虞两先生的大作就是我在经济系的资料史里第一次看到的。《中国资本主义工商业史料丛刊》《中国近代工业史资料》《中国近代经济统计史资料选辑》等史料集;《帝国主义在旧中国的投资》《中国资本主义与国内市场》《中国资本主义发展史》《旧中国的资本主义生产关系》《中国资本主义的萌芽》《中国近代工业史资料(1914~1985)》《十九世纪西方资本主义对中国的经济侵略》《唐廷枢研究》《中国国民所得(一九三三年)》等著作或论文集,那时是我们学习的圣经。

---

[*] 戴建兵,河北师范大学党委书记、教授,中国经济史学会副会长兼中国近代经济史专业委员会主任。

而到了 2000 年在复旦大学读博士期间我更是认真读了吴承明先生的《经济史：历史观与方法论》《市场·近代化·经济史论》《中国资本主义发展史》《新民主主义革命时期的中国资本主义》《中国资本主义发展史》《中华人民共和国经济史（1949~1952）》，汪敬虞先生的《中国近代经济史，1895~1927》上中下三册、《外国资本在近代中国的金融活动》《中国资本主义的发展和不发展》《近代中国资本主义的总体考察和个案辨析》。

如果从民国年间论起唐山还归滦县管，我和吴老是老乡。更让我觉得有亲近感的是，吴老的母亲毕业于我任职的河北师范大学的前身——北洋女子师范。当年傅老师命题让我搞中央信托局（的研究），因为难度太大我改成了近代信托，这在当时中国经济领域中还没有这一部门经济的境况下，让我用一篇现在看起来根本不行的文章极顺利地在南开大学完成答辩，拿到了硕士学位。答辩委员会阵容强大，有近十位，一半是经济学的教授，一半是历史学的教授。而早在 1947 年初，吴承明先生就任上海中央信托局信托处襄理。现在想来，如果他老先生主持，真不知道我下场如何。当然荣幸的是，大学毕业后我被分配到河北财经学院马列部，主任就是吴老弟子之一刘福寿教授，当然，日后的学术生涯里，从两位先生的学生那里获得的更多，他们或是我答辩时的导师，或是学术讨论会上的指引者。更让人难忘的是我承担国家清史任务时，亲自见到两位大师，并得到他们的指点。

我读吴先生的文章最让我开晤的是他在民国年间写的二战时美国通货膨胀的文章，让我有顿悟之感，从而使我对于政治与经济的关系有了更深入的认识，而不仅仅从政治层面或单纯地割裂经济与政治的关系。而对汪老师的《外国资本在近代中国的金融活动》一书，我读了不下十遍，我的博士学位论文里面有汪老学术思想的影子。汪老身上的两种学者特质让人难以企及，一是急人所急，循循善诱，在学术专门利人；二是在学术上对自我要求甚严，经常反省。

读两位先生的文章，领悟两位先生的思想，使我在经济史的认识上有两点日益深刻。

一是经济史就是经济史，是有独立学科价值的学问。

20 世纪 80 年代后期读经济史的硕士学位，上了一多半的经济学课程，后来很快被市场经济理论所冲击，自己的经济学思想经历了痛苦的删除和改造。自己的教学经历更是走过了十一年的中共党史、中国革命史；八年的货币银行学、中央银行学、商业银行经营管理的研究历程。学术上也一直是从钱币的微观角度入手探究经济史,但直到 2000 年时,还是认为经济学就是经济学,历史学就是历史学,特别表现在经济史研究上,现实经济学理论无法指导经济史的研究。

吴先生曾引述熊彼特谈经济学的内容,一是认为经济学实质上是历史长河中一个独特的过程,经济学是一门历史科学。经济史研究不是只讲纯经济的现象,更认为经济史学家应当有整个历史学修养。史无定法!经济史研究应以实证分析为主,应具体不宜抽象,不宜先立范畴,更不能用范畴填充历史。经济史是经济学的源而不是流。经济史为经济学提供材料,拓宽视野。2000 年后我在复旦认真研读吴老关于经济史方法论的系列文章和著作,结合自己博士学位论文的写作,才真正领悟了经济史独特的学科价值。它是深入历史研究的重要法门和试金石,革命、改良、思潮都离不开经济基础。它是抽取经济规律的验证路径和汲取地,没有历史长时段发展,规律无从谈起,规律发生的作用无法验证。因而经济史就是经济史。

二是经济史是思想史,是人类经济思维的进化史。

吴先生于 20 世纪 90 年代后期以来,着力于思想文化方面的研究,对中国的思想文化和西方的哲学思想深入思考,探讨中国经济发展的特殊性根源,重视思想文化对经济的作用与影响。他认为经济思想的产生是对当时经济制度的怀疑,强调中国经济思想史的"义利、本末、轻重"。

从硕士学位论文的信托业开始,我知道了信托业与基督教的关系,后来一点点地知道了典当与佛教、西方的股份制与天主教、投资银行与伊斯兰教都有或多或少的关系。而从货币的角度看人类思想特别是经济思维的进化更加明显。从金银天然是货币,到最早的货币单位都是重量单位,到纸币的发展,人们将货币单位从重量单位抽取出来而形成纯货币单位,如我们的元角分,再到实物货币形态的消失,从金银到纸币到今天的一束电子,里面呈现着人类思想的光辉和经济学家理论的智慧。我们不仅在肉体上不停地进化,我们的经济思维也在不停地进化着。

2010 年我见到坐在轮椅里的老先生时,想起一个叫柴田丰的日本老太太已经 99 岁,她发表的处女诗集《永不气馁》,其主题诗为《别气馁》。

……

……

阳光和微风
从不曾有过偏心
每个人
都可以平等地做梦
……
……
即使是九十八岁
我也还要恋爱
还要做梦
还要想乘上那天边的云

以此纪念两位先生并祝愿经济史学科的明天更美好。

缅怀大师风范，开拓学术新域

马 敏[*]

今年是我国著名经济史学家吴承明先生和汪敬虞先生的百年华诞，于此时来纪念这两位中国近代经济史学科的主要奠基人、领路人，可谓意义深远。

新中国经济史学的诞生，是老一辈学者严中平、李文治、孙毓棠、吴承明、汪敬虞、彭泽益、章有义、聂宝璋、陈真、宓汝成、姚贤镐、张国辉等共同努力开拓的结果，在这些大师巨子之中，同年所生的吴承明、汪敬虞先生又是一对耀眼的双子星，对中国近代经济史、中国资本主义发展史、中国近代资产阶级史、中国现代化史等，均做出了杰出的贡献，无愧于中国经济史研究"一代宗师"的称号。

如果作一个十分粗略的比较，吴承明先生和汪敬虞先生在人生和学术事业上，既有某些共同点，又有二人各自不同的风格与学术追求，但对中国经济史学科发展所做出的巨大贡献却是相同的。

吴、汪二老有大致相同的人生经历，即从经济学转入经济史，从研究当代经济到研究近现代经济历史。吴承明先生大学时代既学过经济，又学过历史，具有深厚的文史功底，毕业于北大（后西南联大）史学系后，先供职于重庆中央银行经济研究处，后又赴美国哥伦比亚大学经济系深造，攻读工商管理硕士学位。1947年初回国后任上海中央信托局信托处襄理，并兼任上海交通大学、东吴大学教授等，对中国国民所得和中国工业经济均有精深的研究成果。汪敬虞先生早年毕业于武汉大学经济系（由中文系转入），后考入中央研究院社会科学研究所攻读研究生，毕业后留任助理

---

[*] 马敏，华中师范大学原党委书记，教授，原国际经济史学会执行委员，中国经济史学会顾问。

研究员。这期间，汪敬虞先生不仅撰写了大量有关中国金融、工业经济的论文，而且担任了巫宝三主编的《中国国民所得（一九三三年）》一书中工业部分的研究，由此，为其日后的经济史研究奠定了雄厚的基础。从二老的教育和学术经历看，他们对中国现实经济和社会的情况都非常熟悉，都具有深厚的经济学素养和文史功底，这是他们日后能成为经济史学大家的内在潜质。

就研究风格而言，除均学有专攻、集中用力于各自擅长的领域外，吴承明先生似更注重于经济史学理论的研究与思考，尤其在晚年撰写了一系列经济史学理论方面的专著和论文，为中国经济史学的发展指明了方向。尽管提倡"史无定法"，强调不能只用一种理论方法来研究历史，但吴承明先生仍十分重视经济史研究中各种理论方法的综合运用，他指出："经济史是研究各历史时期的经济是怎样运行的，以及它运行的机制和效果。这就必然涉及经济学理论。"在经济史研究中，一切经济学理论都应视为方法论：思考方法或分析方法。"史无定法，需根据时空条件，所研究问题性质和资料可能，选用适当的方法"（《经济史：历史观与方法论》）。对经济学和更广义的社会科学研究方法，吴老认为适合于经济史研究的大致有五种方法：即经济计量学方法、发展经济学方法、区域经济史方法、社会学方法、系统论方法。其中，吴老又格外强调，经济史研究应以实证分析为主，应具体不宜抽象，不宜先立范畴，更不宜用范畴填充历史（《中国经济史研究的方法论问题》）。经济史研究中，"凡能计量的都应尽可能计量，有时比较值更重要于绝对值，这是史的特点"（《经济史：历史观与方法论》）。在经济史与经济学的关系上，吴老还特别指出，经济史是经济学的源而不是流。经济史为经济学提供材料，奠定基础，拓宽视野，并非可有可无。从而为经济史学科树立了坚实的学科自信。

相比较而言，汪敬虞先生可能更注重于经济史的实证研究和相关资料的整理，更趋于"实"和"细"。其参与的《中国国民所得（一九三三年）》，至今仍是研究中国国民收入和工业化水平的经典之作。他20世纪50年代编写的《中国近代工业史资料（1914~1985）》第二辑上下册，至今仍是经济史学工作者手头必备的工具书。他的若干专题研究成果，如《十九世纪西方资本主义对中国的经济侵略》《唐廷枢研究》《赫德与近代中西关系》《外国资本在近代中国的金融活动》，以及发表的许多专题论文，均提出了新的史料和新的观点，开掘既深，且论证扎实，具有很高的学术水准，为学界树立了标杆。尤其对中国资本主义和资产阶级的产生，汪老有着十分系统和深刻的见解，成一家之言。

值得注意的是，尽管吴承明先生和汪敬虞先生学术研究风格和侧重点不同，但两人都具有十分宽阔的学术视野，超前的问题意识和独到的学术眼光，能够提出一系列中国经济史研究应当关注的中心线索和中心问题，从而吸引学界注目，形成广泛和深入的讨论，推动学术研究的原创性、实质性发展。这方面的例子太多，限于篇幅，不能一一企及，仅各举一例以明其大要。

中国工业化或现代化（近代化）中的内部因素和外部因素问题，是吴老始终关注并提出应当认真研究的一个大问题，其实这也是中国近现代经济史中的一条主线。他早年曾侧重研究过帝国主义在旧中国的投资，分析外部因素对中国社会变迁的影响；后来则将研究重点转向了中国资本主义发展的内部因素，注重对国内市场发展的研究，著有《中国资本主义与国内市场》这一名著。在其后与许涤新先生合作主编的《中国资本主义发展史》第一、二卷中，也体现出在内部因素与外部因素的结合中考察中国近代经济发展的特点。即既要看到外国资本入侵对中国工业化、近代化的刺激和影响，又要看到中国内部传统经济因素的变化与发展，并从中找到一条适合中国国情的工业化、近代化的独特发展道路。这条中国式的工业化、近代化道路特点，大致可概括为一条"土洋结合、以农村为基础的新式工业发展的道路"，而张謇的"南通实业"体系发展探索，则可看作是一个比较成功的实例。1987年5月在武汉召开"对外经济关系与中国近代化"国际学术研讨会时，吴承明先生提交给大会的论文即《早期中国近代化过程中的内部和外部因素》，其中更为强调的是中国的"内部因素"，提出要"寻找中国内部能动因素"，"从中国本身的历史来解释中国近代发生的事情"。认为，"19世纪以来的中国近代化，本来应当走自己的道路，正如今天走有中国特色的社会主义现代化道路一样"。这条"自己的道路"，"应当不是西方生产方式的原样移植，而是新生产方式和中国内部能动因素的结合"。可以说，吴老晚年对中国近代市场与近代化的研究，很大程度上便是在寻求中国近代化和近代经济发展的"自己的道路"。

如果说，吴承明先生格外关注近代中国资本主义发展和近代化过程中的外部因素与内部因素问题，那么，汪敬虞先生晚年则格外关注近代中国资本主义发展和不发展问题，并以此为题，撰写了一篇十分重要的文章，即发表于1988年《历史研究》第5期的《近代中国资本主义的发展与不发展》。文中，针对有学者认为应该把中国资本主义的发展看作中国近代史的中心线索，汪老更进一步地明确提出，不仅应当研究中国资本主义的发展，还应研究中国资本主义的不发展，"中国资本主义的发展与不发展，这是贯穿中国近代史的一条主线，也是在中国近代史上出现的资本主义的全部命运"。而在发展与不发展的交织中，"中国资本主义的不发展又是事物的主流"。因此，中国近代经济史的一个重要任务，就是要研究中国资本主义不能够充分发展及其原因。这种不能充分发展，正是中国近代社会所特有的现象，与中国近代半殖民地半封建社会的性质不无关系，它不仅表现在资本主义的总体水平上，而且表现为点与面的不协调，表现为点上的发展与面上的不发展并存的局面，先进的工业与传统的农业长期并存，机器大工业与手工业长期并存，等等。汪敬虞先生认为，研究中国近代资本主义的发展与不发展，不仅能更为准确地认识中国近代史的中心线索和历史特点，也能启迪对当前现实的反思，因为这是准确认识中国国情的基础。汪老提出这一十分具有启发性的观点之后，在学术界一度引起广泛的关注和讨论。这也在一定程度上表明，这个问题切中了中国近代历史的肯綮，为我们探索中国现代化历史进程提供了一个新的视角和思路，值得进一步去深入研究。

由此可见，所谓学术宗师和大家，往往并不在于他们做了些什么具体研究工作，而在于他们的研究思路、问题意识及研究方法所给予我们的深刻启示和长远的影响。在这一意义上，无论是吴承明先生还是汪敬虞先生都无愧于宗师与大家的称号，值得我们永远缅怀！

在长期学术研究过程中，吴老与汪老不仅与我们华师中国近代史研究所的创所所长、著名历史学家章开沅先生结成了深厚的友谊，而且对我所的中国近代经济史研究和现代化史研究也产生了深刻的影响。我们所今天所从事的中国资产阶级研究、商会史研究、现代化史研究和中国工业化史研究，很多都是受他们二位的学术思想影响而开展的。对二老的最好的纪念方式便是不断拓展中国近代经济史研究的新领域，取得新进展，以告慰他们的在天之灵。

为此，借此机会，也简单汇报一下我所在中国近代社会经济史研究上的若干新领域、新进展。

（1）关于中国近代资产阶级研究。我所关于中国近代社会经济史的研究，发轫于辛亥革命史研究尤其是对中国近代资产阶级的考察与探讨。早在20世纪五六十年代，研究所创始人章开沅先生在论述资产阶级与辛亥革命时，多次呼吁加强对辛亥革命时期的社会环境和资产阶级群体组织进行。加强资产阶级群体组织研究，就是要求突破对企业家进行简单的阶级归类的路径考察，应将行帮、公所、会馆和商会等"举凡资产阶级的各种组织，以及他们栖息并且活动于期间的社会环境"纳入分析范畴。在嗣后数十年的学术人生中，章开沅先生正是循着上述路径思考，将探索的触角尽可能延伸到社会经济的各个领域。其中，较有代表性的成果当属《开拓者的足迹——张謇传稿》（1986年）。尽管张謇是清末民初的一位重要企业家和工商领袖，但章开沅先生不满足于他个人生平事迹的研究，而是透过分析人物所厕身的社会集团以揭示中国近代社会的时代特征。在此基础上，章开沅先生还先后出版了《张謇与近代社会》（2005年）、《张謇传》（2010年）两本学术著作，此外，他领衔主编的《中国近代民族资产阶级》（2000年）、《中国近代史上的官绅商学》（2000年）也产生了较大影响的学术成果。马敏沿着章开沅先生开辟的学术方向，同时借鉴汪敬虞先生在资产阶级研究方面的成果，用"过渡形态"理论，比较全面地考察了中国资产阶级的历史演化和社会构成，进一步完善了对中国近代资产阶级的理论研究。

（2）现代化（近代化）史研究。为了加强对中国近代社会的经济结构的分析，章开沅先生认为必须克服既有史学研究的不足，一方面加强地区研究和专题研究，另一方面还需要借鉴其他社会科学的理论与方法，深化相关问题和领域的研究，从大历史视角探讨中国现代化（近代化）历程。因此，20世纪80年代中后期研究所开始了中国早期现代化理论与实践的研究，除了陆续出版了近十本"中外近代化比较研究丛书"，还推出了《比较中的审视：中国早期现代化研究》（1993年），较为系统和全面地对中国近代社会变迁和转型的历程进行了新的探讨。这些研究与北京大学罗荣渠先生主持的学术研究成果一道，拓展了中国近现代史研究的广度和深度，为中国近现代史学科的丰富和发展注入了新的活力。

（3）商会史研究。循着加强对资产阶级群体组织研究的方向，马敏、朱英、虞和平等对商会等经济社团展开了深入考察，由此构成本所在社会经济史研究方面最具代表性的研究领域。马敏、朱英合作完成了《传统与近代的二重变奏：晚清苏州商会个案研究》（1993年）。该书是继徐鼎新、钱小明《上海总商会史》后，又一部重要的地方商会史研究的论著。同时，虞和平的博士学位论文《商会与早期现代化》也于1994年得以出版，这是第一部关于中国近代商会的总体性、通论性的研究成果。1997年，朱英出版了《转型时期的社会与国家——以近代中国商会为主体的历史透视》。马敏著《官商之间：社会剧变中的近代绅商》（1995年）对近代商会中的绅商进行了考察，并详细分析了这一阶层在商会中所起到的重要作用。这些著作拓展了中国商会史研究的时空和主题，也深化了中国近代社会经济的探讨。

在上述成果的基础上，研究所组织研究力量，分别对中国近代同业公会、商会的兴起及其在百年中国变迁进程中跌宕起伏进行了系统性、整体性的研究，并先后推出了《中国近代同业公会与当代行业协会》（2010年，朱英主编）、《中国近代商会通史》（四卷本，2015年，马敏主编）两部集体性学术成果，将中国近代商人团体研究推向一个新高度。

（4）博览会史研究。博览会是高度发达的商品经济和工业革命的产物，因此，近代博览事业的兴起及演进无疑是观察中国近代社会经济踪迹的另一"窗口"。基于此，早在分析辛亥革命时期社会环境时，马敏、朱英二人就对晚清两次重要的博览会——武汉劝进奖进会、南洋劝业会，以及清末"商品赛会热"现象等进行了初步研究。嗣后，马敏继续深化了中国近代博览会事业的研究，尤其是加强了对清末民初中国参与世界博览会历程及意义的分析，以及博览会对中国近代融入经济全球化、一体化进程的思考。马敏不仅多次应邀赴国内高校、电视台演讲中国近代兴办博览会和参与世界博览会的历程，并主编出版了《博览会与近代中国》（2010年）。目前，在马敏的主持下，研究所同仁正在完成国家社科基金重大研究课题：《中国近代博览会通史》（三卷本）的撰写工作。

（5）中国工业化史研究。手工业在中国有着悠久的历史，也是中国近代经济的重要组成部分，对中国工业化的进程有着重要影响。彭南生的《中间经济：传统与现代之间的中国近代手工业》（2002年）充分吸收和借鉴西方经济史学家的原始工业化理论，对近代百年中国手工业作为一个经济整体加以研究，探讨了手工业在近代中国长期存在的原因及其与中国工业化进程的关系，认为中国早期工业化不仅取决于对西方机器工业技术的移植，更受制于中国手工业的近代命运。嗣后，彭南生先后出版了《半工业化——近代中国乡村手工业的发展与社会变迁》（2007年）、《固守与变迁：民国时期长江中下游农村手工业经济研究》（2014 年）。这两本论著以"半工业化"为理论，着重考察了中国近代乡村手工业的兴起、技术、市场、形态与经营制度，认为近代中国乡村的"半工业化"是中国早期工业化的产物。

近年来，严鹏在工业史研究领域多有拓展，并先后出版了《战略性工业化的曲折展开：中国机械工业的演化（1900~1957）》（2015 年），《地区产业竞争力之演化：湖北纺织工业的发展（1800~2012）》（2016 年）等论著。此外，其博士后研究报告《战争与工业：抗日战争时期中国装备制造业的演化》也将于近期出版。除工业史研究外，严鹏还将视野投向工业文化这一新兴研究领域，撰写并出版了《富强求索——工业文化与中国复兴》（2016 年），该书是工信部工业文化发展中心首批推出的工业文化专著之一。

我们研究所在上述中国近代社会经济史领域的拓展研究，可以说或多或少都受到吴承明先生和汪敬虞先生的学术影响，都是循着他们所开辟的学术道路继续前行，而我们所取得的一系列学术成果也可以说是对他们二位宗师的最好的纪念。

谨以此文缅怀并纪念吴承明、汪敬虞先生百年诞辰！

沿着前辈开辟的中国经济史研究路径前行

刘志伟*

首先很感谢经济所邀请我出席这个盛会，让我有机会在这里谈一点我对中国经济史研究的想法，表达对吴先生和汪先生的敬意和怀念！

吴承明先生和汪敬虞先生离开我们已经五六年了，他们以及多位与他们同代的学者，开拓了中国经济史研究的道路，他们的离去，标志着中国经济史研究已经走过了一个时代，一个由一代杰出的学者创造的时代。这一代的学者，出生在100~110年前，他们中的多位长期聚集在中国社会科学院经济研究所，或者与经济所有非常密切的联系。这一代学者的研究，形成了中国经济史的学术规范，其贡献之巨，在学科发展中有着开风气、立规矩的地位。我们今天缅怀这一代学者，不是要告别这个时代，而是要继续他们的事业，沿着他们走出的路前行。

最近一些年，我们欣喜地看到，很多年轻学者在中国经济史研究上努力创新，越来越多的经济学和相关学科的学者也都投入了中国经济史的研究，中国经济史研究呈现出一些新的气象。可以预料，再过几十年，中国经济史研究可期走进一个新的世代。但是，学术从来都是一代一代人传承的事业，老一代留下的学术遗产应该成为新一代前行的出发点。由于大家都知道的原因，老一代学者的研究，在过去一段时间，被贴上的政治意识形态标签掩蔽着其学术上真实的价值，有一些年轻学者没有认真去了解这一代学者走过的路，甚至漠视他们已经建立的中国经济史研究范式，以致出现一些在低水平起点上"创新"，甚至偏离学术规范的研究。

我学习中国经济史，从一开始，就是在以经济所为主体的多位前辈学者的引领下入门的，但我没有对中国经济史研究的学术史作过专门的探

---

* 刘志伟，中山大学历史人类学中心主任，教授。

究，这里只能根据我自己学习经济史的体会，谈几点我对吴先生和汪先生等经济所老一代学者所建立的经济史研究的基本规范的认识。

第一，在扎实的历史资料基础上开展中国经济史的专题研究。我们今天，不时会听到来自历史学对经济学者做经济史研究的批评，认为经济学者没有在史料上下功夫。但在老一辈学者那里，绝对没有出现这种情况，经济所在对中国经济史料收集整理工作上的成绩，甚至可以说比同时代的历史学者做得更系统更细致。早在20世纪30年代初，经济所前身北平社会调查所（后来的中央研究院社会科学研究所）的经济史组，就组织了从清朝军机处和内阁档案中抄录经济史资料工作，大约抄录十多万件，这恐怕是系统地大规模地利用清朝档案最早的研究工作。抗战时期，迁到西南地区，面临艰苦的条件，经济史组的研究仍然坚持以资料收集整理为重心，在海关资料、盐政、物价、金融、对外贸易等领域的资料积累上，做了大量基础性的工作。50年代，新中国成立不久，经济所就出版了《中国近代经济史资料丛刊》多个专题的资料汇编，这套资料汇编，直到今天仍然是我们学习中国经济史最好的入门书，如果经济所的老一辈学人没有长期扎实的史料工作，就不可能产生这样的成果。这个传统，在这一辈学者培养和影响下成长起来的中国经济史学者的研究中一直传承下来，成为大家共同遵守的规范。

第二，对量化资料和数字的重视，以及计量方法的积极而审慎的运用，并在计量研究上形成了一些基本的规则和规范。中国经济史研究，从起步阶段就十分重视量化资料的收集整理和计量分析，早在20世纪30年代，前辈学者们就开始致力于整理传统文献中的数字资料，从户口田地田赋到海关税收、从物价统计到盐政，都开始了系统的量化资料整理。在经济所图书馆，保存着当年把《万历会计录》的数字进行全面系统整理并制成表格的几大册稿本，这样精细的统计资料整理，我们今天看到也肃然起敬。汪敬虞先生参与的巫宝三先生主编的《中国国民所得（一九三三年）》一书，就是当时应用计量研究的典范。在严中平先生主持下，集经济所多位学者之力编成的《中国近代经济史统计资料选辑》，直到今天，仍然是以数字统计资料呈现中国近代经济概貌最经典的著作。在吴先生、汪先生等经济所的老一辈学者的专题研究中，我们处处可见他们对经济事实的评估立论，基本上是建立在尽可能的量化分析和认识之上的。吴承明先生曾经非常明确地说过，经济史研究凡能计量的都应尽可能计量，乃至用模糊数学。近几年，我听到一种说法，说中国经济史研究过去不重视量化，我以为有点无知了。更值得一提的是，老一辈经济史学家对量化资料的使用和量化分析方法运用，是十分积极而又审慎的，并且已经形成了一些初步的原则。限于时间，这里不展开讨论，只想特别提一下吴承明先生关于经济史的量化研究提出的几点意见：比较值更重要于绝对值，回归分析要谨慎，不赞成用模型。这是非常有见地的。

第三，坚持经济学理论与历史方法的统一。这一点我们大家都很熟悉，不需要展开了。这里只想就这个问题特别强调一点，经济所的老一辈学者，多是学经济学出身，学历史学的也都从一开始就做经济史研究，他们也都是马克思主义经济学家，古典经济学和马克思主义政治经济学无疑是他们从事的经济史研究的理论基础，但他们的经济史研究，并没有僵化地固守在既有经济学理论逻辑上，而是坚持了吴承明先生主张的经济史是经济学的源而不是流这样一种信念。吴承明先生还明确提出，经济史研究不能用模式法。在他们的研究中，一些理论逻辑上对立的概念和命题，在实证研究中，均努力从历史事实中建立起一种统一起来的解释。在这方面，对我的研究有比较直接影响的，例如吴承明先生提出的交换经济史的概念、李文治先生关于中国地主制经济的理论、章有义先生对地权分配的实证研究结果以及与地主制经济的关系的论述。我印象很深刻的，还有在20世纪80年代，经济所的学者提出的商品经济发展与地主制经济的内在联系的讨论，我认为都体现了老一辈学者用历史方法去发展经济学理论的努力。在这个方面，经济所老一辈学者的经济史研究，不仅在当时有着引导我们走出教条主义史学的意义，到今天，我们还可以从中发现很多对今后的研究有启发价值的思路。

与此相关但我想独立提出来的第四点，是吴承明先生等老一辈经济史学者有一个明确的学术追求，就是要立足在中国历史经验中，建立广义经济学的理论方法体系。今天，学术界越来越认识到，基于市场经济建立起来经济学理论，不足以解释人类经济发展历史的许多复杂问题，中国经济史的研究，无疑是建立广义经济学的必不可缺的途径。吴承明先生明确提出并做了理论阐述的这个追求，我认为也是经济所老一辈学者在从事各自专题研究时的自觉追求。特别值得提出的是他们在研究实践中，这个追求是在认识到既有的经济学范畴具有统一性的基础上去努力的。这一点，我觉得是我们后辈在继续他们已经开拓的经济史研究方向时必须坚持的，所以特别要提出来。

　　以上几点，只是我自己学习经济史时，从吴先生、汪先生等经济所的老一辈学者那里学到的一些基本的规矩。我把这几个规矩，理解为我们从事经济史研究应该继承遵守的学术规范，甚至可以说，是中国经济史研究应该守住的"家法"。无论今天还是未来，如何在理论、方法上追求创新，如何突破原有的范式，这些几点"家法"都是不应该丢弃和违背的。

　　2008年，我们举办梁方仲先生百年纪念会的时候，汪敬虞先生发来一份非常工整的手书的纪念文章，文章最后，汪先生回忆他到所的第一天，正好住在李庄镇上的巫宝三先生在梁先生家里，汪先生就到梁先生家找巫先生，巫宝三先生告辞回镇上的时候，对梁先生说，我 enjoy 走路，梁先生回答并重复了两遍说："So do I"。汪先生在文章最后一句感慨地说："请看，多么愉快而又忧伤的三个字，多么轻松而又沉重的三个字！"我们今天缅怀先生们，要沿着他们开拓并走出中国经济史之路前行，我也想对先生们说："So do I"。

继承创新精神不断探索前进

朱荫贵*

今年是汪敬虞、吴承明先生100周年诞辰。汪敬虞、吴承明先生是我非常敬重的前辈学者，二位先生都十分著名，在专业领域中都是大家，做出了杰出贡献，在国内外都很有影响。非常幸运的是，从1982年我进入中国社会科学院经济研究所经济史研究室开始，一直到2003年离开经济所到复旦大学工作为止，我都与二位先生在一个研究室工作，还直接参加汪敬虞先生主持的国家社科基金重大项目《中国近代经济史》的课题研究。直接在汪敬虞先生和吴承明先生的指导下，从一个学术研究的初入门者开始学习和研究。

二十多年的时间里，直接间接感受到二位先生高尚的人品和渊博的学识。可以说，在两位先生身上，集中体现了我国优秀学者视学术为生命、开拓进取、勤奋耕耘、不尚空谈、治学严谨和热心助人的种种优秀品质。跟随先生学习和工作的时间里，受益良多，现在回顾起来，我自己的学术道路，受两位先生的影响不小，获益很多，尤其是他们在学术上的创新精神，对我产生深刻影响和极大启发。这里仅各举一个例子以为说明。

1991年，汪敬虞先生在《近代中国》杂志上发表了《论近代中国的产业革命精神》[1]一文，他在这篇论文中充满激情地论述说："在中国的近代史上不曾有过产业革命的记录……但是近代中国充满着产业革命的精神……中国的半殖民地半封建的地位，激发了中国独立发展民族资本主义的强烈愿望，激发了几代人为这个目标而进行的艰苦奋斗，激发了中国人

---

* 朱荫贵，复旦大学历史系教授，中国经济史学会中国近代经济史专业委员会副主任。

[1] 汪敬虞：《论近代中国的产业革命精神》，《近代中国》第一辑，上海社会科学院出版社，1991。

民为实现祖国的现代化而进行的奋勇拼搏。"在这篇文章中他直接指出,"产业革命的精髓,是先进的机器生产对落后的手工生产的取代,是社会生产力大发展、大解放。产业革命代表整个一个变革时期","一个工业部门生产方式的变革,必定引起其他部门生产方式的变革"。[①] 他认为,在近代中国历史上,"没有经历产业革命,没有这样一个完整的过程。但是产业革命的精神,却有广泛的波及面,它不但表现在工业各部门之内,也表现在交通运输以及农业垦殖等一系列经济部门之中"。

接着,汪敬虞先生列举了福州船政局、漠河金矿取得的成就,同时以京张铁路、新宁铁路、蜀通轮船公司修建和创业的艰难情景以及成效为例,论述了近代中国早期从洋务运动到20世纪上半叶中国企业取得的成就和进步。举出了抗日战争期间内迁的中国企业在生死之间的爱国壮举和热血精神。另外,汪敬虞先生还列举了李金镛、詹天佑、陈宜禧、张謇、范旭东、简照南、简玉阶等一系列突出和有代表性的近代中国企业家,指出他们身上都有为国家富强历经挫折不断奋斗追求成功的产业革命和创新精神。

汪敬虞先生的这篇文章十分有特点,是此前很少见到的从正面肯定中国企业家的论文,且视野广阔,涉及面广,资料丰富,论证充分,很有说服力。从时间上看,这篇论文从晚清洋务运动一直写到抗日战争及以后;从领域上看,包括了工业、手工业和农业垦殖场;从行业上看,涉及多种不同的行业企业。更关键的是,汪敬虞先生的这篇论文,从宏观和微观两方面,展示了过去很少为人注意的中国企业家在内忧外患的社会环境中,为国家富强一代代持续不懈的努力和创新发展的场景。打破了过去习见的对近代中国企业家和近代经济的看法,过去习见的看法如果借用吴承明先生的总结来说,就是"从四十年代开始,一种定型的看法是:中国半殖民地半封建社会是一个向下沉沦的社会,'九一八'以后变成殖民地半殖民地,'七七'以后更是半个中国沦陷,国亡无日。在这种情况下,中国的经济也是日益凋敝,谈不上发展。有发展的,如建立新式工厂、修筑铁路等,只是反映半殖民地化的加深;商业、银行的繁荣则是属于'畸形发展';民族工业虽有初步发展和进一步发展,亦必迅即陷入'破产半破产'的境地。直到七十年代,一些中国近代经济史的著作,大都给人以一片凄

---

① 马克思《资本论》第一卷,《马克思恩格斯全集》,人民出版社,1972,第421页。

凉、每况愈下的感觉。这种历史观,可称之为'沉沦观'"。①

汪敬虞先生的这篇论文充满创新精神,给我留下极深的印象,使我思考和尝试从另一个角度观察近代中国的经济发展问题。结合汪敬虞先生1983年出版的研究怡和洋行总买办的《唐廷枢研究》一书,在研读之余,不能不促使我去思考这样的一些问题,例如什么人成为近代中国的第一批企业家;如何评价最早转化为中国企业家的买办;近代中国的民间企业集团在19世纪末20世纪初开始形成,他们的兴起具有什么特点;资本筹集中是否有什么不同于其他国家的方式;在快速发展形成规模的过程中资本又是如何运行的;近代中国的企业中是否形成企业文化;如果形成,有什么类型和特点;新兴的机器工业企业与传统手工业之间的关系如何;在近代中国向工业化转型发展的过程中,如何看待民间资本的地位和作用;等等。在我后来的研究中,很大部分论文和著作都与这些问题有关,这些问题也直接影响了我在企业史研究中的重点关注内容。之所以如此,追根溯源,与到经济所后,汪敬虞先生的耳提面命和从他的研究中获得的启发有直接关系,尤其是汪敬虞先生的创新精神感人至深,这是需要特别说明的。

下面再举一个学术上受吴承明先生创新精神影响的例子。

从20世纪80年代中后期到90年代初,中国经济史学界围绕研究近代中国经济史的中心线索问题有一个争论。其中代表性的学者主要有三位,除汪敬虞先生和吴承明先生外,还有上海社会科学院经济研究所经济史研究室的丁日初研究员。丁日初先生认为,"应以资本主义经济的发展作为中国经济史研究的中心线索"。他认为在近代中国,资本主义是新兴的、先进的生产方式,显著地发展了社会生产力,初步奠定了国家现代化的经济基础,并促进了政治和文化方面现代化的进展。他说:"资本主义经济在近代国民经济中始终不占优势,然而,他影响传统经济,决定着中国经济的发展方向,所以成为近代中国国民经济中的领导成分。就像工人阶级虽然在全国人口中所占的比重很小,但他却成为新民主主义革命的领导力量一样。"②

汪敬虞先生认为应以中国资本主义的发展和不发展为中心线索。他说,"贯穿近代中国半殖民地半封建社会的中心线索,是中国资本主义的

---

① 吴承明:《市场·近代化·经济史论》,云南大学出版社,1996,第8页。
② 丁日初:《近代中国的现代化与资本家阶级》,云南人民出版社,1994,第8~9页。

发展和不发展"。而且,尤其要注意影响束缚中国资本主义不发展的因素,因此"重点在于研究不发展"。他认为,中国"半殖民地半封建的各种历史现象的分析,都可以而且应该联系到这条中心线索上来。它从方法论上有助于丰富中国近代经济史的涵量和内容,会使中国近代经济史上许多问题的讨论,提到理论的高度"。他说,以中国资本主义的发展和不发展作为研究的中心线索,对于中国近代经济史的研究,"既有提纲挈领之功,联系前后左右之力,又有充分发挥、论断和研证的广阔余地"。①

吴承明先生则认为应以市场经济的发展作为中心线索。他说,对19世纪以后中国现代化的研究,仍是以资本主义的发展为主线的。且其研究范围不限于经济领域,资本主义是一种社会形态,资本主义化势必影响整个社会生活。因此他主张用"市场和商业来研究现代化因素的产生和发展"。他说这种研究方法,"遵循着一种'现代化即市场经济'的假说。这种假说,能够解决近代经济史研究中'现代化即资本主义化'说法的矛盾"。他认为,"任何一个国家或民族,迟早总会由传统社会进入现代社会,但是,正像历史上有的国家或民族没有经过奴隶制社会,有的没有经过封建社会那样,实现现代化也不一定必须经过资本主义社会。我国就是由半封建社会进入社会主义的。但进入社会主义后,仍然要建立市场经济体制,才能实现现代化"。②

吴承明先生上述的这些话,是他在三联书店2001年出版的《中国的现代化:市场与社会》一书的"序"中所说。实际上,他的这些观点,在此之前的很早时期就已经形成了。我还记得,在1994年前后,中国社会科学院日本研究所与经济所联系,说访问中国的日本经济学家石川滋教授想拜访吴承明先生,因我当时在经济史研究室担任副主任,又住在安贞桥,便由我帮助安排接待。石川滋教授是日本著名的经济学家,研究当代经济学,在日本学术界享有很高地位。

石川滋教授来后,向吴先生请教的主要是中国的市场问题,在两个多小时的访谈中,吴先生回答了石川滋教授的多个问题,从明朝的市场一直讲到近现代,既介绍和用很多史料讲了中国古代市场发展的情况和表现,又从理论上介绍解释了中国小商品经济的发展、长途贩运和区域市场的关

---

① 汪敬虞主编《中国近代经济史,1895~1927》"序",人民出版社,2000,第2页。
② 吴承明:《中国的现代化:市场与社会》"序",三联书店,2001,第7~9页。

系以及近代的市场等问题。那时正是党中央确定中国经济体制改革和发展的目标是"建设社会主义市场经济"不久。我想，石川滋教授的这些问题，主要就是针对中国政府的新的改革目标，想从历史上寻找中国为何提出建设社会主义市场经济的角度提出来的。吴先生的答问，圆满地解决了石川滋教授的疑问。在得到石川滋教授衷心感谢的同时，实际也是给坐在旁边的我上了一堂难得的市场经济史课程。后来吴先生在他的《中国的现代化：市场与社会》（三联书店，2001）的"序"中，强调要用"市场和商业来研究现代化因素的产生和发展"。强调"要建立市场经济体制，才能实现现代化"。他的这些基本观点，在与石川滋教授的座谈时，我就知道了。

吴承明先生的这本书 2002 年出版，但吴先生的基本观点，我却是在石川滋教授的这次访问中就已得知，同时留下了深刻印象。由此开始，我对近代中国历史上的市场经济问题开始格外关注，经常思考，有意识地从这个角度进行观察和分析，形成了一些想法，发表了数篇论文。① 围绕此问题初步形成了一些基本观点，如我认为近代中国的市场经济萌芽在晚清洋务运动期间开始出现，辛亥革命后有了一个突变，开始快速成长，到 1937 年抗日战争全面爆发时基本成型。认为近代市场经济基本成型时需要有四方面前提和外在表现。①一系列保护产权、规范市场经济秩序的法律法规的制定和颁布（法律方面）。②近代机器产业的产生和发展，民间资本企业集团出现且达到一定数量（即近代大机器产业在量上达到一定规模，在质上达到一定层次）（生产力方面）。③保证人、财、物大量流动的近代交通和通信网络的建立（信息物流方面）。④保证融资、汇兑、税收和结算以及保险等现代金融货币体系的建立和运营（货币金融体系方面）。

经过一系列研究，我认为近代中国市场经济的这四方面前提，在 1937 年抗战全面爆发前已经完成，这是我认为近代中国市场经济在此时已基本成型的主要依据。我同时对这四方面市场经济前提的具体表现和状况进行了分析论证，特别是注意从数量和新增长因素的角度进行论证。对这时期

---

① 如"对近代中国经济史研究中心线索的再思考"，《社会科学》2010 年第 6 期；《辛亥革命与近代中国市场经济的发展》，《学术月刊》2012 年第 7 期；《中国的市场经济始于何时？》，《经济学家茶座》第 62 辑（山东人民出版社，2013）；《试论近代中国市场经济的发展和体现》，载《承前启后——王业键院士纪念论文集》，台湾万卷楼图书股份公司，2016。

外在的要素市场如劳动力市场、资本市场的状况和特点也进行了一定的论证。我的这些研究追溯起来，是从对此问题的关注和思考开始，根源是在吴承明先生的启发和提点下开始进行的，这是吴承明先生在学术研究上的创新精神对我的直接启发和帮助。

不言而喻，汪敬虞和吴承明先生以他们在学术上取得的突出成绩和贡献，奠定了他们在中国近代经济史领域中不可取代的地位。他们在学术领域中的不懈追求和开拓创新精神，影响和带动了近代中国经济史研究的风气和导向，教育鼓励了一批批年轻研究者在学术道路上的成长和发展，这一贡献同样十分突出和巨大，是我们不能忘记的。以上所举的两个例子，只不过是发生在我个人身上的例证，我知道他们帮助启发和培养过的年轻学者还有很多很多。今天在纪念这两位前辈学者百年诞辰之际，让我们永远牢记他们的精神和风范，不断在学术的道路上开拓创新前进，我想，这应该是对他们最好的纪念。

弘扬汪老师以学术为生命的敬业精神

杜恂诚*

我是汪敬虞老师1985级的博士研究生。我对汪老师有一个从学术景仰到精神景仰的提升过程。

我是1979年1月进上海社会科学院经济研究所经济史研究室工作的，一个66届高中生，"文革"期间靠自学略通文墨，自然对中国社会科学院经济研究所的一批经济史大专家敬慕不已，因为自己对近代工商业和企业发展感兴趣，所以特别多地拜读汪老师比较早编的《中国近代工业史资料》第二辑，以及后来出的《十九世纪西方资本主义对中国的经济侵略》《唐廷枢研究》等著作以及一系列的论文，心里对汪老师仰慕得不得了。及至后来成了汪老师的博士研究生，感到极其幸福、幸运，心想自己能够投到一个学术权威的老师门下，这下可以弥补"文革"带给我的缺憾，系统地学习专业知识了。汪老师在专业方面对我的指导、引导、教育和启迪是全方位的，费尽心血的，是我以后能够在专业上走上正途的关键因素。

确实，汪老师对我学术上的引领和影响一直持续至今。许多研究工作的重要理念和方法，都是汪老师传授给我的。例如，汪老师特别强调第一手资料的收集，认为如果离开了第一手资料，成果的质量就无法保障。而且给我讲授学术规范，要我做老实人，凡是别人的观点或发掘的资料都要注明出处，转引要注明，能见到原始材料的要核对，等等。老师要我凡作文都必须从资料中提炼思想，他打了生动的比喻说，如果没有思想，光有一大堆资料，就好像是"一麻袋土豆"，倒在地上满地乱滚，杂乱无章，而有思想的文章就好像"一串糖葫芦"，资料都被主题串起来了。汪老师给我改文章，从不肯一起署名，总说这是中国社会科学院经济所的传统。

---

* 杜恂诚，上海财经大学经济学院教授。

这些我都铭记在心，并且在以后也这样对待自己的学生。汪老师的教导，成为我的行动准则，至今回忆起来，我仍然会感动不已。研究工作要做到资料和理论的平衡，或者分得更细，要做到资料、理论和方法三者的平衡，是我自己总结出来的从汪老师那里学到的要义。之后自己带学生，也一直要求他们做到两者的平衡，一方面不能被史料淹没，另一方面，也不能写出光有模型推导而不接地气的文字。

我做博士学位论文的时候，汪老师要求我做一个鸦片战争后历年新设企业的统计。当时，我做的统计是到1937年的，但汪老师认为，1928～1937年的资料可能有遗漏，让我放一下，不要急着拿出来。这一放共放了26年，几度想重新拿起来，几度下不了决心，最后终于重新做了统计，比当年的统计增加了大约240多家企业。当然现在还可能有一些遗漏的。但做学术要严谨，要对史料有敬畏之心，这是我从汪老师那里学到的。

同时，随着师生之间交流的增多，包括在毕业以后的更长时间里，我不仅继续学习汪老师在学术上的源源不断的新成果，更对他的道德情操仰慕不已。从20世纪80年代后半期到90年代，是我国改革开放的快速进行的阶段，在这一阶段，变化特别快，一些人离开了学术圈子，我的思想上也出现过迷茫、彷徨和动摇，不知道学术这条路是否走得下去。因为在那个阶段，知识分子相对还是比较清贫的，而且在改革的过程中，会有一些机会和诱惑，引诱你离开学术道路。回忆在10多年的时间里，汪老师是我精神上的引领者和榜样，每当我出现苦闷和彷徨的时候，他总是给予我教诲和鼓励，勉励我继续走学术的道路。

汪老师有一首诗《八十述怀》，是这样写的：

八十述怀

赣水潮初涌，梁园柳渐鸣。
西川斜日淡，北地暮云轻。[1]
头白谁堪老，书陈纸尚新。
开门迎寂寞，投笔惜清贫。[2]

（老师原注：）[1]余幼年侍父江西，稍长从兄河南，抗战军兴，违难西蜀，今客京华又忽忽将五十载。赣水梁园、暮云斜日，皆所以自况，非纪实也。

[2]古有投笔从戎，今有投笔从商，余无所从，惟惜清贫已。

这首诗的前四句写的是经历,后四句写的是情怀。这首诗无论文笔还是意境,均为上佳的绝品,是可以同他的学术成果一样传世的佳作名篇,表达了在一个特别的历史转变时期,一个杰出的知识分子坚守学术道路的高尚情操。就今天来看,虽然清贫离知识分子渐渐远去,但要坚守学术道路仍然是一件十分艰难的事情,创新的困难、生活和工作的孤独、权和利对一个人的诱惑、评价体系的不尽合理等情况,仍然可能是存在的。所以要大力弘扬汪老师以学术为生命的敬业精神。记得我自己,就是在老师的精神感召下,一路跌跌撞撞走过来的。他在2001年9月的一封信中这么对我说:"你信中谈到最近的心情,这我完全理解。不但能理解,而且有同感。现在我们这一行和自然科学、文学艺术相比,几乎地下天上了。我们自己都力图求新求变,但都无济于事。只好顽固起来,坚守阵地。今年大考,一个朋友的儿子落榜,我给他写了四句赠言:'失败是成功之母,成功亦失败之母,是失败还是成功,坚定是最后胜者。'这是不是有点阿Q,我不管。去年有位摄影记者访问我,要我留言,我也写了四句话(实际上是三句):'一部学术著作质量的高下,不决定于它拥有读者的多少;而是决定于它在读者手中保持时间的短长。'这也是阿Q思想的反映。我想我们既然自愿地走上这条绝路,也只好如此了。不知道你的看法如何?望坦诚相告。"老师的信对我是极大的激励,使我能在心态不平衡中恢复平衡。我之所以能在学术的道路上坚持下来,老师的榜样和激励是起了很大作用的。

汪老师晚年以后,除了笔耕不辍之外,我在他的信中,更多地见到的是他对自己人生的反思。这种反思既包含对自己学术生涯的总结,也包含对自己生活方式的总结。读到老师的反思文字,我感到自己的灵魂受到冲击和洗礼。所以我说,我对老师的景仰,从学术到精神,产生了升华。

永远怀念我学术道路上的引路人
——吴承明先生

慈鸿飞[*]

吴承明先生是新中国经济史学科的主要奠基人,是学贯中西的真正学术泰斗和大师,对我个人而言,由于特殊的历史机遇,在近三十年的长时间里,我一直得到吴先生的直接指导和教诲,吴先生是我在经济史研究道路上的真正引路人和导师,借此机会我想表达我对吴老先生无以言表的终生感激和无尽的追念之情。

我和吴老相识于1984年,当时我还只是一个临近毕业的南开大学历史系的硕士生。由于南开经济研究所和社科院经济所的深厚历史渊源,特别是吴老的崇高声望,吴老经常受邀来南开经研所作学术报告。那是我第一次听吴老学术报告,当时就觉得吴老虽老而思想不老,不但不老,而且处处闪烁着新思想的火花,是学术新潮流的引导者,似乎受到了学术感召,我当时精神振奋之下,会后就把我刚写完尚未上交的硕士学位论文《论币制改革》呈献给吴先生,请他指教,吴老并未嫌弃我这个硕士生,欣然接受。不久,我就惊喜地得到了吴老的邀请,参加了同年10月在浙江海宁举行的全国经济史学术研讨会,在吴老的鼓励和支持下,我在会上发了言,由于观点较为前卫,引起不少反响。我一毕业就被留在南开经济研究所从事经济史研究工作,显然是与吴老的重视不无关系的。吴老对我人生学术道路所起重要作用的另一个不能不提的重要事实是,我在南开大学晋升副教授、教授和博士生导师的校外专家主要鉴定人均是吴承明先生,这也是令我永铭在心的,吴老是我经济史研究道路上的真正引路人和导师。

1985年,在吴老的鼓励下,我报考了吴老的博士生,但当时各方面限

---

[*] 慈鸿飞,南京师范大学中国经济史研究所所长,教授。

制还不少，本来吴老通知我有一门课考外国经济史，但临考前不久社会科学院却通知考资本论，由于我未学过资本论，结果落选。此后因我一度想出国，未再考博士生。但与吴老在学术上的联系却更紧密了，由于我也经常参加各种学术会议，无数次聆听吴老条分缕析、入木三分的精辟之论，也很多次到家里看望吴老，享受吴老的招待，同桌共餐，这也是吴老对我耳提面命、言传身教之时，吴老对我的学术影响是深远的，终生的，仅举如下几例。

我在20世纪80年代中发表了数篇关于国民党经济政策的文章，很多人认为这些文章有开风气之先的作用，其实当时我就深受吴老的学术影响，如他对中国资本主义发展的论述，对所谓国民党四大家族的论述，对资源委员会的看法以及对中国古代经济史的论述等都对我有深刻影响，启发我写出这些文章。对一些具体学术问题，我也常向吴老请教，例如我在《中国社会科学》发表《20世纪前期华北地区商品市场与资本市场》之前，就曾把文章呈请吴老指点，当时我担心文中关于长距离贸易的论述似与吴老及多数学者认为省际的贸易才算长距离贸易的观点不同，我把河北很多县输往天津港的棉花都算作长距离贸易，因这些棉花到天津港后都输往日本等地了。但吴老看过后却认为我说的有道理，赞同我的观点，体现了扶持提携年轻人的风范，给我以很大鼓励。更为重要，甚至可以说对我有着刻骨铭心的学术影响的是关于学术方向的一次谈话，吴老说，要想在学术上取得较大成就，关键是你要尽早地选定一个重要学术问题，然后长期坚持下去，甚至终生不变，这样你就能成为一个专门家，所谓专家就是这个意思。吴老的教导使我豁然开朗。此后我经过了一两年的思考，最后选定土地制度，此后近二十年中我再未变过，可以说这都是吴老的恩赐。

后来我到了南京，虽然相距两千里之遥，但并未隔断和吴老的联系，仍然多次见面，聆听他的教诲。在老一辈学者和众多学者的支持下，我和李天石教授等人合作，在南京师范大学运作成功了经济史博士点，国家学位办批复的是专门史，但在专门史后面加了一括号，注明是经济史。我来南师大十几年来一直带领我的学生和中国经济史研究所团队从事经济史研究，而中心题目就是我上面所言的土地制度，我们主要对南方的土地制度如族田、永佃制等，也包括宏观上的问题如中外土地制比较，甚至当代的土地制度如当前的土地股份制改革等做了较为深入的研究，发表了大量论文和一批专著，目前我尚有一部关于国家所有农民永久使用的农村地权问题的专著待出版。据魏明孔会长跟我讲，截至2014年，南京师范大学是全国高校中在《中国经济史研究》上发表论文最多的高校。现在我们这个经济史博士点已发展为包括专门史、古代史、近代史等四个专业的中国史一级学科博士点，现我已退休，但工作尚未结束，我和李天石的学生仍会继续抓住经济史这一研究方向，继续深入拓展并取得新的成就。

吴承明先生已离开我们多年，但吴老的形象和风范永留在我心中，我要像吴老那样活到老学到老，我要学习吴老严谨治学、一丝不苟，学习吴老淡泊名利、宁静致远，学习吴老谦虚谨慎、平等待人，要在我有生之年永远学习吴老的品德，永远传承发扬吴老的精神！

专题论文

从锦生润票号看山西票号之衰败

孟 伟 魏晓锴[*]

摘要： 锦生润票号创办于1903年，作为山西票号的"后起之秀"，从诞生之日起就呈现出与传统票号不同的特色，汇兑业务萎缩，存放款业务增加。锦生润分号基本分布于草原与黑土地的接壤地，运营资金基本来自总号，账册设置及科目更具有"账局"特色。这一票号最终"歇业"，并不意味着即刻"死亡"。它的衰败，与山西祁太平金融市场的萧条相关，它的消失，由"利润负增长"所决定，与大清王朝灭亡、辛亥革命没有更为直接的关系。锦生润票号的诞生及其衰败，也是山西票号整体性衰败的一个极其重要的组成部分。

关键词： 锦生润 山西票号 衰败

山西票号作为中国近代著名的金融组织，创造了令人叹为观止的辉煌成就。鼎盛时期，南至两广云贵，北至东北新疆，凡各通商大埠，无不有票号之招牌；甚至俄罗斯、朝鲜和日本，也留下了票号的踪迹。然而，山西票号并未能顺利完成近代化转型，最终走向衰亡，不免令人叹惋。山西票号的整体性衰败和消失距今业已百年，对其衰亡原因的探究备受学界关注，研究涉及山西票号的方方面面，出现不下百余种参差不齐的说法。具有代表性的诸如大清王朝灭亡导致衰败论、辛亥革命冲击论、帝国主义侵略论、金融风潮论，等等，不一而足。总号位于太谷的锦生润票号属于山西票号的"后起之秀"，创办于1903年，1917年歇业。作为山西票号整体

---

[*] 孟伟，山西文水人，山西大学历史文化学院兼职教授、博士生导师，山西大学地方文献研究中心主任，主要研究方向为中国经济史、民间文献学；魏晓锴，山西清徐人，山西大学历史文化学院副教授，中国社会科学院经济研究所博士后，主要研究方向为中国近代社会经济史。

性衰败之一部分，对它的考察无疑具有重要意义。票号的"歇业"是否意味着"衰败"？山西票号衰败的根本原因何在？本文尝试在考察锦生润票号的创办、发展及歇业的基础上，探讨山西票号的衰败问题，以期丰富学界相关认识。

一 锦生润票号之创办及其概况

锦生润票号诞生于1903年，在整个山西票号中属于创办较晚者。关于锦生润票号的史料，多散见于各类资料汇编当中。《山西票号史料》是目前汇集山西票号资料最丰富的"资料集"，对于这一票号，曾给予一般性的介绍：

> 锦生润票号，属于太谷帮，始营汇兑业为光绪二十九年（1903年），民国六年歇业（1917年），经营年限15年。最初资本6万两，中期数额6.4万两，歇业时，资本为9万两。股东姓名为：曹师宪（太谷北洸村人）、常安生（榆次人）。经理（掌柜的）张子宽（文水城内人）。分号设置的地点及其共计数：祁县、平遥、忻县、北京、天津、张家口、赤峰、承德、喇嘛庙、凉城、获鹿、沈阳、营口、锦州、保定，共是15处。①

另一本史料集也曾专门介绍过锦生润票号，即《晋商史料全览》，原文如下：

> 锦生润票号，创办于光绪二十九年（1903年）。财东是太谷北洸村的曹家，最初资本3.2万两银，中期发展为6.4万两，歇业时为9万两。总号设在太谷城内，经理是文水城内人张子宽。民国6年（1917年）歇业，历经14年，先后开办分号15处，分别在祁县、平遥、忻县、北京、天津、张家口、赤峰、承德、喇嘛庙、凉城、获鹿、沈阳、营口、锦州、保定等地。②

---

① 参见黄鉴辉等编《山西票号史料》（增订本），附表，山西经济出版社，2002，第660～661页。
② 晋中市政协《晋商史料全览》编委会：《晋商史料全览·晋中卷》，山西人民出版社，2006，第503页。

此外，张巩德主编《山西票号综览》也提过锦生润，除了"最初资本3.2万两"稍有不同之外，没有出现其他的新资料。① 最早给出锦生润票号具体资料情况的是卫聚贤《山西票号史》，论著中披露了许多有关锦生润的"一手"资料。卫氏公布的有限资料中，"民国六年歇业清单"明确载明：歇业时"本金资本"，肯定是"72000两"。② 诸如类似于以上论述中"关键问题说法不一"的情况，在目前的山西票号史研究中并不少见。仅仅锦生润票号的一个"资本额"，就出现了如此大的偏差和问题，因此需要围绕"利润来源和构成及其变化"进行考察。

锦生润票号诞生在晚清时期商业扩张的"开启、高峰阶段"，一开始就赶上了利润报酬较高的"好时光"，短时间内表现出较好的"业绩"，自在情理之中。史料显示，1905年，即锦生润创办第三年，即有营口分号汇至天津分号公砝化宝银5000两的案例③；另一则史料则记载了同一年内汇至天津分号公砝化宝银2000两的另一笔业务。④ 1906年，即锦生润票号开办后的第四年，资本数比创办时翻了一番，盈利数达到51948本平两，盈利为上期703.9%。⑤

事实上，锦生润票号并不是我们所确定的传统意义上的"山西票号"，至少它不像"平遥帮票号"那样是具有明显的以"汇兑"为主要营业项目的票号，恰恰相反，它更多地体现出"账局"特点和风格。放款是它的最大利润来源。锦生润票号的出现，标志着山西票号走到了一个"新的历史阶段"，即汇兑业务将萎缩，存放款业务将增加，具有了近代银行的许多"影子"。时人指出："及光绪末叶，袁世凯为北洋大臣，招晋商办直，锦生润等三数家营业甚微，不过以号东均为富绅不欠外债获得支持门面，然已多改为汇兑庄，采取银行办法，一切存款放款电汇票汇，皆求稳当便利，以维信用。"⑥

既然锦生润票号从诞生之日起就能紧跟时势顺应潮流，那么，这一

---

① 张巩德主编《山西票号综览》，新华出版社，1996，第176页。
② 《中华民国六年正月初一日至冬月二十日歇业时清单》，黄鉴辉等编《山西票号史料》（增订本），山西经济出版社，2002，第626页。
③ 《大公报》1905年11月11日。
④ 《各行商汇票借约失速声明作废卷》，载《天津商会档案》业务类，1905，卷号101。
⑤ 《中央银行月报》第7卷第1号，第28~29页，1938年1月。转引自黄鉴辉等编《山西票号史料》（增订本），山西经济出版社，2002，第479页。
⑥ 《山西票号盛衰之始末》，《申报》1932年10月29日，第8版。

票号又是如何走向衰败的呢？目前，很少有锦生润票号详细经营活动的资料出现，我们很难知晓它的具体"业务细节"。辛亥革命期间，锦生润票号天津分号遭受过抢掠。1912年3月，执事人戴瑞臣禀商会的报告称"商号被官兵带领土匪多人手持快枪砸门进院入室抢劫，将号内银钱衣物、家具等件搜签一空，共计值银价9100余两"。① 天津分号虽遭抢劫，锦生润票号却并未遭受致命性打击，关于太谷总号及其他分号，并未发现有损失劫掠的记载。1914年5月，《申报》刊载了一则评论，或者说"调查报告"，题目是《山西汇商一年之盛衰》，其中——历数当时票号在京师的情况，对锦生润票号的评述如下："锦生润号，成立稍后，然其联系以当钱各行为多，故形饶裕。此次汇商恳请维持，未入团体。虽资望稍浅，而态度则从容云。"② 与众多票号相比，锦生润"形饶裕""态度从容"，境况总体还是好的；而"联系以当钱各行为多"，说明锦生润票号汇兑业务进一步萎缩，存放款业务进一步增加，账局抑或近代银行的色彩更加明显。

二 锦生润票号的规模和盈利分析

1. 关于分号的数量

锦生润票号的兴旺与衰败，自然与当时局部区域商业活动的市场相对应。分号设置与票号兴衰息息相关。山西票号几乎所有的收益和利润就在这一格局中产生，发生盈缩变化。山西票号向来是"总号核算，分号经营"的原则和经营机制，分号是一个票号的主要标志，而汇兑天然地要求在空间上的异地展开。没有足够数量分号的票号，充其量类似于钱庄、账局。锦生润票号创办以来，其分号设置和基本格局在不断变化。光绪二十九年（1903）最早的分号有：太谷、京师、凉城、赤峰、喇嘛庙，共5处；到了光绪三十二年（1906）当时所有分号为：太谷、祁县、平遥、忻县、京师、天津、张家口、赤峰、锦州、喇嘛庙、凉城、沈阳、营口、获鹿、热河（承德）共15处，收益达到了"巅峰"时期；民国二年（1913），参加山西票号呈请北洋政府帮助、维持的联合行动的时候，共有

---

① 《商号致商务总会文件》，载《天津商会档案》业务类，1912，卷号47。
② 《山西汇商一年之盛衰》，《申报》1914年5月10日，第6版。

分号详载在《清单》中：太谷、京师、天津、沈阳、营口、归化、张家口、锦州、赤峰、热河、多伦、获鹿，共12处。如果考虑祁县、平遥、忻县，另加喇嘛庙、凉城，则为17处。① 民国六年（1917年）冬月歇业时尚有在账往来的分号为：太谷、京师、天津、张家口、赤峰、沈阳、凉城、获鹿、喇嘛庙，共9处。②

锦生润票号于光绪二十九年（1903）开张营业，以汇兑业的票号出现在晚清中国的经济活动中，成为山西票号的一员，还被称为"后起之秀"。其实，它的发祥地就在草原与黑土地的接壤地：赤峰、凉城、喇嘛庙等地。津、锦、沈号，是在1905年正式开张的，在光绪三十二年（1906）的《清单》有所体现："上年提备津锦沈铺垫款15000两"，每处分拨本金5000两；而且，从总号为之设立的"往来账的名称"上，也可以看到这一情况，当时曰"京津口铺账""赤锦账"等。③ 从辛亥之后，分号的数量逐渐减少，到歇业时为九处，不过，依然较之开业的第一年要多一倍。民国二年（1913）14家山西票号呈报政府的《清单》中凉城、喇嘛庙这两个对于锦生润非常重要的分号不在其中，没有相关的"存放款"情况。④ 最鲜明的特点是：所有分号均在祁太平地区以北，没有一个分号属于"南路分号"。

锦生润到底在上海、汉口开设过分号没有？大量的论著都说锦生润在上海和汉口有分号。早期金融学家杨荫溥著《上海金融组织概要》中说："据调查所得，民国初年，尚有二十余家。其属于祁帮者，有大盛川、大德通、合盛元、存义公、三晋源、大德恒六号，其属于平帮者，有蔚泰厚、蔚丰厚、百川通、协司庆、蔚盛长、新泰厚、天成亨、蔚长厚、宝丰隆九号，其属于太帮者，有志一堂、大德玉、协成乾、大德川、锦生润五家，于上海大都俱有分号。唯是民国初年，票号适当过渡时代，时或收撤；间或有同一联号，此地照常营业，而彼处宣告收歇者；亦有表面仍

---

① 《锦生润清单三份》，转引自黄鉴辉等编《山西票号史料》（增订本），山西经济出版社，2002，第623~626页。
② 《中央银行月报》第7卷第1号，第28~29页，1938年1月。转引自黄鉴辉等编《山西票号史料》（增订本），附表，山西经济出版社，2002，第547页。
③ 《光绪三十二年正月初一日至十二月底营业兴盛时清单》，转引自黄鉴辉等编《山西票号史料》（增订本），山西经济出版社，2002，第625页。
④ 参见黄鉴辉等编《山西票号史料》（增订本），山西经济出版社，2002，第490~498页。

旧，实则理账者；或有暂仍旧名，另筹别图者。故调查极难确实。"① 也就是说，杨氏所言，未必肯定。

2. 关于资本的分布和调度

票号根本上是"金融实体"，即民间性的机构和组织，为了追求最大化利润而诞生和设立，遵从基本的经济学思想和原则进行核算、分配收益等。因此，我们以某一时点的"财务报表"来分析，审视其阶段性的状况。《山西票号史料》中锦生润票号不同时点的账册清单，以及民国二年（1913）天成亨等14家票号呈北洋政府财政部要求保护和维持的部文，为我们集中考察阶段性的资金占用和分配情况提供了可能。按照民国六年（1917）锦生润歇业清单"大账"中的说法，民国二年（1913）已经出现了亏损。这一清单，有可能是光绪三十四年，宣统一、二、三年，民国元年一个"账期"的最后时点总决算时的情况。不管怎样，尚有两个可以称为锦生润票号"发祥地"的分号不在清单中开列。即便如此，非常鲜明的特点是：锦生润票号的运营资本，几乎全部在各分号分布；或者说，资金主要为各地分号所占用；表面上看符合山西票号传统已久的"总号核算、分号经营"的基本原则。但是，从四个时间"节点"我们可以清楚地看到：锦生润票号的资金来源90%以上来自祁太平地区。或者说，从锦生润票号开业伊始，太谷总号就是其所有票号筹集资金的"动力源"，基本上采用的是"借贷方式"。总号借贷到资金之后，几乎全部运送到其他分号去经营。这是山西票号出现的不同于以往的特殊现象，应当引起足够的重视和注意。

表1 锦生润票号不同时点资金分配和占用一览

单位：本平两

分号	1903年	1906年	1913年	1917年	备注
太谷	-424187	-920060	-189207	-286989	1906年含祁太忻
京师	218525	172189	-4654	-30634	1906年含津、营口
赤峰	47972	228970	125113	62631	1906年含锦州
喇嘛庙	36246	195657	?	2498	
凉城	143737	103196	?	16083	

---

① 杨荫溥：《上海金融组织概要》，商务印书馆，1930，第85~86页。

续表

分号	1903年	1906年	1913年	1917年	备注
沈 阳		221133	锦州含	47064	1906年含营口
获 鹿		125028	13296	3183	
天 津		京师含	-17059	京师含	
张家口		京师含	-11079	京师含	
营 口		沈阳含	74019		1913年含沈阳
锦 州		赤峰含	80845		
热 河		-34923	66865		
归 化			8033		
多 伦			104464		
合 计	22293	91190	251632	-186164	

说明：（1）本表依据现存锦生润清单账册整理编制，载《中央银行月报》第7卷第1号，1938年1月，第28~31页；另见天成亨等14家票号呈北洋政府财政部《部文》附《清单》；（2）本表数字的尾数，采用"四舍五入"处理；（3）表中"-"，代表"借贷"，或者"亏损"；（4）合计一栏，尚包括"六金在内"。

可以看出，辛亥前后锦生润之京师、张家口、天津也成为资金筹集的分号，配合太谷总号，为其他分号筹集"资金"，这与当时信誉较好，抑或还有发行"小票"的情况有关；承德也曾有过"存款大于放款"的情况，可能是"满清遗老"的"闲置资金"通过锦生润在寻找出路。锦生润14年的经营中，大致的格局一直没有多大的变化，最多是随着情况的不同，资金在其他分号之间的分配稍有盈缩而已。这种分号的经营资金全部依靠总号供给的情况，在山西票号史上是一种新的"现象"。众所周知，汇兑天然地诞生于白银货币在不同的地理空间上，进行运动"需求"的前提下，或者说，汇兑本身就是白银货币运动的一个变换"形态"，由书信和汇票等金融工具代替金属的货币实现流通完成移动。而山西票号的专业化经营汇兑，本质上就是对白银货币区域分布及其平衡的、循环往复的重新组合。在白银货币重新分配的过程中，获得"劳务"和"货币不平衡而产生的利率差额"。当然，客观上便利了商业活动，服务了商业贸易，促进了商业的活跃，也是毋庸置疑的事实。换句话说，山西票号的专业化金融经营，实际上还是对"运营资本"的调整和调度。言之为"资源整合"也是成立的。抑或说"灵活经营"，就在于适时地掌握不同地点的"白银货币的供需关系"。

尽管我们目前尚不清楚锦生润票号各分号之间如何展开汇兑，或者经营的具体细节及其利润结构和来源情况，但基本可以得出，14年来始终如一地利用祁太平金融市场的"金融货币的广泛资源"，使用在商贸未必非常活跃的区域，不能不说是一个奇特而富有创造性的构想，并付诸行动，而取得令人羡慕的业绩。因此，它实际上开创了山西票号经营史上一个全新的"经营模式"——将广泛的货币资源调度到更需要它的区域，实现"预期"和"绩效"。究其原因，毫无疑问是山西商人"行商天下"的智慧结晶，更是晋中商人，特别是祁太、榆次地区的商人将"丰富的金融资源的供给"与"草原、黑土地接壤地带商业需求"的巧妙结合。他们既熟悉祁太平金融市场"标期"之"特点"，也了解待开发地区的强烈需要的"行情"。锦生润票号的经营领地，在草原和黑土地的接壤区域展开经营。也正因为这一点，当祁太平地区的金融市场稍有"萎缩"时，锦生润票号的衰败势必来临。至少要极大地收缩，甚至改弦更张，另谋他途。就锦生润而言，与其说是票号队伍中的一员新兵，堪称"佼佼者"，倒不如说是山西商人从乾隆元年就出现的账局发展到近代以来更加成熟的标志。锦生润票号的经营，更多地体现着账局的遗风，而少一些票号汇兑专业化的鲜明个性。抑或是账局在地理空间上的进一步发展，由囿于一城一地，向多城多地的延伸和拓展。

3. 关于资本运营和收益

从资金平衡、资金循环、资金周转、运营资本扩张等方面看，锦生润与其他票号特别是平遥帮票号有着本质的差异，经营成本、收益及其预期也不相同。所谓"经营"，通俗地说就是"资本的运营"，良好的运营将会产生相应的回报和收益。各行各业都有其基本的行业特点，票号更是如此。《山西票号史料》中保存锦生润票号光绪二十九年（1903）、光绪三十二年（1906）及民国六年（1917）的三份清单账册，有助于我们更好地展开分析。[①] 根据现有资料，锦生润票号的资本运营缺少传统山西票号的固有"特性"，这一点不难从收益中测算出来。山西票号本质上是"复式簿

---

① 这三份锦生润票号的"清单账册"分别为：《太谷锦生润于光绪二十九年四月初一至十二月开办时清单》《光绪三十二年正月初一日至十二月底营业兴盛时清单》《中华民国六年正月初一日至冬月二十日歇业时清单》，见黄鉴晖等编《山西票号史料》（增订本），山西经济出版社，2002，第623~626页。

记",它的账务处理必然可以依照"复式簿记"思想和原则予以相应的技术处理。从民国六年歇业清单中有关"计开该外项目"具体明细可以看出:锦生润票号凭借着从祁太平地区筹措的"资金",几乎全部使用在了草原和东北地区,更具有账局的特点,而少了一些票号的风格。锦生润票号利用祁太平"标期"即金融市场丰富的货币资本,来筹集运营资本。

尽管我们没有更为翔实的锦生润票号分号与分号、分号与总号之间展开汇兑的具体细节性资料。但是,我们从"在途应付"项目中清楚地看到:光绪二十九年为0,三十二年为98.19两,民国六年为1027.99两。如此情况,在其他任何票号的"大账"或者"年总结账"中,极少会出现。由此我们推断,锦生润票号的利润来源,来自汇兑的收益,想必是极其有限的。我们还能从锦生润票号所开设的"账册"的名称上,看到独特的情形,诸如"满加账""年终利账""满加利账""往来串换该外账",俨然是钱庄或者账局的行规习惯。尽管也有"各铺账",包括"相互往来账""伙友支使账"等,但我们在平遥帮票号的习惯中,几乎看不到太谷帮票号的特色,更多地带有账局、商号的"历史韵味"。另外,锦生润票号的"固定资产",即各铺家具作价,从开办第一年,到收歇的最后一年,无论是有三五处分号时,还是有十几处分号时,都是"300两"。关于其历年收益,由于资料的局限,我们不能进一步详察其实际,但依据清单账册资料,能够汇总如表2。

表2　锦生润票号历年收益情况一览

单位:本平两

年份	账面结存数	年限情况	当时资本额	备注
1903	7380.39	开业半年多	32000	第一次总结账
1906	51948.50	正月至腊月	60000	估计为当年
1913	-48249.63	全年	72000	民国二年
1914	6602.21	全年	72000	民国三年
1915	-1522.96	全年	72000	民国四年
1916	-19155.88	全年	72000	民国五年
1917	-84762.17	正月至冬月	72000	民国六年
最后账期	-187096.24	五年累计		歇业大账合并决算

资料来源:本表依据现存锦生润清单账册整理编制,载《中央银行月报》第7卷第1号,1938年1月,第28~31页,参见《山西票号史料》(增订本),山西经济出版社,2002,第623~626页。

根据材料可初步地论证并指出：其一，资产－负债＝所有权益；其二，有收必有支，收支必相等。其实，这里的"清单"即锦生润票号的账单，到民国年间，与山西票号早在咸丰年间、同治年间、光绪年间现存在世的"清单"，其情况完全一样。只不过各家票号的"科目"设置、处理情况因票号的实际不同而不尽相同，但是其核心思想一模一样，并无二致。锦生润票号的"决算账单"非常特殊，可以从"汇总"中看到它的基础账簿。山西票号的"龙门账"是一个"体系"，它具体地由许多相互关联，并且也能各自独立的"账册"有机地组合构成；与此同时，除了在"准确记录"之外，更在"损益核算"的层面和范畴具有魅力，而实质则是"复式思想"。习惯上，山西票号的伙友们称之为"合龙门"。锦生润票号的"账册设置"，包括科目在内，俨然更具有账局特色。因此"其联系以当钱各行为多"自在情理之中。①

三 锦生润票号"衰败"考论

锦生润票号于 1903 年开张营业，1917 年"歇业"，前后历时 14 年。它虽以汇兑业的票号出现在晚清中国的经济活动中，成为山西票号的一员甚至"后起之秀"，但其分号设置、资本调度及运营收益与传统的山西票号相比有着明显不同，出现了诸多新特点。它的发祥地就在草原与黑土地的接壤地：赤峰、凉城、喇嘛庙等地；其资金来源基本来自总号即祁太平地区，总号借贷到资金后用于分号经营；其账册设置及科目更具有账局特色。锦生润票号最终"歇业"，但"歇业"是否等于"消失"了呢？《晋商盛衰记》是在 1918 年前后的调查报告基础上形成的"讲义"，民国十年（1921）前后在山西商业专科学校作为教材。关于锦生润票号，其中有载：

> 现今三帮票庄，皆倒闭矣。平帮之日升昌、蔚泰厚，方筹抵御外债之法。蔚丰厚已改为银行，亦不发达。祁帮之存义公，现在办理外债，月内即可清楚收市。唯乔氏之大德通，渠氏之三晋源，现尚开门营业，亦仅不欠外债而已，无发生力也。太谷帮家数甚少，久已倒闭。唯曹氏之锦生润，巍然独存，而去年东省羌帖，赔累甚多，今亦闭门收账，不复营业矣。②

---

① 《山西汇商一年之盛衰》，《申报》1914 年 5 月 10 日，第 6 版。
② 《晋商盛衰记》，山西省商业专门学校，1923，第 16 页。

按照这则史料，锦生润在民国十年前后依然出现在人们的视野中，至少可以说明，锦生润的歇业未必代表其即刻"死亡"。深入内部实实在在地审计其财务、盘点其资产、核算其盈亏、考量其运营，更能清楚问题所在。虽然我们缺少锦生润票号的"银股+人力股"的基础数字及其东伙的相关情况，甚至分红的账期的确切依据，不过，种种迹象表明：在一些有关分红的方面，锦生润的确与所有票号有不同的地方，尽管"开业资本"不断地变化：由 32000 两到 60000 两，再到 72000 两，而所有账册中，始终没有出现过"东家"的情况，即便在"收歇的时候"，也不曾出现东家对"亏损"的处理情况。依照当时的水平初步估计：银股当在 16～20 股之间变化（最初每股 2000 两，后期每股 6000 两），或者相对稳定；人力股也基本不差上下。如此来看，锦生润的分红情况，未必很乐观。其收益水平根本不能与其他的票号相提并论。这更加印证：它的利润来源主要在"借贷款项在放高利"，获取"差额"。因此，这一水平从开业就被限制在了"一定的范围"之内。理所当然，在祁太平金融局势不好的情况下，出现亏损，自然而然，筹集的运营资本有限，并且成本加大，导致经营亏损，是锦生润票号衰败的根本所在。

锦生润票号成立于 1903 年，作为"后起之秀"，与传统山西票号相比，它具有更加灵活的特性，其账局抑或字号的色彩更加明显。这一点在"决算的处理"上，表现得格外分明：收歇时的锦生润，提出一笔筹备款 22154.49 两的本金，重新开张另一个"字号"，不惜加大锦生润的亏损。毫无疑问这里隐藏着"玄机"，我们不敢贸然断言，有待新资料的发现。从歇业清单可以看出，锦生润的亏损是既成事实，至少也在 18 万两以上。不过，其处理的方式却"别出心裁"：倒闭锦生润，留有新的生机，并且将一些债权也"撇除"在外，诸如，保晋公司的债权、同蒲铁路的借款、相关债券等，一应撇除。其中，还有为了"合龙门"而故意开列的"项目"。这不免使我们联想到"倒账"的、"有限责任"的等方面。缺乏资料，不敢妄言。总之，到了民国六年（1917）冬月，锦生润票号决计收撤、歇业，进行清算，甚至不再要"锦生润"这一招牌，尽管亏损，但完全出于主动。如果还能够将锦生润列入票号的行列，那么，活跃了 14 年的太谷帮票号之一，也就与其他的名副其实的票号一样退出了历史的舞台。但是，锦生润票号未必是传统意义上的山西票号，锦生润票号的衰败，仅仅是山西票号整体性衰败的一种个案。

余 论

锦生润票号创办于1903 年，进入20 世纪，中国的政治、经济、文化和社会均面临着深刻的变革，作为传统金融机构的山西票号，亦不能例外。有学者指出"锦生润票号从其诞生日起，就遭到新兴银行业的激烈竞争，票号业务已处于被替代的趋势"。① 的确如此，作为山西票号"后起之秀"的锦生润，从诞生之日起就带有与传统票号不同的新的特色。揭示某一经营实体衰败和消失的时候，非有真凭实据的"财务情况"，不足以给出可靠的结论。具体到某一家山西票号的衰败，必然如此。分析锦生润票号的"利润结构"和"资金运营"，可以得出最大的支撑点在于：祁太平金融市场和京师的存款吸收，能够为之提供大量的"资金供给"。因此，它的衰败，必然地与"金融信用"和"金融市场"密切相关，山西祁太平金融市场的萧条，决定着它的存亡。锦生润票号的衰败和消失，根本上是由"利润负增长"所决定，与大清王朝灭亡、辛亥革命没有更为直接的关系，反倒是与山西票号的"群体效应"密切相关，更与祁太平金融市场的兴盛和衰败有关。作为山西票号整体性衰败的一种类型，锦生润票号更具有特别的意义。山西票号的整体性衰败与祁太平金融市场的盛衰之间关联，值得我们进一步思考。

From Jinshengrun Exchange Shop to See the Downfall of Shanxi Exchange Shops

Mengwei   Wei Xiaokai

Abstract: Jinshengrun Exchange Shop was founded in 1903, as a "rising star" of Shanxi Exchange Shops, which starting from the date of birth was presented with traditional Exchange Shops with different characteristics, exchange business shrinking, the business of storing increase. The Jinshengrun resources branch was basically distributed on the land of the grassland and the land of the

---

① 晋中市政协《晋商史料全览》编委会：《晋商史料全览·晋中卷》，山西人民出版社，2006，第505 页。

black land, the operation capital was basically from the total number, the account book setting and the subject was more "account bureau" characteristic. The end of the Exchange Shop didn't mean immediate "death". Its decline was related to the depression of the Qitaiping financial market in Shanxi Province. Its disappearance was determined by "negative profit growth" and had no more direct relationship with the collapse of the Qing Dynasty and the Revolution of 1911. The birth and decay of Jinshengrun Exchange Shop was also an important part of the whole decline of Shanxi Exchange Shops.

Key words: Jinshengrun; Shanxi Exchange Shops; Decay

国家、社团与社会视野下的合作社与乡村再造*

——以平教会为中心的考察

谢 健**

摘要：近代以来，随着各种新兴社会团体的兴起，国家、社团与社会之间的关系逐渐复杂化。平教会作为民国乡村建设的主要力量之一，原本坚持其私人学术团体的定位，但随着乡村建设实验的深入，其逐步认识到与政治力量合作的必要性。合作社是平教会乡村建设过程中一种改造农村经济的组织，随着平教会与政治力量合作的加强，合作社这种经济组织也融合了再造乡村的使命。在战后华西实验区的乡村建设中，其合作社事业完整地展示了"国家—社团—社会"三者之间的复杂关系

关键词：平教会 合作社 乡村建设 华西实验区

中华平民教育促进会（简称平教会）是民国时期以积极倡导平民教育和乡村建设而著名的社会团体，自1923年成立之后，其工作由城市平民教育发展到农民教育，进而演进到乡村建设。综观平教会的各项工作，就其宗旨而言在于改造农民和改造社会，以达到晏阳初主张的"除文盲，作新民""再造民族"的目标，其乡村建设中的合作社亦不能例外。合作运动在西方本为自觉、自治性的社会运动，传入中国后演变为政府行为，从而产生了"国家—社会"关系的问题。原本自发自觉的合作社，在国民政府

---

* 本文为国家社科基金重大招标项目"抗战大后方资料数据库建设"（项目号 15ZDB047），重庆市社科规划项目"民国时期晏阳初华西实验区史料整理与研究"（项目号：2016YBLS105）的阶段性成果。

** 谢健，重庆璧山人，南开大学历史学院博士研究生，主要研究方向为近代中国乡村社会史。

建立现代民族国家的过程中，被改造为一种整合乡村的经济措施。平教会作为一个私人学术团体，一开始是"站在学术及私人团体的立场去研究实验，期望从农村工作中找出教育的内容和方案"。① 因而在定县时期早期的合作社实践中，平教会着重关注通过合作社来改造农村的经济活动和经济组织。但随着其乡村建设实验的深入开展，发现要将实验中的研究所推广出去，就要与政治力量合作，平教会与河北省县政建设研究院的合作，就是政治与学术的合作，以"政治学术化、学术事业化"为目的。② 随着平教会与政治力量合作的深入，国家意识在其乡村建设中的影响逐渐明显。在战后其乡村建设实验过程中组织的各种合作社带上了国家改造乡村社会的烙印，因而形成"国家—社团—社会"三者之间的紧密关系。

目前学界对晏阳初、平教会的相关研究可谓汗牛充栋，然而因资料和其他因素，对平教会乡村建设中合作社的单独考察则尚所未见。③ 对平教会合作社的理解一方面要建立在平教会对整个农村改造的基础之上，只有这样才能把握其合作社的特色；另一方面则要基于"国家—社团—社会"的视角进行考察，这样才能从中体察出平教会整个乡村建设活动的变迁。有鉴于此，本文拟对平教会各时期合作社的概况、目的等问题做一考察，以期对平教会及整个民国乡村建设运动都能有更进一步的认识。

---

① 中华平民教育促进会编《廿五年度平教工作概览》，1936，第8页。
② 晏阳初:《中华平民教育促进会定县实验工作报告》，《晏阳初全集》第1卷，天津教育出版社，2013，第300~301页。
③ 目前，学术界对平教会、乡村建设与合作社的相关研究成果主要有：刘纪荣《国家与社会视野下的近代农村合作运动——以二十世纪二三十年代华北农村为中心的历史考察》（《中国农村观察》2008年第2期），魏本权《合作运动与乡村建设——以20世纪前期社会各界的乡村改造方案为中心》（《历史教学》2013年第2期），高宁《论平教会在定县的生计教育》（《河北北方学院学报》2014年第4期），郑清波《20世纪以来合作社发展的纵向比较——以冀中定县为例》（《河北大学学报》2014年第5期），以上4篇论文从不同的角度论述了乡村建设、平教会定县实验与合作社的关系，此外，本文涉及华西实验区的论述，由于相关档案为新近开放，因此研究也较少。主要有以下几类。①著作：吴相湘《晏阳初传》（岳麓书社，2001），詹一之等编《科教兴农的先行者——晏阳初华西实验区》（内刊），丁小珊主编《中国城市与社会史专题研究》（中国海洋大学，2013）；②论文：谭重威《中华平民教育促进会华西实验区的乡村建设实验》（《四川师范大学学报》1994年第1期），谢健《抗战后乡村建设的复兴：中华平民教育促进会华西实验区研究》（西南大学2015年硕士学位论文），谢健《国家政策与社团实践：平教会华西实验区减租问题考察》（《史学月刊》2016年第5期）。

一 战前生计教育中的合作事业

相对于民国时期其他合作社的研究，目前学界对平教会各个实验区合作社的研究还属偏少。这主要是因为相关研究都集中到其农民扫盲教育问题，或将合作社作为乡村建设实验的一个方面，未能单独提出进行讨论。

要讨论平教会定县合作社的具体情形，首先要弄清楚到底什么是生计教育。在以往的研究中，一般将生计巡回训练学校或者其他具体训练、良种推广、农产展览会等默认为生计教育，这些只是生计教育的表现形式。生计教育是以"完成以合作为中心之农村经济建设"为目的的教育形式，其计划分为研究、表证、实施、试行推广等，均与教育之全部有相当之关系。[1] 据平教会编订的生计教育报告书，其目标分为三个方面：训练农民生计上的基本知识与技术，以增加生产；创设农村合作经济组织；养成国民经济意识与控制经济环境的能力。[2] 至于实施的进程，则约分四个阶段：①生计巡回训练学校；②表证农家；③实施推广训练；④县单位生计训练制度。[3] 据此可以看出，平教会兴办合作社，就其经济定位而言，仅为晏阳初四大教育主张中生计教育的一个部分，其"不仅在组织多数不相联络的合作社，或以信用合作社，办理农民借贷为临时救济之方法，而在研究县单位合作经济组织，并完成之，以期达到：①合理分配；②改进生产；③全县经济计划"。[4]

1932 年底平教会在定县首次实验办理合作社，首先选择高头、尧方头等十数村，组织信用合作社。次年，河北省县政研究院成立，该院积极倡导，同时与银行商定活动金融办法，并在各大区镇设立仓库，办理抵押放款业务。因而，平教会决定"普设自助社，为推行合作社之预备"，1934年为"实验县单位经济合作制度"，又"设实验生产互助社于小陈村"。[5] 这种预备性质的自助社，组织较为简单，入社条件为"只要品行端正，正

---

[1] 委员长行营湖北地方政务研究会调查团编《调查乡村建设纪要》，1935，第 13 页。
[2] 中华平民教育促进会编《生计教育》，1933，第 1 页。
[3] 中华平民教育促进会编《定县的实验》，1935，第 60~63 页。
[4] 中华平民教育促进会编《平民教育定县的实验》，1933，第 89 页。
[5] 《中华平民教育促进会成立经过、组织情形、工作计划、经费收支概况、会员名单》（1940），重庆档案馆藏，档号：0089-0001-00007。

式种地的农民，就可加入，并不要股金"。① 在这过程中，随着农民对于合作社意义的逐步明了，也存在由自助社改办合作社的情形，且其数目逐渐增多。1933 年 12 月合作社数目达到 48 个，因此合作社联合社亦应运而生。1934 年为合作社推广的猛进时期，各地"要求训练注重合作社者日多，因指导人才及经济所限，大有应付不暇之势"。② 到 1935 年 6 月底，定县全县共组织合作社 95 个，社员 3220 人，其中有 62 个以社为单位，组织了县联合社。③ 另外，据委员长行营湖北地方政务研究会调查团的观察，小陈村的互助社，因其"社员十人，共租地一百亩，共同工作，并经营轧花、织布、制造豆腐粉丝等副业，俨成一个新家庭，实现家庭社会化"，是平教会所试行的各种合作社中最有价值者。④

定县实验时期是平教会办理合作社的开端，其所获得的经验主要是理论性的，实际效果并不明显。这主要是因为：一方面由于定县实验以农民教育为开端，平教会在教育的实践过程中才逐步认识到经济、卫生、自卫等另外三个方面建设的重要性。⑤ 另一方面是试验时间较短。定县合作社始办于 1932 年 12 月，而平教会的工作重心在 1936 年时已经转向训练和推广，并计划在湖南建立中心性质的社会实验室，以此来取代定县的实验室。⑥ 随着局势的发展，平教会的工作发生了第二次转向，从 1936 年至 1939 年的三年时间中，平教会自认为其工作进入第三段，即"县政建设，它的意义是在把学术与政治融合交流"，"今后我们的研究，是寓研究于训练之中，我们的实验，是行实验于推广之际"。⑦ 在这期间的新都县实验中，平教会即着重县政建设的实验，虽然也提倡生计教育，但并未实验合作社。1939 年 3 月以后，平教会拟定工作方针，筹备"中国乡村建设学院"，4 月学院筹备处成立，并选定巴县歇马场为院址。由此，平教会工作再次转向，转到乡村建设高级人才的培训上，也开启了平教会工作新的

---

① 中华平民教育促进会编《生计教育》，1933，第 33 页。
② 中华平民教育促进会编《定县的实验》，1935，第 66 页。
③ 《定县合作社概况表》（1935 年 7 月），见中华平民教育促进会编《定县的实验》，1935，第 66 页，附表二。
④ 委员长行营湖北地方政务研究会调查团编《调查乡村建设纪要》，1935，第 166 页。
⑤ 吴相湘：《晏阳初传》，岳麓书社，2001，第 163~165 页。
⑥ 晏阳初：《致 T. H. 孙》，《晏阳初全集》第 4 卷，第 488 页。
⑦ 中华平民教育促进会编《廿五年度平教工作概览》，1936，第 11 页。

一页。① 由此直至战后华西实验区成立，平教会在乡村建设实验中才继续合作社的实验。

二 成熟与定型：华西实验区合作社概况

抗日战争结束后，晏阳初原本打算将平教会和乡村建设学院迁回华北，重新建立以定县为中心的华北实验区，但由于种种原因而未能成行。② 同时，为感谢四川省在抗战中的贡献和弥补其遭受到的损失，国民政府曾表示要将四川省建立为模范省。③ 有此机缘，平教会主持的华西实验区应运而生，1946年7月实验区建立，以第三行政督察区专员孙则让兼任实验区主任。由于经费、人力等原因，华西实验区工作首先在璧山、巴县两地展开，因此也称巴璧实验区。④ 根据孙则让交给璧山县参议会讨论的工作计划大纲看，璧山县的建设原则为：以教育力量推进地方建设工作；发展合作社以建立民主经济体系；建立乡村卫生体系；完成户政建设，加强自卫组织。⑤ 在1948年制定整个实验区的乡建工作计划时，平教会也明确将经济、教育、卫生及地方自治四项工作并列，认为"同时进行，互相推动，始能见效"。⑥ 其中经济建设活动都是通过合作社进行的，"运用组织生产的方法和力量，以达到改造社会经济为目的"，这是华西实验区乡村经济建设的总方针。⑦ 由此可以看出，华西实验区的乡村建设既是平教会自身学术研究的延续，也是对国家意志的践行。

1948年为管理美援款中"晏阳初条款"所含经费而设立的中国农村复兴联合委员会成立之后，巴璧实验区受其资助，工作得以大规模展开，实验区名称也改为"华西实验区"。⑧ 由于其建立充满浓厚的政治因素，平教

---

① 《中华平民教育促进会成立经过、组织情形、工作计划、经费收支概况、会员名单》（1940年），重庆市档案馆藏，档号：0089-0001-00007。
② 晏阳初：《致李宗仁》，《晏阳初全集》第4卷，第647页。
③ 晏阳初：《致朱季青》，《晏阳初全集》第4卷，第673页。
④ 《巴璧实验区工作提要》（1947），重庆市档案馆藏，档号：0089-0001-00143。
⑤ 《璧山地方建设中心工作计划大纲》（1946），璧山县档案馆藏，档号：09-01-75。
⑥ 《四川省第三行政区平教会华西实验区农村建设计划》（1948年），璧山县档案馆藏，档号：09-01-22。
⑦ 《关于机织生产合作社实务人员问题》，《乡建工作通讯》第1卷第18期，第1页。
⑧ 《华西实验区介绍总论》，詹一之等编《科教兴农的先行者：晏阳初华西实验区》，内刊，第7~9页。

会在其中的乡村建设工作,虽仍强调经济、教育、卫生、自卫四项建设一体进行,但其中尤以经济建设为重心。在这个实验区的建设工作中,其思路、意图都很明显,即以合作社为出发点,实现乡村经济的恢复和发展,同时改造社员、改善乡村中的各种关系,从而达到再造农村基层的目的。因而,与定县实验中合作社的定位不同,华西实验区的合作社兼具了改造农民和再造农村的双重任务。

(一) 基层社的组织概况

实验区的合作社名目众多,大致可以划分为两种。一是农业合作社。据实验区的建设规划,全区共划分为4000个社学区,以社学区为单位组织相应的农业合作社。由于实验时间较短,实际工作开展区域并未在全部区域展开,因此组社数量未达四千之数。到1949年11月重庆解放时,全区共组织基层农业生产合作社699个,包含社员65137人。主要分布在璧山、北碚、巴县和铜梁等县 (局)。① 其中巴县在9月份有合作社172个,社员15562人②;璧山到10月份截止有合作社197个,社员20083人。③ 二是根据特有条件组织的特种合作,这类合作社名目众多,如机织生产合作社、造纸生产合作社、美烟合作社、桐油生产合作社、猪鬃生产合作社、柞蚕丝业生产合作社等,因其中仅机织生产合作社发展比较健全,因此本文仅以该类合作社为对象。1946年12月平教会完成璧山城南、河边、来凤、丁家等乡镇的经济调查,决定先在城南乡试办机织生产合作社。1947年1月,城南乡先后成立玉皇庙、蓝家湾两个机织生产合作社。④ 到该年末,一共组织合作社16个,其中木机合作社3个,铁机合作社13个,涵盖社员1835人。⑤

农复会成立之后,华西实验区资金逐渐充裕,因此在扶植璧山地区的机织生产合作社方面力度更大,范围也扩展到了璧山以外的北碚地区,

---

① 谭重威:《中华平民教育促进会华西实验区的乡村建设实验》,《四川师范大学学报》(社会科学版) 1994年第1期。
② 《农业合作部分9月份工作报告》(1949年10月),璧山县档案馆藏,档号:09-01-141。
③ 《农业合作部分10月份工作报告》(1949年10月),璧山县档案馆藏,档号:09-01-141。
④ 《中华平民教育促进会华西实验区工作报告》(1948年4月),璧山县档案馆藏,档号:09-01-68。
⑤ 《中华平民教育促进会华西实验区机织生产合作社进展概况》(1949),璧山县档案馆藏,档号:09-01-148。

同时机织生产合作社的数量与日俱增。到1949年底,全区机织生产合作社共有83个,其中铁机合作社39个,木机合作社44个,涵盖农民7508户。① 另外,据统计在璧山、北碚两地共有铁机11240台,木机30020台,其中属于贫农需要组织合作社的有铁机8694台,木机14810台,经华西实验区扶植,到1949年12月时参加合作社的机台有铁机5402台,木机10662台,合计16064台,占须组织合作社的贫农所有机台的68.34%。②

(二) 基层的累积:合作社的乡、县级组织

为了方便业务的开展,平教会在基层社之上组织了联合社,联合社分为乡联合社和县联合社。由于业务开展的进度不一致,联合社主要在农业和织布业两种合作社中实施,其中农业合作社仅有乡级联合社,机织合作社则有乡级和县级两种。

1949年6月在农业组工作会议上决定设立农业社的乡级联合社办事处,并首先选择巴县第一、第二辅导区和璧山各辅导区,在各区内选择一个适当地点展开试办,待有成效后逐步推广。③ 乡级联合社办事处设置的主要目的是为过渡到县联合社做准备,通过联合办事处来指导和处理基层合作社的各种问题,时间以三年为限。④ 农业社的乡级联合社办事处组织速度较慢,1949年8月全实验区组织了1个联合社办事处,9月份组织了3个。⑤

机织合作社方面,其联合社的组织可以追溯到1946年开始办理机织合作社时成立的联合办事处。⑥ 因各社分散经营未能充分发挥合作组织功能,同年10月,璧山的11个机织生产合作社组织成立机织生产合作社县联合

---

① 《璧山机织生产合作社概况报告》(1950),璧山县档案馆藏,档号:09-01-196。
② 《中华平民教育促进会华西实验区机织生产合作社报告书》(1949年12月),璧山县档案馆藏,档号:09-01-8。
③ 《组织农业生产合作社联合办事处注意要点》(1949),璧山县档案馆藏,档号:09-01-91。
④ 《魏西河上华西实验区主任孙则让的签呈》(1949年8月),璧山县档案馆藏,档号:09-01-185。
⑤ 《农业合作部分8月份工作报告》(1949年9月)、《农业合作部分9月份工作报告》(1949年10月),璧山县档案馆藏,档号:09-01-141。
⑥ 《中华平民教育促进会华西实验区工作报告》(1948年4月),璧山县档案馆藏,档号:09-01-68。

社，地址设在城南乡，以机织、整染、供应、运销等为业务重点。① 此后，机织合作社就以县联合社为单位向中国农民银行贷款，还款由实验区总办事处及璧山县政府共同承保。② 1948年实验区为进一步扶持织布业，拟以县联合社为基础设置联合整染厂，机器设备从重庆、上海等地购进，但因随后新中国成立而未能创立。③

机织合作社创立之后，璧山当地棉纱需求量大增而土布产品供应又大于市场需求，因此实验区为集中发放贷纱及收取、贩运布匹，于1949年4月成立了华西实验区合作社物品供销处，目的在于采用辅导机关代营的形式逐步引导各合作社过渡到联合经营。④ 合作物品供销处先后在璧山、重庆等地设置分处，负责采购棉纱，又在宜宾、璧山县的来凤乡和丁家乡等地设置办事处，负责收购和运销产品。⑤

（三）合作社的成效：恢复农村经济，发展农村手工业

平教会创办合作社的目的之一是恢复农村经济，发展农村手工业，改善农民生活。在这一方面合作社取得了一定的成绩。

首先，农业合作社方面。为指导全区农业生产，华西实验区在1949年4月成立了农业组，专责农业生产事宜。工作内容主要集中在对各合作社贷款申请的审核，对推广繁殖站、家畜保育工作站及其他农业工作进行指导。农业合作社的各项工作也主要在农业组的指导下完成，其中以良种的繁殖与推广为重点。

繁殖站由"表证农家"组成，以农业示范为目的，站址设在合作社社田或者"表证农家"的耕种土地上。⑥ 从农业组正式成立开始，就在各辅导区选择适宜的合作社设置推广繁殖站，同年7月，全区一共建立推广繁

---

① 《璧山县机织生产合作社联合社登记册》（1947年10月）、《璧山县机织生产合作社联合社创立会记录》（1947年10月），璧山县档案馆藏，档号：09-01-87。
② 《为本处辅导十一单位合作社共同成立一县级联合社以统办各社供销业务使能充分发展其合作组织但因贷金不敷质转函请贵府慨允贷助并予示复由》（1947年11月22日），璧山县档案馆藏，档号：09-01-63。
③ 《平教会华西实验区37年度合作社推进计划》（1948），璧山县档案馆藏，档号：09-01-105。
④ 《璧山机织生产合作社概况报告》（1950），璧山县档案馆藏，档号：09-01-196。
⑤ 谢健：《抗战后乡村建设的复兴：中华平民教育促进会华西实验区研究》，西南大学2015年硕士学位论文。
⑥ 《推广繁殖站设置办法》，璧山县档案馆藏，档号：09-01-135。

殖站9处，其中璧山7处，巴县2处。① 通过农业合作社，实验区主要完成了两个方面的两种繁殖与推广。一是稻谷、南瑞苔、小米桐等农作物。主要采取传习教育，加强农民对新种的印象；集市宣传演讲；编辑宣传歌曲和标语等。② 二是种猪、仔猪、耕牛等家畜。以良种猪为例，首先由各辅导区办事处、合作社、繁殖站等调查需求和农民意愿。然后由自愿饲养者填写志愿书，向总办事处贷款购买；最后在推广繁殖站领取，并在饲养期间接受监督、管理。③

此外，平教会还通过实验区设置的农业组、家畜保育工作站在璧山、铜梁、江津等地做了大量的工作。如从1946年到1949年分三期进行扑灭的竹蝗防治工作；④ 与乡建学院共同进行的江津甜橙病害的调查与防治；⑤ 以及对水稻螟虫的防治等。

其次，机织合作社方面。机织生产合作社成立之后主要业务就是发放贷款，以"以布易纱"的方式进行，收回产品由合作社统一制定标准和销售。⑥ 按实验区与农行重庆分行的协定，发放贷纱时，对象仅为合作社社员，且每人仅贷放一台织布机的用纱量；利息以月息六厘计算，以一个月为限，每半年结算一次。⑦ 自1947年1月机织合作社开始组织以后，璧山地区的织布业逐步得到恢复。自1947年3月至1948年3月底的一年时间内，接受贷纱的各机织生产合作社共产原白布51675匹，按1948年4月的市价每匹平均价为3109万元，总值达2018亿元。同时为了开拓市场，实验区还自行设计了"宝阁牌"商标，在市场上树立了良好的信誉，对布匹

---

① 《中华平民教育促进会华西实验区各辅导区推广繁殖站工作简报总表》（1949年4～7月），璧山县档案馆藏，档号：09-01-217。
② 唐载阳：《平教会华西实验区的历史回顾》，重庆北碚区地方志编委会等编《中国乡村建设学院在北碚（1940～1950）》，西南师范大学出版社，1992，第72页。
③ 《中华平民教育促进会华西实验区纯种约克夏猪推广办法》，璧山县档案馆藏，档号：09-01-145。
④ 《璧山铜梁两县竹蝗防治报告》（1947）、《璧山铜梁治蝗工作简报》（1949），璧山县档案馆藏，档号：09-01-46。
⑤ 《中华平民教育促进会华西实验区甜橙果实蝇防治队工作报告》（1949年7～9月），璧山县档案馆藏，档号：09-01-184。
⑥ 《机织生产合作社贷款计划》，璧山县档案馆藏，档号：09-01-8。
⑦ 《中华平民教育促进会华西实验区与中国农民银行重庆分行贷纱收布办法》，璧山县档案馆藏，档号：09-01-8。

的推销促进很大。① 合作社联合社和供销处成立之前,各合作社的布匹主要由各社自行推销,主要运往四川、贵州、陕西等地。1949年之后由供销处统一运销,主要运到重庆、宜宾等地销售。②

三 改善经济、改造农民与再造乡村：平教会合作社的定位与目标

在整个民国的乡村建设运动中,各种力量在对农村经济改造时都倡导合作社的形式,平教会也不例外。但例外的是,平教会对合作社的运用不仅在于对农村经济的改造。以晏阳初为首的平教会对合作社的定位是一个变化的过程,这个变化是随着平教会工作重心以及其工作与政治的关系为转移的。与梁漱溟、孙则让等主持的邹平实验县不同,平教会对合作社的定位最初主要集中在改造农村经济方面。随着河北省县政建设研究院的成立,平教会与政治的联系日益密切,战后华西实验区的建立更是借助了政治力量,因此平教会及晏阳初本人对合作社的定位发生了某些变化,即兼具改善经济、改造农民乃至于再造整个乡村的使命。同时,虽然平教会在战后仍提倡教育万能,但在实际的乡村建设过程中,建设与教育的地位发生了颠覆性的变化,因此合作社的经济建设实践作用也被刻意突出。

（一）合作社的定位问题

在定县实验中,平教会认为在县单位实验,要谋求完成农民自足的经济政策,有五个基本建设工作：植物生产改进、动物生产改进、农村经济改进、农村工艺改进及工业改进,其中农村经济改进,又分为经济经营技术的研究和经济组织。③ 由此可以看出,合作社这种经济组织只是平教会达到农民自足目的的政策之一。从实际情形看,由于农村资本的普遍缺乏,定县的合作社都是"以信用为中心,而运用发展购买运销生产等事

---

① 《中华平民教育促进会华西实验区推进璧山县机织生产合作社概况书》（1947年4月）,璧山县档案馆藏,档号：09-01-8。
② 《中华平民教育促进会华西实验区机织生产合作社报告书》（1949年12月）,璧山县档案馆藏,档号：09-01-8。
③ 中华平民教育促进会编《生计教育》,1933,第25页。

业"。① 且限于一村仅组织一种类型的合作社，以避免竞争。这与农业推广、生计巡回学校相比而言，更显现出合作社的边缘地位。

1927年，晏阳初首次将国民必不可少的要素分为四大类：文艺教育、生计教育、公民教育和卫生教育。② 1931年晏阳初将中国的情况总结为四大病症，并完整提出了四大病症与四大教育相对应的教育思想。③ 在此过程中，晏阳初在生计教育中未曾强调过合作社的作用。相反，在公民教育中反而多次提及了培养农民团结力的问题。

其实，晏阳初早就明确指出"我们的目标是人，不是在物"，我们的工作在于"使他们自觉"，"自己改革，自己创造，自己建设"。④ 对合作社的定位，晏阳初也明确提出合作社"决不是仅仅为借钱而已，而是养成农民合作的观念、习惯和技能"。⑤ 同时晏阳初认为，在开展合作运动的训练中，农民学到了现代公民教育的本质东西，即合作。⑥ 陈筑山也同意合作社有"促进村人之团结"和"集中人才资金，以谋事业发展"两方面作用的观点。⑦ 由此可以看出，早期平教会在对合作社的预期目标中虽然也提及经济问题，但更多的是强调通过合作社对农民合作意识、公民意识的培养，在定县实验中合作社的经济因素不多也是原因之一。

在定县实验的合作社活动既包括生计教育的内容，也包括公民教育的内容。在经济层面上，合作社不外乎信用、购买、运销、生产四个方面的活动，以此促进农村经济发展。⑧ 在公民意识层面，即通过合作社不仅要使农民拥有生产的新知识、新方法、新技术，更要在受训之后，将自己所学的传授给其他农民。⑨ 平教会在定县办理合作运动时，强调办理的原则是农民自动，切忌越俎代庖，大规模提倡，同时又勉励参加的农民努力自强和互助。⑩ 这就是要培养农民合作观念、习惯和技能，达到公民教育作

---

① 中华平民教育促进会编《生计教育》，1933，第27页。
② 晏阳初：《平民教育的宗旨目的和最后使命》，《晏阳初全集》第1卷，第103页。
③ 晏阳初：《在平教专科学校开学典礼上的讲话》，《晏阳初全集》第1卷，第145页。
④ 晏阳初：《平民教育运动简史》，《晏阳初全集》第2卷，第343页。
⑤ 晏阳初：《农民运动和民族自救》，《晏阳初全集》第1卷，第338页。
⑥ 晏阳初：《平民教育与中国的抗战及国家建设》，《晏阳初全集》第2卷，第268页。
⑦ 晏阳初、陈筑山：《定县实验区工作概略》，《晏阳初全集》第1集，第360页。
⑧ 中华平民教育促进会编《生计教育》，1933，第40页。
⑨ 《农民生计训练的目的与范围》，《农民生计训练旬刊》第4期，第1页。
⑩ 吴相湘：《晏阳初传》，岳麓书社，2001，第199~200页。

为"指导对于家庭、社会、国家、世界种种生活改良的组织与活动"的目的。①

抗战结束后,蒋介石曾提出要将四川省建成全国的模范省,为配合政治目的而设立的华西实验区,除了作为学生实习场所外,理所当然地将进行乡村建设、复兴农村作为首要任务。② 因此,华西实验区合作社的定位从强调教育作用转变为农村经济建设的实践。虽然晏阳初仍强调"以个人或社会团体立场从事农村建设,主要的工作是农民教育"③,但在实际建设中起到支配作用的却是以教育为起点、以经济建设为核心的观念。实验区工作计划中以"组织和整理原有经济基础,建立民主的合作经济体系"④为目的,这体现了平教会早期通过合作社改造农村经济的定位。但是,战后平教会在合作社的实际组织过程中,不仅仅着眼于农村经济的改造,为贯彻国家意志、改造整个农村,实验区的实际主持者提出了利用合作社进行土地改革的尝试。⑤ 甚至在西南军政长官公署实行"农地减租"的过程中,华西实验区的合作社都深入参与其中。这或许与抗战时期全国乡村建设力量在大后方的整合,其余乡村建设人才进入平教会的历史有关,但这也是战后平教会对合作社定位转变的一种直观体现。

(二) 关系的改造:入社与社会地位认同

社员是合作社的重要组成部分,参社的途径、条件如何,哪些人能加入合作社,都是关系到合作社性质和合作社宗旨的核心问题。战前,平教会虽然认为"合作社是个人的结合,人格担保团体。对于份子的选举与训练,非常重要⑥",但是从自助社的要求看,条件非常简单,即"品行端正,正式种地的农民"。⑦ 战后,平教会试图通过入社条件的限制,对乡村社会中的社会认同结构进行调整,从而达到改造乡村社会的目的。

战后各合作社社员的入社途径大致分为三类。第一类是组社时参加,

---

① 《定县平民教育农村运动考察记》,无出版信息,第164页。
② 《为准中华平民教育促进会函请将第三区划为该会实习场所一案令抑遵照由》(1946年11月),重庆市档案馆藏,档号:0055-0006-00061。
③ 晏阳初:《中国农村教育问题》,《晏阳初全集》第2卷,第382页。
④ 《现阶段地方建设工作计划大纲》(1947),重庆市档案馆藏,档号:0089-0001-00143。
⑤ 《传习教育在北碚》,重庆市档案馆藏,档号:0089-0001-00143。
⑥ 中华平民教育促进会编《生计教育》,1934,第38页。
⑦ 中华平民教育促进会编《生计教育》,1933,第33页。

由负责组社的合作社筹备委员会甄选，合格者参与召开合作社成立大会。第二类是合作社成立之后参加，合作社成立之后，申请者须填写志愿书，经两个以上的社员介绍，并得理事会或社员大会同意。① 第三类是继承社员，即在社员死亡或不能继续工作时可由入社时制定的继承人入社继承其权利与义务。②

从华西实验区的各种合作社章程看，参加合作社的基本条件是：①居住在合作社业务区域内；②年满二十岁以上的公民；③经济上属于自耕农或佃农。③ 满足这三个条件只是满足了农业合作社社员的资格，对于机织生产合作社而言，社员还需"有正当职业，品行端正，并无吸食鸦片或宣告破产及褫夺公职之情形"，同时还需"对本社事业确有经营之技能与经验并不加入其他任何工业合作社"④。在铜梁地区组织的造纸生产合作社则要求申请者同时满足农业合作社和机织合作社条件的前提之下，还要满足下列条件之一：①自有竹山并且亲自参与造纸；②自有竹山并愿独力或合力造纸但缺乏资金；③租有竹山且亲自参与造纸；④有造纸设备、原料但缺乏资金。⑤

有入社就有出社，三种合作社对出社的规定都一致分为：①自然原因，如死亡、迁出业务区等；②除名，即因犯罪，违背社章或不名誉行为等，即由董事会除名；③自动申请退社；④农业合作社还规定凡是丧失入社资格的也须自动退出合作社。⑥

从入社资格和出社规定看，这些规定大致可以分为两类，即经济因素和社会因素。平教会对手工业社和农业社的定位是不同的，手工业社的目的单纯，仅在于通过贷款恢复当地手工业，提高和改善农民生活水平，因

---

① 《保证责任璧山县太和乡白砂岗农业生产合作社章程》（1949），璧山县档案馆藏，档号：09-01-223。
② 《保证责任璧山县鹿鸣乡方家石坝机织生产合作社章程》（1949），璧山县档案馆藏，档号：09-01-123。
③ 《保证责任璧山县大路乡刘家祠农业生产合作社章程》（1949），璧山县档案馆藏，档号：09-01-140。
④ 《保证责任璧山县蒲元乡荣家冲机织生产合作社章程》（1949），璧山县档案馆藏，档号：09-01-223。
⑤ 《保证责任铜梁县西泉镇刘店造纸生产合作社章程》（1949），璧山县档案馆藏，档号：09-01-119。
⑥ 《保证责任璧山县大路乡张家沟农业生产合作社章程》（1949），璧山县档案馆藏，档号：09-01-132。

此侧重于经济因素的规定，强调社员必须拥有进行手工业生产的必要条件。而农业合作社的目的不仅在于农业推广，因此更多地强调入社的社会因素，通过对参社资格的限制，加强对自耕农和佃农的保护和扶持。平教会意图通过这两个因素的限制，促进农村中的经济关系和社会关系改造。同时，由于加入合作社可以获得实验区的贷款、解决经济问题，因此这种经济上的诱导也使得成为社员是一种既有利益又光荣的事情，从而有助于乡村下层社会认同度的提高。

（三）解决土地问题：华西实验区合作社的核心任务

调整主佃关系和解决土地问题是农村中最为急迫的事项，在定县实验时期该事项就使平教会饱受外界的争议，有论者认为平教会在这方面做得不够，"'耕者有其田'根本是正当的，势在必行的"，而"平教会还只在训诫地主和债主"，没有真正触及问题本身。① 而有的又认为平教会的工作扰乱农村，毫无成绩且过于激进。② 实际上，在战前，晏阳初对农村土地问题的解决也是较为保守的，认为"似应由政府出来毅力解决"，表明此时平教会的工作仍为通过平民教育改造农民，无意于对整个乡村结构进行改变。③ 战后，平教会从着重平民教育转到以乡村建设为重点，从而也完成了由改造农村经济向再造整个农村的转变，华西实验区的土地改革设想就是这种转变的表象。

1. 稳定租佃关系

"土地为农村经济基础，土地问题不得适当之解决，于农村社会，自必产生不良影响，暴力的铲平主义，并非良好办法"④，因此平教会选择首先稳定租佃关系。这既是实验区改革农村土地关系过程中的第一步，也是平教会在华西实验区改革农村土地关系的一种手段。按农业合作社入社规定，社员为佃农者应将租约的副本交到合作社进行登记和保存。农业合作社正常运作后，由合作社统一向地主租赁土地，然后再分配给合作社内的农民耕种。这使得主佃双方不发生直接关系，既保证地主的法定收入，又

---

① 蒋廷黻：《跋燕先生的论文》，《独立评论》1933年第74号，第10~11页。
② 燕树棠：《平教会与定县》，《独立评论》1933年第74号，第3~8页。
③ 晏阳初：《十年来的中国乡村建设》，《晏阳初全集》第2卷，第87页。
④ 《四川第三行政区平教会华西实验区农村建设计划原则》，重庆市档案馆藏，档号：0081-0004-06787。

维护佃农不被非法撤佃、换佃、加押。① 从理论上看这对缓和农村矛盾有重要作用，也提升了佃农的入社兴趣和减少了佃农对土地投入的顾虑。

实验区在随后的文件中对地主和佃农双方做了严格的规定。对地主，实验区强调合作社租赁到土地后，如何使用、兴修水利、改良土壤等不受地主干涉，同时地主出售土地有优先购买权。② 对佃农，实验区则要求其在规定的租额外多缴5%作为合作社办理租佃的手续费和社田储备金，以备将来购置社田。此外还要求租种者配合合作社的物种改良和水利设施的兴建。③

2. 创置社田，实施土地改革

通过合作社统一承租的方法稳定租佃关系只是华西实验区改革农村土地关系的第一步，而平教会真正目的是要对农村土地关系进行彻底的改革，其所采取的措施是合作社创置"社田"——即实行土地的集体所有制。④ 按实验区的租佃合约第11条规定："甲方出售土地对乙方有优先承购权"，即合作社对地主所售土地有优先购买权。⑤ 平教会以此为契机，实现土地的集体所有，这既利于缓解土地集中、新地主的产生，又利于土地的集体化和大规模经营。

在具体实施的办法上，平教会分两种：第一种是集中利用佃农社员向地主退佃之后地主返还给佃农的押租来购买土地；第二种办法即是以合作社为单位，申请美援贷款，购买土地后租给社员耕种，以租金偿还贷款。⑥ 由于前者明显会激起农村矛盾恶化，因此平教会采取了后者，计划10年内每个合作社购置社田500亩，这样实验区内土地问题基本得到解决。

无论是稳定租佃关系还是创置社田，都是通过农业合作社实现的。而平教会运行合作社的实践也一直贯穿着改变农村关系的设想，在社章上即有明显的体现：合作社的宗旨为调整租佃关系以稳定耕地使用权；控制土

---

① 《传习教育在北碚》，重庆市档案馆藏，档号：0089-0001-00143。
② 《农业合作社办理农地统租分佃办法》，璧山县档案馆藏，档号：09-13-41。
③ 《农业生产合作社佃地出租办法》（1949年5月），璧山县档案馆藏，档号：09-01-121。
④ 《四川省第三行政区平教会华西实验区农村建设计划》（1948），璧山县档案馆藏，档号：09-01-22。
⑤ 《农业合作社租地合约格式》（1949年5月），璧山县档案馆藏，档号：09-01-121。
⑥ 《华西实验区介绍总论》，詹一之等编《科教兴农的先行者：晏阳初华西实验区》，内刊，第57页。

地转移，达到"耕者有其田"。① 由此，我们可以得出这样的认识：与定县时期不同的是战后平教会的乡村建设更加重视合作化的道路，通过合作社不仅在于改造农村经济，更在于再造整个农村，从而达到改造整个中国的目的。然而，从1949年9月开始，华西实验区即配合西南军政长官公署和四川省政府实施"农地减租"，随即又迎来新中国成立，因此平教会关于土地改革的设想也就未能真正付诸实践。②

总之，在农复会与中国农民银行资金的支持下，平教会在恢复农村农业、手工业方面取得了一定成效。但是，在土地改革及其他方面，则只停留在了理论方法上，没有能够进行实践，这也是导致战后平教会对整个农村改造失败的内在因素之一。

四 结语

近代以来，新式社会团体通过各种形式对中国社会加以影响。在这些社团中，大部分仅仅是通过本身的行为影响整个社会或区域社会的发展、变迁，其中有少数社团在自身活动的过程中却与政治力量联系紧密，增强了其影响力，作为乡村建设团体的平教会即是其中之一。恢复因战争而破败的农村生产、顺应时势的改革土地制度是国民政府在战后农村经济建设的核心任务，平教会作为一个社会团体本无机会作为主导力量参与其中，但其通过与政治力量的结合，将自身行为与国家意志结合起来，参与到了战后社会改革的实践中。通过对平教会乡村建设实验过程中合作社这一侧面的考察，我们可以发现：在国家权力力图深入乡村的近代，平教会的活动为国家政权的这种努力创造了契机，从而形成了"国家—社团—社会"三者之间的复杂关系。

综观现有研究民国乡村建设的成果，对改造社会结构的尝试多指向梁漱溟的乡村建设思想及其在邹平的建设实践，而平教会在通过合作化的形式改造乡村社会的尝试并未被学者所注意，被研究较多的部分也仅为其乡村建设的实践。通过对平教会合作社的分析，我们可以清楚地认识到：对

---

① 《保证责任璧山县大路乡张家沟农业生产合作社章程》（1949），璧山县档案馆藏，档号：09-01-132。
② 《为农地减租工作应协助政府认真推行电达查照由》（1949年9月），重庆市档案馆藏，档号：0089-0001-00026。

主张教育万能的平教会而言，在定县时期，其主要工作当然是集中在推行农民教育，并随着农民教育的深入开展，逐渐延伸至对农村问题的处理。合作社作为平教会生计教育的一小部分，处于边缘性地位。1936年之后平教会乡村建设的工作重心不再仅限于定县，其乡村建设的实践也更多地倾向于通过与地方政府的合作，以改造县级政权达到改造农村、农民的目的，如衡山、新都等地的实验即是如此。虽然这种倾向被抗战的全面爆发所打断，但是这种转向是不可逆转的。

在战后的乡村建设中，合作社虽然也以复兴农村经济、改善农民生活、改造农村经济为目标，但是其最终目的却扩展为改造整个农村，乃至整个中国。实验区的实际主持人士不仅要用合作化的方式来达到农村经济的复兴，还试图通过合作社入社条件、创办社田等方式对原有的农村经济、农村社会关系加以改革，从而达到彻底再造农村的目的。

正如以往学者指出的那样，乡村建设并非指一般意义上在乡村中从事的建设事项，而是指以乡村为本位的"国家—民族"层面的建设。这个标准从本质层面上指出了华西实验区乡村建设的目标所在，同时也与平教会自身的定位十分契合。在"国家—社团—社会"视野下对平教会乡村建设中的合作社，乃至其整个乡村建设活动进行观察，可以发现平教会的活动不仅仅在于其本身价值的实现，更在于"国家—民族"的再造。事实上，平教会在华西实验区的乡村建设过程中改造乡村社会的方法不仅限于广泛地兴办合作社，其他如对导生制的改革、地方领袖的选拔和训练等都有其独特的意义，但这些就不在本文所探讨的范围之内了。

A Historical Inspection of Cooperatives and The Rural – Reconstruction in The View of State, Community and Society: Centering On The Chinese Civilian Education Promotion Association

Xie Jian

Abstract: Since modern times, with the rise of various modern social groups, The relationship between the state, community and society gradually complicated. As one of the main forces of rural – reconstruction during the Republic of China, The Chinese Civilian Education Promotion Association insists on its characteristic as a private academic community, but with the progress of its work, it realized the necessity of cooperation with the political forces. Cooperatives is one of many ways to rural economic reconstruction, but it combines rural reconstruction mission during the cooperation with political forces. The complex relationship between state, community and society also has been completely unfolded during the rural – reconstruction experiment in the West China Experimental District after the Anti – Japanese War.

Key words: Cooperation; The Chinese National Association of the Mass Education Movement; Rural Construction; The West China Experimental District

民国初年奉天省土地丈放研究

金艳丽*

摘要：土地丈放是奉天省近代社会发展中的一个重大事件，它从民国元年开始一直延续到九一八事变之前，改变了奉天省旧有的八旗土地制度，确立了以庄头、官僚军阀、商人高利贷为主体的新兴地主经济，促进了奉天省农业的近代化。本文简要分析了土地丈放的历史背景，随着土地私有化和租佃制不断发展，旗地制度逐渐不能适应经济发展的需要，到清末时，奉天省原有的旗地官庄制度已名存实亡；分析了土地丈放的基本情况，按照土地所有权性质的不同，分别论述了八旗随缺伍田、内务府官庄、八旗王公庄园、官荒等土地的丈放过程；分析了土地丈放过程中的弊政及抗丈斗争，各级丈放人员借机大肆搜刮，弊端丛生，引起了广大农民的强烈反抗，奉天省农村抗丈风潮迭起；分析了土地丈放的结果和影响，土地丈放促进了东北土地制度近代化，有利于社会的进步，但是由于土地丈放中对广大农民的掠夺，这次丈放对奉天省近代社会的发展又产生了巨大的破坏作用；研究土地丈放对国有企业体制改革的现实意义。

关键词：奉天省　土地丈放　民国初年

土地是封建社会最重要的生产资料，土地制度的结构和变迁是研究社会发展的重要内容。奉天省作为一个后垦区，土地制度的变化对当地社会发展的影响尤其显著。辛亥革命后，奉天省政府进行了大规模的土地丈放，使原来的八旗土地国有制转变为半封建的私人地主土地所有制。

土地丈放是当权者变革土地所有制的一种手段。土地丈放的推行包含

---

* 金艳丽，辽宁省葫芦岛市博物馆，馆员，研究方向为近代经济史、社会史。

两方面的含义：一方面是指土地的清丈，是对土地面积的重新统计；另一方面是指土地的放领，是对土地所有权的下放、转移。满族统治者在占领辽沈地区后，采用暴力手段破坏了原来比较发达的租佃制生产关系，把相对落后的旗地官庄制度移植到新占领地区，两种土地制度的逆转造成了奉天省复杂的土地制度。为了维护落后的八旗土地制度，保护满族贵族的经济利益，清政府对东北实行了封禁政策，禁止汉人出关垦殖。但是历史的趋势是不可阻挡的。随着社会生产力的发展，落后的旗地官庄制度越来越不适应生产力发展的需要，移民不断涌入，进一步破坏了旧有的生产关系。鸦片战争以后，清政府出现了财政危机，为了增加收入，清政府将大批已废弃的牧场、马厂地和官荒丈放开垦。但是，这一时期的丈放主要是未开垦的无主荒地，并没有对早已腐朽的旗地制度进行根本性的变革。辛亥革命后，满族的政治统治被推翻，作为依靠政治特权建立的、民族色彩浓厚的旗地官庄也必然无法存在。在广大庄佃争夺地权斗争的压力下，民国政府和满族贵族达成了土地丈放的共识，就是在广大庄佃缴纳一定地价的基础上，承认他们的土地所有权。这样，民国初年在奉天省掀起了土地丈放的高潮。

一　土地丈放的历史背景

旗地制度是满族统治者依靠暴力手段，在奉天省建立的一种特殊的封建国有土地制度，具有鲜明的军事性和民族性，是满族统治的重要经济基础。随着社会的不断进步，土地私有制不断发展，旗地制度不断遭到破坏。到清末时，大部分旗地都已转化为私有地，但是土地国有制依然保持着名义上的统治地位。1911年辛亥革命爆发，国体的变更加速了旗地制度的瓦解。

（一）奉天省八旗土地制度的确立

东北南部的辽沈地区，长期处在少数民族统治之下，土地所有制基本是以国有制为主，私有制发展缓慢。各个少数民族在建立国家政权以前，都把土地作为公有的自然物，由部落共同占有和使用。国家政权建立后，部落公有地就变成了由君主垄断的封建国有地。曾经在东北建立政权的契丹、女真、蒙古、满洲等民族，在社会发展过程中，都经历了从部落土地公有制到国有制的演变。东北的土地国有制在不同的朝代表现形式不同，如辽代的国有土地是"捺鲁朵"（皇室领地）和"头下军州"（分封领地）；金代的国有土地主要是"猛安谋克"和屯田；元代盛行"分封"屯田；而到了后金统治时期则演变为系统的旗地制度。"所谓旗地，就是旗人的土地"。[①] 即满族统治者在土地国有的前提下，分给八旗贵族（包括皇室）和官兵使用的土地。旗地制度是一种国有土地制度，其特点是具有鲜明的军事性、民族性和垄断性。它是在满族社会不断发展的基础上形成的，女真族在对外扩张的过程中把原来的狩猎组织——"牛录"，发展成为八旗制度——一种军事生产组织。八旗兵丁每人都领有一份土地，兵丁平时在土地上生产自济，战时从土地的收入中自行置办装备。这样八旗兵丁"出则为兵，入则为农"，可以达到"无饷自富"。旗地制度的形成主要是由于当时封建国家政权初建，国家机器尚未完备，没有形成完善的赋税制度，无力供养一支常备军。实行旗地制度则确保了兵源，旗地成为旗丁日常生活和参加战斗的物质基础。

在旗地这种土地所有制的基础之上，满族在社会生产过程中，还建立了一种特殊的农业生产组织——"托克索"（tokso）。"托克索"是满语农庄的意思，早在15世纪初就已出现，但是直到努尔哈赤兴起之后，才取得大规模发展。早期的"托克索"是一种奴隶主庄园性质的生产组织。女真族作为一个落后的游牧民族，本身不善于农业生产，因此女真贵族就强迫战争中掠夺来的汉人和朝鲜人在特定的土地上为其生产，并无偿占有他们的全部生产成果，这样就形成了早期的农庄。

天命六年（1621），后金攻占辽沈地区，满族的历史发展到新的阶段。辽沈地区与关内较为接近，受关内生产方式的影响，土地私有化程度较高。明朝末年，民田的面积已达屯田面积的三倍，无论是民田还是屯田大都采用租佃制的生产方式。面对这种较高的生产程度，对后金统治者来讲，采用什么样的生产方式，怎么安置八旗官兵，怎样统治众多的汉族人民，成为一个重要课题。后金统治者首先通过暴力手段圈占大量土地，迫使原来的生产者与土地脱离，这样辽沈地区原有的生产关系就遭到破坏。为了巩固本民族的统治基础，把本民族的生产方式过渡到农业生产上，努尔哈赤于天命六年（1621）七月十四日，颁布了所谓的"计丁授田"的谕

---

① 乌廷玉：《中国历代土地制度史纲》，吉林大学出版社，1987，第268页。

令："为行分田事通知各村，圈地海州地方十万日，辽东地方二十万日，共计三十万日之田地，分与我军队之人马。凡我众白身者，可到我原住之地播种。……我今计田，平均分给，一男丁种粮之田五垧，种棉之田一垧，汝等不得隐瞒男丁，隐瞒则分不到田。今后乞讨者不乞讨，乞丐、僧侣皆分给田地，应在自己田地上勤勉耕作。男丁三人耕贡赋之田一垧，男丁二十征兵一人，出公差一人。"① "计丁授田"的主要对象是满族人，实际是后金政权通过军事暴力对辽沈地区的土地进行再分配。它以旗为单位进行，每旗的土地都分布在指定地区。八旗兵丁虽然各自占有份地，但都被编入军事性生产组织中，受政府的人身控制，没有脱离八旗组织的自由。旗地的土地所有权属于国家，禁止买卖典当，生产者只有占有权和长期使用权，实际是建立了广泛的屯田区，八旗兵丁服劳役地租。这一措施使得满族把原来落后的奴隶制和领主制生产方式强加于被征服的汉族人民。

为了进一步加强后金在辽沈地区的统治优势，天命六年（1621）九月，努尔哈赤又将二十万建州女真迁到辽东居住。新迁徙的女真人到辽东时既无土地又无房屋，努尔哈赤命令他们和汉人共同居住，由汉人养活他们。这样新迁移的女真人又从汉人手中掠夺了大量的田地和房屋，那些不愿离开故土的汉人只好和女真人生活在一起，沦为他们的农奴，旗地制度得到进一步发展。

在"计丁授田"的同时，后金统治者在辽沈地区还实行编庄制度，建立一大批"托克索"庄园。编庄主要发生在天命七年（1622）和天命十年（1625）。天命七年的编庄是同"计丁授田"一起进行的。"计丁授田"中，女真贵族因为拥有数量众多的壮丁，从而能够得到大量的土地，再加上战争中掠夺的土地，女真贵族将它们编成庄园进行生产。天命十年，后金统治者再一次实行大规模的编庄。由于后金国的高压统治，辽沈地区的汉人不断逃亡和暴动，影响了后金各地的农业生产。面对汉人如火如荼的反抗斗争，努尔哈赤下令八旗贝勒、大臣率领八旗兵分路审查汉族官员，并把可疑的汉人全部杀光。后金政府的大量杀戮使辽沈地区汉人数量锐减，生产关系进一步被破坏，但是后金统治者并未因此而满足，又下令将

---

① 《满文老档》卷24，转引自刁书仁《东北旗地研究》，吉林文史出版社，1993，第15、16页。

幸存的汉人全部编入八旗庄园，按照品级分给满汉官员。这次编庄采取的形式是：每十三丁编为一庄，每庄设庄头一名，给田百垧，牛七头。其中二十垧为贡赋，八十垧为庄丁自营地。这次编庄规模很大，从天命十年十月起，数十万汉人的土地、房屋被强迫没收，编入诸贝勒和八旗各级官员的庄园中。辽沈地区最后的私有土地也转化为八旗公有地，庄园制成为后金国实行农业生产的形式。这次编庄同后金原来的"托克索"已有区别，原来是奴隶主庄园制的生产方式，这次的编庄则是采取农奴制的生产方式。庄丁具有一定的个人财产，不同于一无所有的奴隶，在法律上庄园主不得任意杀害奴仆，奴仆是否可以任意被杀害是区分奴隶与农奴的重要标志。

通过"计丁授田"与"编庄"，满族统治者在辽沈地区建立了以满族贵族奴隶主为主的土地国有制度。这种土地所有制相对辽沈地区原来的租佃制来讲，是一种社会的倒退。但是从满族统治者本身来讲，则是一种生产力的巨大进步。它的建立是与满族本身社会发展程度分不开的，它实际上是满族原始氏族公有制的残余，同时还是满族统治者维护本民族经济利益的一种必然结果。旗地官庄制度的确立对满族统治者具有重要的意义，它成为清朝的重要统治基础。旗地官庄制是农奴制的所有制生产关系，它的形态结构比较复杂，尤其是官庄，虽然是领主制，但是和西欧一些地区的领主庄园是有区别的，庄的规模比较小，一个领主的土地往往分散在十几个村屯，而一个村屯又同时存在几个领主的土地。土地的所有制是领主土地所有制，土地的生产方式依然是小规模生产，这主要是由于当时的统治者实行八旗制度，每次战争中掠夺的财产和土地是由八旗均分造成的。土地的领主集中所有和土地的分散造成土地所有制和经营方式上的严重矛盾。

清入关以后旗地制度进一步发展。清初辽沈地区旗地与民地的比例达到44:1，旗地在辽沈地区占据绝对优势。官庄制度在清初也发展迅速。八旗王公贵族利用手中的政治特权在奉天省建立了大批王公贵族庄园，清政府也在辽沈地区建立了一大批皇庄。清初，奉天省王庄地亩达到200多万亩，分布在奉天省各县内。皇庄和官庄地亩达180万亩，主要分布在锦州、铁岭、辽阳等县。

（二）八旗土地制度的破坏

清朝统一以后，采取许多措施，极力维护旗地官庄制度。首先，严格禁止旗地越旗交易。康熙九年（1670）规定："官员兵丁地亩，不许越旗交易，兵丁本身种地，不许全卖。"① 旗地的分配是按旗实行的，禁止旗地越旗交易可以使旗地处在各旗佐领的严格控制之下。其次，颁布禁止旗民交产的命令，严格限制民人买卖旗地。"旗地旗房概不准民人典买，如有设法借名私行典买者，业主与售主俱照违制律治罪，地亩房间价银一并撤追入官，失察该管官交部严加议处"②。旗民交产的禁令是单方面的，它只禁止民人购买旗地，却不禁止旗人购买民地，其目的是防止旗人产业流失。清朝统治者还对东北实行封禁政策，主要内容是禁止汉人出关，并且将东北绝大部分未垦土地定为官荒，划作禁山、牧场、围场等，严禁汉人移居垦殖，以确保旗人在东北的经济优势，这样满族统治者在东北确立了由满洲贵族垄断的僵化的封建土地国有制。

然而历史的发展并不以人的意志为转移。八旗土地制度在康熙中叶以后不断遭到破坏，一方面是因为满族作为一个游牧民族本身不事生产，再加上作为统治民族享有很多经济特权，旗人不必耕种依然能维持优渥的生活，因此旗地的所有权逐渐向汉族人民手中转移。乾隆八年（1743），乾隆帝拜谒盛京祖陵回京后在上谕中提道："现在流域民人甚多，商贾辐辏，以致本处之人渐染流俗，以奢靡相尚。……至本处之人，向于官差余暇，俱各力田躬耕，以资生计，今则本身自种者少，雇民佃种者多，将来生齿日众，若不务农业，惟赍钱粮度日，费用又繁，其生业有不日渐消微乎？"③ 当时旗地所有权向民人手中转移的现象和危害就已经引起清朝最高统治者的注意。造成旗地制度破坏的另一根本原因是社会生产力的不断发展，旗地的领主制相对于关内汉族的租佃制是落后的，恩格斯曾经指出，"在长期的征服中，比较野蛮的征服者，在绝大多数情况下，都不得不适应征服后存在的比较高的经济情况"④。旗地的领主制度由于生产方式的落后，导致广大壮丁纷纷逃亡，庄园主为了维持收入不得不采取租佃制进行生产。在东北地区生产力不断发展的情况下，旗地官庄制度逐渐遭到破

---

① 李燕光、关捷主编《满族通史》，辽宁民族出版社，2003，第341页。
② 章有义：《中国近代农业史资料》第二辑，三联书店，1957，第197页。
③ 陈振汉主编《清实录经济史资料（顺治—嘉庆朝、一六四四年——一八二零年）：农业编》第一分册，北京大学出版社，1989，第191页。
④ 恩格斯：《反杜林论》，中共中央马克思、恩格斯、列宁、斯大林著作编译局译，人民出版社，1970。

坏，奉天省土地私有制不断发展。

1. 一般旗地的私有化

一般旗地的私有色彩比较浓重，旗丁除了不许将土地典卖与民，以及在土地继承权方面受到限制外，具有所有剩余的土地所有权。在旗地分配的初始时期，旗丁与旗地都在八旗各个佐领的严密统治下，旗地的公有性质比较明显。尤其是在清初，八旗兵丁需要不断征战，随着占领地区的扩大，旗丁的土地经常进行移动，国家对旗地的支配权力很大。随着时间的推移、战争的结束，旗地原来的军事性消失，旗丁的依附关系逐渐弱化，一般旗丁原来分给的土地（旗红册地）开始不断向私有地转化。另外，旗人在原额份地外自行开垦了许多私有地。康熙十九年（1680），户部郎中鄂齐理踏勘奉天自开旗地，回奏"东至抚顺，西至山海关，南至盖州，北至开原，皆经查勘，计万顷有奇"。① 雍正四年，奉天省清丈旗地，丈出的旗余地占旗红册地的1/10。乾隆朝丈出旗余地223557垧3亩。旗人自开地与原有的圈拨地性质明显不同，它完全属于旗人私有。旗民交产令限制旗红册地的买卖，但是旗人私开地则没有限制。对旗人自开余地，清政府课以赋税，实际上就是承认了旗人对私开地亩的土地私有权。

旗地的越旗买卖和民典旗地也是造成一般旗地私有化的重要原因。早在康熙年间就已发生旗地的越旗买卖，"据本旗领催何伦太呈称：身祖陈世珍在日，于康熙二十四年（1685）用价银165两，白契所买巨流河正黄旗界内坐落后尖山子厢（镶）白旗现任佐领李全属下壮丁刻佐洪之曾祖刻花子名下红册地104日8分"②。雍正、乾隆年间旗地的越旗买卖逐渐增多，乾隆二十二年（1757）清政府不得不宣布："嗣后旗人田地，遇有缓急，情愿出典者，呈报该旗佐领注册；若因价银较多，情愿出卖者，准其不计旗分，通融买卖。"③ 准许旗地的越旗买卖，在法律上承认旗地在八旗内部买卖的合法性。

旗地既然可以越旗买卖，旗民交产当然也就无法限制。清朝法律规定严禁一般旗地出售于民，倘有私售于民，则查撤入官。然而旗民间变相买卖旗地的现象早有发生，各地旗人往往采取"支使长租"或"指地借钱"

---

① 《八旗通志初集》卷18，土田志一。
② 李燕光、关捷主编《满族通史》，辽宁民族出版社，2003，第358页。
③ 李燕光、关捷主编《满族通史》，辽宁民族出版社，2003，第343页。

等名义进行旗地的买卖。清中叶以后，民典旗地的情况更为普遍。满族作为一个游牧民族本身不事生产，再加上作为统治民族享有很多经济特权，很少从事农业生产，他们多数是把土地出租给汉人耕种。随着满族人口的增加，生活渐渐入不敷出，因此就把汉人租种的地亩典押给他们以维持生计。道光十年（1830）十月十五日，满人桑朝先因手中困乏将祖遗旗红册地三段三垧典出，"情愿典与王景春名下耕种为业，自典至（之）后，任凭典主自便"①。文契上注明的"任凭典主自便"，实际上就是一种变相的买卖，只是鉴于当时的法律规定而不敢直接进行买卖。到咸丰年间这种典押关系进一步发展，"立典契满洲镶黄旗闲散孙德纯，有祖遗自己开垦钱粮地一分一段十日，因无力耕种，央人说允，情愿典与李忠国名下耕种为业，同众言明，典价市钱贰仟九百吊正"②。这虽然是一张典契，但是所标明的"耕种为业"实际上是土地买卖杜绝契约中的常用词句。从土地的价格方面看，每日地价达到二百九十吊，高于当时民地的买卖价格，所以这是一种很明确的旗民交产行为。

旗地的越旗买卖和旗民交产加速了旗地的私有化，通过正常经济手段转移的土地与通过分封和授予的旗地的性质是不同的，土地的所有者不再受到严密的人身控制，具有较强的独立性。

2. 官庄的私有化

庄头的侵吞、佃户的抗租霸地和民地的增加是官庄私有化的主要原因。清朝建立以后官庄的面积虽然不断增加，但是官庄的内部结构却不断遭到破坏。官庄原本采取农奴制的生产方式，随着生产力的不断发展，广大壮丁纷纷逃亡，生产力低下，迫使庄园主不得不改变生产方式。康熙中叶以后，庄园内部普遍采取了租佃制的生产方式。在官庄由农奴制向租佃制转化的过程中，庄头的地位不断上升，成为二地主。设庄之初庄头的地位与壮丁差别不大，其职能主要是组织壮丁生产，负责征收庄租。由于清政府规定旗人无事不得出京，旗地的经营管理完全由庄头负责，庄头只要每年进京将规定的地租交给庄园主即可。庄头凭借手中的特权不断将庄地据为己有，最常用的方式就是"隐占"，"隐占"就是庄头将庄地攫为己

---

① 《满洲旧习惯调查报告》《典的习惯》，第23页，转引自乌廷玉《东北土地关系史研究》，吉林文史出版社，1990，第107页。
② 《满洲旧习惯调查报告》《典的习惯》，第23页，转引自乌廷玉《东北土地关系史研究》，吉林文史出版社，1990，第107页。

有，私收黑租。最普遍的方法是将正额或浮多庄地不报或少报。除直接强行隐占外，庄头还利用自然灾害谎报水冲沙压或地已垦复而不报。"道光二十五年，庄头张崇恩将其所经理之皇产，以水冲沙压为借口，蒙蔽报销8000余亩，所销之地，仍令丁佃纳租，转入张崇恩私囊"①。庄头还利用侵吞的方式攫取了大量庄地，侵吞就是对皇庄的直接掠夺。例如，"1882年庄头徐德兴将30余日官地谎报升课"。② 有时庄头还将庄地私自典卖，尚王府的庄地早在康熙时期就被庄头典卖，例如，"波罗堡庄的庄头苏文亮，曾把232亩庄地典给八家汉人"。③ 又如，"在沈阳四台子庄头李富领名的册地17垧，被典出94%"④。庄头通过种种方式，将大批庄地转化为其私有财产。此外庄头还以各种手段拖欠庄租，《红楼梦》中宁国府的庄头乌进孝，原本每年要向宁国府缴纳钱租五千两，但是他以灾涝为借口，实际上只缴纳了两千五百两，而作为庄园主的贾珍对他这种行为也无可奈何。雍正朝以后，庄头经常连年拖欠，使得八旗贵族从旗地中获得的收益日渐减少。

壮丁的逃亡和丁佃的抗租夺地改变了官庄的生产方式。庄园内沉重的租粮、繁重的差役，使得广大丁佃采取各种方式反抗剥削。清入关初期，广大壮丁主要采取逃亡的方式，壮丁因为不能缴纳苛重的租粮或不堪忍受庄头的压迫，纷纷冒险出走，有的甚至是祖孙三代全家潜逃，壮丁的逃亡使领主庄园不断遭到破坏。乾隆朝以后，随着身份地位的提高，壮丁和佃户开始抗租夺地，由于在固定的土地上耕种的时间不断增加，壮丁和佃户往往把庄地视为己产。自嘉庆九年（1804）以来，铁岭县佃民吴凤山率领众佃抗欠租价，他拖欠庄头罗绪所领官地地租962吊100文。嘉庆十五年（1810）二月，吴凤山又率众硬行夺取庄头罗绪九日地亩。同年三月，罗绪在取账追收租价的回家途中，吴凤山及广大佃户又将罗绪痛打一顿，不许他出城取账。嘉庆以后佃户也开始出典官地，众佃"指地借贷，私兑私典者，所在多有"。⑤ 丁佃的抗租典地改变了官庄的生产方式，使八旗土地制度遭到进一步破坏。

---

① 乌廷玉：《东北土地关系史研究》，吉林文史出版社，1990，第92页。
② 衣保中：《东北农业近代化研究》，吉林文史出版社，1990，第79页。
③ 乌廷玉：《东北土地关系史研究》，吉林文史出版社，1990，第92页。
④ 衣保中：《东北农业近代化研究》，吉林文史出版社，1990，第79页。
⑤ 乌廷玉：《东北土地关系史研究》，吉林文史出版社，1990，第112页。

3. 奉天省民地逐渐增多

顺治初年，奉天省几乎全为旗地。顺治十年，清政府为了恢复生产、充实龙兴之地，曾颁布《辽东招民开垦令》，吸引关内人民开发东北。因此，康雍时期奉天省民地增加很快，康熙中期旗地与民地之比达到23：1，雍正时期达到6：1。民地的增加使满族统治者担心旗民争地，损害满族的利益。乾隆七年（1742），清政府开始对东北实行封禁政策，禁止汉人出关。但是这种政策阻挡不了广大汉民出关，每年仍有大批的汉民出关垦荒，东北的民田逐渐增多。

一般旗地的私有化、庄地的破坏、民地的不断增加，使奉天土地私有制不断发展，八旗土地国有制不断遭到破坏。

（三）清末奉天省土地制度的复杂状况

清末东北土地制度的状况极为复杂，最为显著的特点是土地国有制名存实亡，土地私有制实际上已占统治地位。奉天省的旗地官庄制度经过二百多年的演变，到清朝末年时已被破坏殆尽，完全丧失了原来的公有性质，虽然旗地官庄在名义上仍然是归国家所有，但实际上已经完全发展成为私有土地。一般旗地的所有者摆脱了封建国家的人身束缚，土地完全成为所有者的私有财产；各种庄园的土地所有权也通过各种方式逐渐转移到了庄头与壮丁手中。但是清政府与八旗贵族仍然在名义上保留着大量的土地所有权，《东三省政略》叙述清末奉天省旗地时曾认为："考其总数，实占全省地亩之大半。"①

移民大量涌入，土地开发飞跃发展。1840年以后，俄国与日本加紧了对东北的侵略，第二次鸦片战争以后，黑龙江以北、乌苏里江以东的大片领土，被沙俄侵占，东北地区的边疆危机日益严重。太平天国运动和北方的捻军起义的爆发，严重打击了清政府的统治，不断的战乱也使得关内的人民纷纷出关，清政府对东北的封禁名存实亡。清政府还出现了严重的财政危机。在这种情况下，清政府以"移民实边"为口号逐渐放松了对东北的封禁，采取了弛禁放荒的政策。这一政策使得大量移民涌入东北，新垦地亩迅速增加，奉天省原有的土地制度受到更加严重的冲击。

清末奉天省土地所有权极其紊乱。奉天省作为一个新垦区，相对于关

---

① 徐世昌主编《东三省政略》卷8《旗务》，文海出版社，1988。

内讲,地广人稀,人们对于土地所有权的重视程度不够,新开垦的土地往往不去报领升科。同时,由于奉天省长期实行禁止旗民交产的政策,民典旗地往往不能得到政府承认。为了逃避政府的禁令,民人购买旗地时多数采取典、租、押的方式。土地买卖不经过政府的官方程序,经常是土地册籍上记载的所有者是一个人,而实际土地所有权已经过多次的转让,土地册籍已经不能反映土地的实际情况。长期形成的庄头制,在庄头转换过程中土地所有权的归属也是比较复杂的。因此,清末奉天省土地所有权十分混乱,土地纠葛逐渐增多。

农村商品经济迅速发展,新兴地主势力不断增强。清代对东北的封禁不但禁止汉人出关,同时还严格控制东北粮食的外运,阻碍了关内外农产品的流通,使得东北农业经济长期处于自然经济状态。第二次鸦片战争以后清政府被迫开放了营口港,外国资本主义开始对东北进行渗透。1863年清政府又被迫下令"各海口豆石开禁,准令外国商船运售"。① 开禁令颁布以后外国商船纷纷涌入,农产品商品化迅速发展,东北农业经济不断被纳入资本主义世界市场,农产品价格也不断提高。随着中东铁路、南满铁路的修建,农产品流通市场迅速形成。农村商品经济的发展,进一步摧毁了原有的封建基础,一些新兴的庄头地主、商人地主的势力不断上升,他们摆脱原有落后的八旗土地制度的愿望日益强烈。

总之,清末八旗土地国有制已经不再适应社会发展的需要,土地的小规模生产和封建领主的大土地所有制之间的矛盾已经发展到极为尖锐的地步,封建剥削关系已经出现危机,土地所有制的变革不可避免。清朝统治者也认识到:"法无久而不变,弊以极而待除。"② 光绪末年,清政府开始在奉天省丈放官荒和官庄,但是这一时期清政府的丈放主要集中在牧场、马厂、围场等官荒地亩,丈放的方式极为粗放。官庄的丈放仅限于锦州一个地区,并且官庄丈放只是取消庄头,改变剥削方式,丈放后佃户的地租依然是上交给清朝皇室,并没有触动满族统治者的根本经济利益(见表1)。

---

① 《中国对外贸易史料》,第147页,转引自乌廷玉《东北土地关系史研究》,吉林文史出版社,1990,第155页。
② 《奉天省公署》,第4321号,转引自乌廷玉《东北土地关系史研究》,吉林文史出版社,1990,第113页。

表1　奉天省官荒旗产丈放一览①

名称	设局处所	丈放年份	放地总数	收价总数
前放东流围荒	总局设省城，行局设东平县	光绪二十七年三月开办，三十一年四月报竣	荒地一百一十六万七千二百七十亩，城镇基地二千四百六十亩零九分	地价库平银一百四十五万一千零二十九两
前放西流围荒	总局设省城，行局设西丰县平、正、通、达四局分驻各围	光绪二十九年七月开办，三十一年十二月报竣	荒地三百零二万二千零三十亩零四分六厘，城镇基地九千七百五十八亩八分	地价库平银一百十八万六千七百九十八两三钱五分
大凌河牧场	局设广宁县	光绪二十七年六月开办，二十八年十一月报竣	各项牧地五十万零九千四百九十亩六分	地价库平银五十四万三千三百五十四两八钱余
盘蛇驿垦务	局设盘山厅	光绪二十九年九月开办，三十三年五月报竣	各等地五十七万四千二百十一亩三分	地价库平银一百四十五万一千零二十九两
锦属归公地	局设锦县	光绪三十一年二月开办，三十三年九月报竣	各等地二十一万三千七百七十亩零九分	地价库平银三十二万八千二百九十一两二钱四分
锦州官庄	总局设省城，光绪三十八年八月裁撤行局设锦州府	光绪三十一年十一月开办，现未竣事	各等地一百零四万一千五百六十亩零九分，城镇基地六百五十六亩	地价库平银一百八十万零九千七百二十九两余
彰武	总局设彰武县，分局设县属哈尔套街	光绪三十二年三月开办，三十四年五月撤局改为彰武县兼办	各等地二百六十三万七千四百九十九亩余	地价库平银十七万两

（四）辛亥革命爆发对土地丈放的影响

1911年辛亥革命爆发，清王朝统治被推翻，封建帝制被废除，这给本来腐朽的旗地制度以毁灭性的打击。1911年12月25日，袁世凯与民军达成赞同共和的协议，签订了《皇室优待条件》《皇族优待条件》和《满蒙

---

① 徐世昌主编《东三省政略》卷7《财政》，文海出版社，1988。

回藏待遇条件》，隆裕皇太后被迫同意下清帝退位诏书，形式上结束了清王朝的统治。清室退位协议《皇室优待条件》第七条规定："大清皇帝辞位之后其原有之私产由中华民国特别保护。"①《皇族优待条件》第三条规定："清室王公私产一体保护"，② 根据这两个条件，清皇室和王公贵族依然享有对旗地的所有权，这种所有权受民国政府的法律保护。然而旗地和官庄的建立是和清朝的政权紧密结合在一起的，其经济关系更是处处打上了满族统治阶级的政治印记。因此，随着政治权力的丧失，他们的经济特权也必然无法延续下去。辛亥革命后，奉天省的土地关系发生了剧烈的变化。

1. 庄头、壮丁、佃户纷纷起来抗租夺地

庄头拖欠地租霸占地亩。在清王朝统治时期，庄头就利用管理庄地的便利条件私吞地亩。清王朝灭亡后，王公丧失了权势，庄头更加肆无忌惮地霸占庄地。"加郡王衔贝勒载涛，在奉天锦县、义县、兴城、绥中、盘山、锦西等六县，有很多庄地，一部分由高振兴、高振奎承领，按年交租，辛亥革命后，他们连年拖欠租银三百八十二两，'屡催不纳，刁狡顽梗之极'，又将王府出卖锦县庄地的地价六百余元'侵吞肥己'"。③ 庄头不但拖欠王府地租，更有甚者不承认王府对庄地的所有权。"肃亲王府在奉省盖平县的庄头张成德、张凤先、张文彬、刘德谦、高升维、高永利、高长发、邵鸿儒、詹凤池等，世代承领王庄，辛亥革命以后，张成德等一再上控，坚称所领王庄土地是自己的祖遗产业，所交租银是人丁差银，欲将数万亩庄地变为己产"④。庄头利用辛亥革命后政治的混乱时机，凭借管理庄地的便利条件将大批庄地转为自己手中的产业。

丁佃夺取地权的斗争。在清王朝统治时期，壮丁与佃户必须按时交纳租银，否则，王府官员可以凭借手中的"王谕"通知各地方官对抗租的丁佃进行处治。辛亥革命后，清王室和贵族的各种谕令丧失了法律效力，广大丁佃联合起来反抗，争夺地权。顺承郡王在辽阳、沈阳、本溪等地的丁佃"竟将王产视为己有，不但额租连年拖欠，抑且有自行税契转售之事"。⑤ 礼亲王在海城、盖平等县的丁佃联合起来拒不缴租。"礼王府属下

---

① 萧铮主编《民国二十年大陆土地资料》，台湾成文出版社，1977，第39683页。
② 萧铮主编《民国二十年大陆土地资料》，台湾成文出版社，1977，第39683页。
③ 杨学琛、周远廉：《清代八旗王公贵族兴衰史》，辽宁人民出版社，1980，第394页。
④ 杨学琛、周远廉：《清代八旗王公贵族兴衰史》，辽宁人民出版社，1980，第395页。
⑤ 杨学琛、周远廉：《清代八旗王公贵族兴衰史》，辽宁人民出版社，1980，第385页。

壮丁项玉有'倡言立会',并向众丁佃'大声疾呼,谓此项王租系属丁差,今民国成立,理宜取消。如本村有敢偷交租者,立有重罚,并即驱逐屯外,如王府有敢来收租者,即群起而攻,非达到破坏目的不止。'"①

对庄佃的亢租夺地,代表大地主大资产阶级利益的北洋军阀政府极力反对。1913年12月,袁世凯下令申明清室和八旗贵族的土地所有权。"查大清王公勋戚授产之法,除其赋税,免其差徭,盖以优赉王公,与承种其地之该壮丁等毫无关系,该壮丁等于各王府缴纳此项银两,均有历年征收册籍可凭,何得以国体变更意存侵蚀……嗣后,凡清皇族私产,应遵照前颁优待条件,一体认真保护,并严行晓谕各处壮丁人等,照旧缴纳丁粮,务期同奠新基,各安旧业,本大总统有厚望焉。此令"②。袁世凯的这道令文表明了他对庄地所有权和征租权的看法:王庄的土地所有权完全属于王公,壮丁、佃户必须继续为王公种地纳租。所谓"务期同奠新基,各安旧业"是袁世凯的北洋军阀政府依旧妄图把其政权的统治基础建立在对广大壮丁、佃户剥削的旧的经济基础之上。虽然北洋军阀政府试图维护腐朽的旗地制度,但是毕竟无法阻挡辛亥革命的洪流,庄头、壮丁和佃户对土地所有权的强烈要求使得北洋军阀政府和奉天省地方政府不得不采取措施进行改革以适应社会的发展。

2. 北洋政府及奉天省的财政危机

由于北洋政府对清室采取保护政策,北洋政府缺乏稳固的经济来源,各省独立后解拨部库之款皆被扣留,中央政府的财政运转不灵。清政府从甲午战争以后,便债台高筑,盐税、关税都掌握在外国人手中,因此北洋政府虽然名义上宣布保护清室财产,实际上为了增加财政收入,只好打清室官产的主意。奉天省地方政府也出现了财政危机,由于清政府采取保护旗人的政策,东北的土地赋税极其轻微,"彼时旗俸旗饷均恃各省协款,故田赋之输入甚轻",③ 直到康熙年间奉天省才开始征收旗地税。东北的行政开支不是依靠地方的收入,而是依靠其他各省的协款。辛亥革命爆发后,各省协款终止,奉天省的财政收支状况尤为窘迫。根据《盛京时报》1912年记载,"据三省最新编成之预算,奉天省岁入一千一百三十四万元,

---

① 刁书仁:《东北旗地研究》,吉林文史出版社,1993,第294页。
② 杨学琛、周远廉:《清代八旗王公贵族兴衰史》,辽宁人民出版社,1980,第380页。
③ 徐世昌主编《东三省政略》卷7《财政》,文海出版社,1988。

岁出一千三百二十四万元，其不敷额为一百九十一万元。……目前用途即已不敷，而其以前之亏欠，奉天所借内外债：宣统二年由总督锡良手中向日本正金银行手中借入一百五十万元；宣统三年，由总督赵尔巽手中向日本正金银行借入一百七十万元……合计奉天省现在外债达七百八十万元以上。"① 严重的财政危机使得民国政府和奉天省政府把目标瞄准清室的巨额官产。

　　清代因为"首崇满洲"的政策，对关外土地尤其是旗地征收的赋税是极其轻微的。在整个清朝东北赋税征收体制都不很完备，尤其是旗地与民地的赋税分别征收使得土地赋税的征收更为混乱。同时，奉天省作为一个后垦区，每年都有新开垦的土地，虽然清朝的法律明文规定，新开垦的土地需要升科，但是由于清政府查处不力，奉天省不缴纳赋税的土地非常多。虽然清政府也进行过清丈，但都只是部分清丈，而且清理得极其不认真。大量无租无赋地亩的存在，满足不了奉天地方政府的财政收支。早在清政府时就已有清赋的命令，只是成效不大。民国政府成立后，为了增加税收，开始清赋，而清赋就必须进行清丈。

　　1912年奉天省都督赵尔巽设立了官地清丈局，委任关锡龄为督办，负责清理奉天省官地，从八旗随缺伍田开始办理。之后，为了节省经费，奉天省政府将官地清丈局与屯垦局合并。1915年，随着奉天省丈放高潮的到来，奉天省政府成立了奉天丈放官地总局负责管理全部丈放事务。② 该局下设东、西、南、北四路丈放官地事务所，各路事务所的丈放人员由省局下派。局内设局长一人，掌管全局事务，副局长一人，办理局内日常事务，局内设一、二两科掌管日常事宜。局内设监绳员若干，调查员4人，评判员1人，调查土地等则及审理纠纷事项。

二　各种类型土地的丈放与土地所有权的争夺

（一）随缺伍田的丈放与旗兵的反抗

　　随缺伍田即职田，设立于乾隆十三年（1748）。据乾隆四十一年

---

① 《东三省财匮之调查》，《盛京时报》1913年12月5日。
② 注：奉天丈放官地总局的名称后来多经改变。民国十四年改为奉天全省官地清丈局；民国十八年改为辽宁省官地清丈局；民国二十年改为辽宁清丈事务处。民国十九年，清丈事宜结束，部分丈地事务归财政厅办理。

(1776)五月户部议奏:"乾隆十三年,军机大臣会同盛京将军,酌议兵丁随缺地亩,于现在空闲荒甸,就近均匀拨给,令其耕种,仍交该将军留心查访,务须抵缺交代,勿使私自典卖。"随缺地分为兵丁随缺地和官员随缺地两种,早期的经营方式是在各城附近拨给。兵丁自行耕种,后来各城近处闲荒地不够分配,发离城较远的土地,兵丁往往不能自行耕种,就采取招佃取租的方式经营。伍田地的设立较晚,嘉庆四年(1799),嘉庆帝命盛京将军将奉天各城马厂中较远的不堪放牧的闲荒地,让旗人耕种升科,征收银两。随缺伍田的设立是为了增加旗丁的收入,所以地租很低。"旗地租额定数甚微,不及民地十分之一二,而官兵随缺地租,其数尤少,且有不照定章交纳者"。① 奉天全省共有随缺地168959亩,伍田地355652亩。随缺伍田作为"旗人公田",八旗官兵的土地所有权是非常有限的,不但地亩严禁买卖,而且必须抵缺交代。随缺伍田多数是由荒地开垦而成的,作为垦户的原佃就具有永佃权。清政府规定:招佃民人,旗丁"不准夺佃"。因此八旗官兵的土地所有权仅为临时性的征租权,在各种旗地中土地国有性质最为明显。官地的丈放因此从随缺伍田开始。

1911年12月25日,袁世凯与隆裕太后签订的退位条件中有,"速筹八旗生计于未筹定前旗饷照发"② 的规定。但是当时奉天省财政困难,民国成立后,奉天都督即下令"各佐旗饷一律停止"。旗饷的停发使得旗兵的生活顿时陷入困顿,他们只好把目标放在随缺伍田上,希望取得随缺伍田的土地所有权,作为以后生活的来源。民国元年初"满蒙汉八旗领催制兵等在公署禀请谓:现在国体已改共和,从此旗人生计日益艰窘,请将各旗佐之官房一律变价填补以抵公亏。至于随缺伍田各项地亩请归各旗兵承领免价升科以裕生计"。③ 八旗官兵第一次提出了无偿占有随缺伍田的要求。对于八旗兵丁的请求,当时的奉天省政府先是派人清查随缺伍田,"将各该随缺伍田各官地以及房屋各项旗产逐一查明造具清册呈报到司以凭核办",④ 继而于1912年8月由奉天省临时参议会议决定:"八旗官兵随

---

① 徐世昌主编《东三省政略》卷7《财政》,文海出版社,1988。
② 《外人之八旗生计论》,《盛京时报》1912年3月1日。
③ 《八旗人员禀请筹划生计》,《盛京时报》1912年3月9日。
④ 《清查各旗产业》,《盛京时报》1912年3月17日。

缺伍田，不能拨作官兵私产，应归国有"。① 奉天省临时参议会的议案否定了八旗官兵的土地所有权，明确了随缺伍田的国有性质。这一议案的提出引起了八旗兵丁的恐慌，为了抵制这一议案，奉天省八旗六十六佐官兵成立了八旗生计总会，联合抵制这一议案。该会的宗旨是保护旗兵产业（主要是指随缺伍田），并拟定由该会按照丈放充公地的方法丈放随缺伍田。

8月22日，八旗生计总会发布了《八旗致都督文》，向奉天省都督陈述了该会对于处置随缺伍田的意见，"窃以官兵随缺地之由来乃初为国家分别赏功之一种，是以可谓报酬之代价也，即以之为代价是与国家丈放收价私产之性质无稍异也，即与民间私产并无稍异，若夺为国有，是何异于夺个人之私产而为国有，此以性质上观之不应归为国有者一也；再查此次裁缺实以与国体不和，非以官兵有不法行为而裁撤也，既无不法行为，若夺其职事则可，再夺其食固有之产业则不可也，且南省解散官兵尚有恩饷之明征，比以公理上言之不应归为国有二也；再个人私产恒以常年纳税为此例，官兵随缺伍田久由自己纳税者已二百余年，此以义务上言之不应归为国有三也"②。八旗生计会从土地的由来、国体的变更、土地的纳税权三个角度阐述了旗兵对随缺伍田的所有权，并且把征租投税权即视为土地占有权的一个决定性标志。在强调了土地所有权后，八旗生计会进一步指出："刻下旗人生计已达极点，除坐食俸饷而外别无营业，若一旦骤行停止俸饷又夺其田地之租是绝其生路而速其危机矣！轻则致生恶感，重或酿成河南省会之暴动。"③ 该会以河南省会之暴动威胁奉天省政府将随缺伍田交给八旗官兵承领。

八旗生计会的强烈要求使得奉天省政府不得不改变原订的章则，奉天省政府决定将地价四成拨给旗兵，六成归为国有，"兹闻都督拟将丈放地价拨归生计会四成以示体恤"。④ "兵四国六"的划分办法并未能使八旗生计会满足，他们不但在奉天省斗争，进而赴京直接呈示袁世凯请求"免丈加成"。1914年2月21日，八旗生计会又邀集五百余人一齐到沈阳北关内务司司长的住所请求地价加成，争论中与该内务司司长发生了冲突，结果省

---

① 《奉天省公署》，4147号，转引自刁书仁《东北旗地研究》，吉林文史出版社，1993，第289页。
② 《八旗致都督文》，《盛京时报》1912年8月22日。
③ 《八旗致都督文》，《盛京时报》1912年8月22日。
④ 《八旗生计会抗议丈放伍田续志》，《盛京时报》1913年5月16日。

政府不得不派宪兵营长王剑秋前去镇压，宪兵营将为首之人捕拿后旗兵才散去。当时，奉天省的军事力量大部分都掌握在二十七师师长张作霖手中，八旗生计总会筹集巨款贿赂张作霖为之活动。张作霖为了取得八旗兵丁的支持，巩固他在奉天省的势力，向奉天省都督施加压力，迫使奉天省政府同意拨六成地价给旗兵，但是，这一决定遭到了袁世凯的北洋政府的反对，八旗生计会被解散，张作霖也被迫放弃。八旗生计会的斗争失败，旗兵被迫接受"兵四国六"的分配方案。

随缺伍田的丈放不仅遭到旗兵的反对，广大佃户也纷纷起来反抗。1914年2月24日，各县佃户聚集省城反对丈放。"北路各县之佃户二千余人来省，跪求公署，力请缓丈伍田，以恤民艰。旗佐伍田各佃户承种二百余年，每年每日地（即六亩）仅出小租，约五六吊东钱，不啻视同己产。今一日丈放，贫者无力报领，坐见地归他户，贫民骤失生产，亦情所难堪。又兼去年夏秋旱涝，收成歉薄，多无力缴价者"①。佃户的抗丈规模不断发展，2月25日，辽阳、海城、复县、盖平等地的旗人佃户三千余人也赶赴省城，呈请都督缓丈伍田。2月26日，抚顺、兴京、通化，新民、辽中、镇安等县的佃户五千余人齐跪奉天省公署门前，请求取消土地丈放。

奉天省政府不顾旗兵和佃户的反对，从1914年开始，由奉天省屯垦局丈放随缺伍田，丈放的宗旨是"佃不失地，兵得生计"。地价分为上中下及下则减半四等，上则每亩地价小银元6元，中则5元，下则4元，下减2元。每亩地价1元附收经费5分，每地一亩附收照费5分。设监绳员16名，以"博大宽宏整齐严肃精勤果毅敬信和平"16字为绳名。不久又设东西南北四路丈放官地事务所。1916年又将屯垦局并入奉天省官地清丈局，继续清丈。随缺伍田领地的基本原则是以领有租照者为准，但因随缺地和伍田地多数由民户佃种，地租由旗署汇总催收分配，官兵并不直接和土地发生关系，因而丈放时一般归佃户承领。但有几处随缺地和伍田地的经营方式比较特殊，如锦县间阳驿路记两旗兵领随缺地多由旗兵自行租种，佃户直接向旗兵交租。牛庄各旗随缺伍田也多由官兵自行经理，因为旗兵土著居多，对于官产视同己产，收入官租，无异私租，凡招佃户，都是随年论租。所以这些地方的土地多数归为旗丁价领。随缺伍田从1914年开始到

---

① 章伯锋、李宗一主编《北洋军阀（1912~1928）》第一卷，武汉出版社，1984，第587页。

1924 年大部分丈放完毕（见表 2）。

表 2　1915~1924 年奉天省丈放随缺伍田地亩①

单位：亩

丈放年份	丈放亩数	丈放年份	丈放亩数
1915	395481	1920	170647
1916	150699	1921	83347
1917	30652	1922	72740
1918	15573	1923	446363
1919	25301	1924	36515
合　计		1427318	

（二）内务府庄地的丈放与庄丁的抗丈

内务府庄地的设立较早，最初是由汉人带地投充而设立的。"太祖高皇帝驻兵奉天建极时，有土著报效粮石，上嘉以报粮多的民户派当头目，封为皇粮庄头，编入旗籍"。② 所谓土著人是指辽东地区的汉人，他们大多是在洪武初年或明末清初从直隶、山东、山西等省移住辽东地区。努尔哈赤攻占辽沈地区以后，这些汉民因为害怕垦地被夺，所以去报效军粮，请发执照。他们被编为庄头后，虽然身份地位下降为旗下家奴，但是并没有离开自己的土地，每年只需交纳一定的租赋，清朝统治者对其经营管理并不过问。因此，当后金攻占辽沈地区以后，许多汉人地主采取了带地投充的方式。清朝统治者规定"凡投充人丁、地亩、照旗下圈地、家奴、典卖悉由本主自便"③。从经济关系来看，虽然原来属于投充者的土地转变为属于清统治者的官地即旗地（包括交差地和不交差的"养赡地"，此外庄头多半还有大量隐瞒不报的"余地"），所有权改变了，但是，由于这是庄头主动带地来投，因而土地的使用权仍交本人支配，而且这种使用权是无限的，只要庄头不误钱粮，就可以世代相传下去，投充庄头实际上仍是剥削广大佃户的收租地主。政治上的家奴地位，经济上的收租地主，这就是清

---

① 奉天省官地清丈局编《奉天全省官地清丈局兼屯垦局报告书》下卷，1924。
② 乌廷玉：《东北土地关系史研究》，吉林文史出版社，1990，第 51 页。
③ 刘守诒：《清初关内官庄建立情况和性质初探》，载《清史研究集》第三辑，四川人民出版社，1984，第 66 页。

初带地投充庄头的两重性，也是满族统治阶级落后的政治关系和当地先进的经济关系相结合的产物。

内务府庄地的另一个重要来源是圈拨官荒。明末清初，辽沈地区因战争破坏，荒地很多，清廷因此圈拨官荒招民承领。据乾隆初年锦州粮庄庄头沈某回忆说："窃奴才等祖父从龙，于顺治二年（1645）蒙恩拨为大凌河等处庄头，彼时地方人稀，祖父率领壮丁效力开垦"。① 内务府庄地的第三个来源是民地编庄。清初统治者为了充实龙兴之地，曾经颁布《辽东招民开垦令》，鼓励汉人出关垦荒。康熙十年（1671）以后，清政府为了管理这批新垦土地设立了大批皇庄。内务府皇庄是清室的私产，其产出主要解送京师以满足宫廷各项生活的需要，因而，清代官修的典志中多把它归入于"苑囿"卷而不是"田赋"卷。内务府庄头只需向清皇室交纳钱粮，而不需再向国家交纳任何赋税。

内务府庄地除了正额地亩外，历年开垦的浮多地亩也很多，虽然屡次清查，始终不能得到彻底解决。清末时各庄头既不纳粮也不应差，或借浮多地亩私收黑租，或指浮多地亩为己产，经营结构极为混乱。这种情况使得清政府不得不改变经营方式，取消庄头，将庄地丈放升科。从光绪三十一年（1905）开始丈放锦州粮庄，到宣统元年丈放完毕。锦州粮庄清理完毕后又开始丈放盛京内务府皇庄。但是由于庄头的反对以及丈放机构的多次变化，直到辛亥革命爆发尚未完毕。

民国政府成立后，根据《优待皇室八条》等文件，逊清皇室仍然享有内务府皇庄的所有权。但是，由于"庄佃视为己产，皇室难沾实惠"，逊清皇室仍决定继续清理庄地。1912年12月，奉天省在三陵衙门内设立了"清理皇产处"，颁布了《清查庄地试办章程》，共计十二条，其原则是"丈放浮多，拨留正额"。该章程的主要内容是："甲、分作西南北三路查丈，每路派委员四人，书记员、绳工由各路委员备自雇佣。乙、庄头首先将承领官地（无论原额或浮多）呈报明确，不得隐匿。丙、先尽庄头承领，庄头如逾限、隐匿、私自典押、无力交价费等情况，在准丁佃承领。但庄头将官地私相典押，如能归还价款，地仍归庄头承领。丁、浮多官地定上、中、下三则拟租，上则每亩收租价小洋四角、中则三角、下则二

---

① 刁书仁：《东北旗地研究》 吉林文史出版社，1993，第59页。

角。"①《清查庄地试办章程》颁布后,内务府办事处随即着手皇庄的清查丈放工作,所分三路先以北路的铁岭、开原为试点。这次丈放主要是厘定正额皇产,丈放浮多庄地,并确定浮多庄地的占有权。从该章程规定的地价"每亩收租价上则小洋四角、中则三角、下则二角"可以看出所交地价款只是获得土地的使用权,土地的所有权依然归清皇室所有。该章程极力维护庄头地主的土地所有权,只要庄头地主没有违法的典押、隐匿情况就可以获得土地的占有权,即使有典押的情况又赋予庄头回赎的权利。清末民初,奉天省地价不断飙升,在这种情况下,庄头按原典押价格回赎土地是十分有利的。

按照《清查庄地试办章程》,佃户很少能够获得领取浮多地租照的权利。为了维护地权,广大佃户掀起了轰轰烈烈的"抗丈斗争"。其中以王九峰为首的铁岭、法库、新民、辽阳、黑山、开原等九县的佃民成立了"保产会",每县各举代表二人领导斗争。"保产会"向奉天省议会提出了"清丈皇室官地应归庄佃分领"的议案。王九峰会同各县代表连连呈词,详述佃农费尽心血垦辟荒野的缘由,揭露庄头增租夺佃的行径。请求"取缔庄头,脱除中饱,俾得裕国便民"。对此议案,奉天省许多议员表示同情。议员李友兰认为:"庄头不过八十余户,而佃户不止数十万家,多数与少数比,万不能不设法保全多数。"② 多数议员也支持佃户的请求。在议员的倡议下,奉天省撤回内务府所派出的各路委员,暂停清丈,另订新法。1913 年 12 月,内务府坐办英锐以"佃户千余家而代理庄头不过三十余户甚非持平办法,故将庄田在庄者归庄领照,在佃者归佃领照,一概不准庄头回赎,出有布告,呈准省长议案"③。然而这一决定遭到了庄头汇隆等的强烈反对,他们甚至在奉天省公署控告英锐"为非恣惠"。

1915 年 1 月 10 日,奉天省官地清丈局成立。清丈局颁布了新的章程,规定正额、浮多地亩一并丈放,并准庄地庄佃分领。"内务府庄田丈放章程业经官地清丈局拟就请准张按台不日实行,其第三条所载庄头典地于佃户者准佃交价承领"。④ 新章程的拟订使得庄头万分恐惧,遂形成以田雨公为代表的庄头联合,他们筹集巨款贿赂官地清丈局局长孙宝缙。在重金的

---

① 乌廷玉,:《东北土地关系史研究》,吉林文史出版社,1990,第 146 页。
② 刁书仁:《东北旗地研究》,吉林文史出版社,1993,第 285 页。
③ 《庄头健讼》,《盛京时报》1913 年 12 月 27 日。
④ 《佃户聚众质问》,《盛京时报》1915 年 5 月 14 日。

贿赂下，官地清丈局逐将原章改为归庄头价领，准核减浮多地价，并准许从前在内务府已交照费洋二角者亦从宽划抵，出典之地并准该庄头等于一定期限内赎回归领。奉天官地清丈局这种出尔反尔的做法引起了广大佃户的强烈不满，佃户代表王九峰等认为庄头在奉天省势力强大，遂决定邀集九县佃户三百余名赴北京肃政厅上告。代表大地主大资产阶级的北洋军阀政府根本不理会广大佃民的请求，广大佃民的斗争以失败告终。

面对广大佃户的斗争，奉天省公署为庄头辩解："凡属物权皆有主体典质可以取赎，法理明晰，人所共晓，勿作贪得毋厌之求。"① 佃户则据理力争："此项物权主体为皇室，既非佃户亦非庄头。若论佃户虽无所有权尚取得占有权。庄头不过皇室代理而已，何权利之有。"②

十月份清丈局又规定：佃户如果押种劣地，庄头可以赎回。这一规定使庄头有了更多的攫取民地的权力，他们可以任意将皇庄土地指为劣地，从而领取更多的土地。

表3　1915~1924年奉天省丈放内务府庄地地亩③

单位：亩

丈放年份	丈放亩数	丈放年份	丈放亩数
1915	54963	1920	23142
1916	319755	1921	251
1917	92596	1922	1964
1918	51680	1923	1426
1919	50670	1924	6602
合　计			603049

（三）王庄丈放的复杂过程

后金采取八旗制度，每次出征，掠夺的人口、财物，占领的土地都由八旗均分。在清朝，八旗王公贵族的势力十分强大。八旗王公将每次出征掠夺的人口编成"托克索"庄园，建立了一大批的王公庄园，这批庄园成为清王朝的统治基础的重要部分。王公庄园的土地来源除了在战争中的圈

---

① 《九县佃民纷纷质问》，《盛京时报》1915年7月28日。
② 《九县佃民纷纷质问》，《盛京时报》1915年7月28日。
③ 奉天省官地清丈局编《奉天全省官地清丈局兼屯垦局报告书》下卷，1924。

占外，还有逼民投充的方式，王公还利用手中的政治权势不断地兼并土地。到清末时，部分王公已发展为跨州连县、资财巨万的大地主。如庄王府仅在奉天省就有土地55万亩，肃王府的土地竟多达200万亩。王公庄地的土地所有权的私有性质比较浓厚，他们对土地拥有继承权，可以世代延续下去，唯一受到限制的就是土地不可以自由买卖，但也只是指部分老圈地，至于王公的投充地及后来兼并的土地则完全没有限制。王庄的土地分散在各个州县，有的庄地达到数万亩，有的庄地则仅有几十亩。由于清朝规定八旗王公无事不准出京，这些庄地的经营管理就完全掌握在庄头的手中，庄头的势力不断扩张。到清末，王公庄地的土地数虽然在不断增加，但是其内部经营结构却不断遭到破坏，王公对庄地的控制权在不断削弱，庄头和壮丁抗租霸地的情况时有发生。

1911年辛亥革命爆发以后，王公私产受到明文保护。1913年1月，逊清隆裕太后下旨将所有王公庄地赏给王公作为私产，"都督府昨接准内务部来咨，略谓准前清内务府文称：奉隆裕皇太后懿旨，所有从前恩赏各王公府第房基地亩，均着加恩赏给作为私产"。① 这样，从逊清王室那里王公贵族取得了完全的土地所有权。但是王公贵族依靠政治特权和军事暴力掠夺来的土地，在丧失了权势之后，受到了土地实际经营管理者——庄佃的挑战，庄佃纷纷抗租霸地并请愿取消王府丁银。克勤郡王府壮丁王振亚等于1912年10月联名上书，呈请奉天省都督，要求取消王府的差徭，自种自食，摆脱王府的束缚。"窃身等于前清开国拨民于东省，遂自领册地数百亩以自耕食，并未耕种王产，后入克勤郡王府当差，始有人丁之税。……今民国成立，身等同为国民，既不在克勤郡王府当差，而人丁加于册地之税，理应取消"②。在壮丁与佃户的抗争下，当时的奉天临时省议会通过于景瀛等人提出的议案，决定将各王公府所属壮丁的人、地、差银取消。这一议案如果实施，那么王公庄地的土地所有权将归壮丁所有，否定了王公对庄地的所有权。议案一出，立刻遭到王公贵族的反对，当时的王公贵族虽然已经丧失了政治权势，但是仍具有强大的力量。曾任领衔军机大臣礼亲王世铎约集其他王公贵族，上呈大总统袁世凯要求民国政府恪守皇族条件，保护王公庄园。代表大地主、大资产阶级利益的北洋政府当

---

① 《咨请保护前清王公私产》，《盛京时报》1913年1月9日。
② 杨学琛、周远廉：《八旗王公贵族兴衰史》，辽宁人民出版社，1980，第374页。

然不会批准广大壮丁的请求，1913年12月9日，袁世凯下发《大总统命令》，否定了奉天省临时省议会的议案，明确了王公对庄地的所有权。"查大清王公勋戚投产之沄，除其赋税，免其差徭，盖以优赉王公，与承种其地之该壮丁等毫无关系……嗣后，凡清皇族私产，应当遵照前颁优待条件，一体认真保护，并严行晓谕各处壮丁人等，照旧缴纳丁粮"①。袁世凯不但认为王公庄地是清室给予王公的优待，而且完全不顾广大壮丁在王公庄园土地的开垦和生产过程中付出艰苦努力的事实，竟然宣称王公庄地与壮丁"毫无关系"。

尽管王公贵族的土地所有权得到北洋政府的维护，但是丁佃的斗争使得王公收租难、保产难，再加上辛亥革命后各王公的俸银被取消，王公丧失了固定的经济来源，生活顿时陷入困顿。因此，各王公不得不纷纷出售各种不动产以维持生计。1912年以后，各王公纷纷派代表到奉天省出售私产，变卖庄地。王公出售私产，遭到了广大庄头和佃户的反对，纷纷成立保产会来抵抗王府的代表。淳亲王允祐七世孙溥坤，"因窘迫难度，派委代表苗德春等前往奉省绥中、宁远、锦县、锦西等县卖地，呈请宗人府转内务部，行知奉天省公署锦县保护在案"②。绥中县壮丁冯林等五人，得知消息后，立即组织丁佃反抗，集合三百人成立"保产会"。丁佃的斗争使得王公单独变卖庄地的行动受到阻碍。因此，代表王公贵族利益的宗人府拟定在奉天公举士绅共同设立"清理田产处"，准备清丈。并拟定了清丈办法三条，其核心内容为：王公出售私产应归业主自由处理，私垦荒地仍归原业主报领管业。按照这一清丈办法，王公贵族将完全占有庄地的利益。这一决定不但损害了庄头和佃户的利益，同时也损害了奉天省政府的经济利益。为了从丈地中瓜分到好处，奉天省政府以王公私丈土地容易引起丁佃的反抗、危及社会治安为由，下令不准王公私售田产，并拟定由财政厅派员办理出售田产。当时恰逢裕王府、毓公府亟须用款，两府恳请奉天省政府代理出售田产，奉天省政府趁机向毓岐提出以地价两成作为丈放经费，"拟由奉派员代办如愿酌提两成地价作为报效公家"③。毓岐因亟须用款不得不接受奉天省政府的苛刻条件。贪婪的军阀政府为了掩盖其威逼

---

① 杨学琛、周远廉：《八旗王公贵族兴衰史》，辽宁人民出版社，1980，第380页。
② 《宗人府堂稿》，转引自乌廷玉《东北土地关系史研究》，吉林文史出版社，1990，第153页。
③ 《为丈放王公庄地事》，《奉天省公署档》JC10—1—163。

压迫的行径，竟然宣称是毓公自愿报效以两成地价作为丈放经费的，"查毓公裕王等府此次禀请放地，称愿提两成地价报效归公"。① 此后，奉天省政府又以浮多地亩系被占官荒为理由，拟定丈放浮多地亩并将地价款收归国有。王公庄地的丈放使得军阀政府发现一条快速攫取巨额财富的途径，为了掠取这些财富，奉天省政府于1915年1月4日成立了奉天省官地清丈局，专门负责清理王公庄地。

清丈局成立后于二月份制定了《查丈王公庄地章程》，该章程共分八条。主要内容为：第一，查王公庄地此次派员代为丈放，查照底册所收正额地价除报效两成外拨归各府备领，其浮多地亩应归国有，由本局定价放领。……第四，定价：查王公府庄地经此次清丈之后划分正浮，所有浮多地亩即归国有，由本局按照邻近地价酌定报告查核放领。每亩至多不得过大银元二十元，至少亦以六元为限。……第八，经费：查此次丈放各王公府地本局系属代办，所属经费现拟照内务府庄地办法，每亩收注册费大银元二角，照费一角，统作办公经费。这一丈放章程比较笼统，其中只有地价款的分配比较明确，对于领地的原则、放地的等则，都没有明确规定。地价规定不得低于六元，不得超过二十元，这一价格区间，远远超过了内务府庄地的价格。从这一章程可以看出，军阀政府丈放的根本目的只是掠夺地价。

1915年6月，奉天省官地清丈局开始丈放王公庄地。首先从毓公府在海城的庄地开始，庄地的丈放立刻引起了广大庄佃的反抗。海城四方台的佃户一千多人聚众拦绳抗丈，要求减价缓丈，使清丈无法进行。奉天省政府对庄佃的请求不但丝毫不予理会，反而诬蔑广大庄佃"民人野性又起"，② 同时还派出巡防营前往镇压，然而面对广大庄佃的激愤，巡防营也不敢过分动用武力，奉天省政府不得不做出让步。"应将该庄佃等酌予拘押惩办，然彼等既已联合多屯，难保收押，设或聚众进城索放，市面不靖。因之惊扰外人，附地不远，城乡杂居，尤恐籍口干涉。是以为今之计，拟请先将地价减轻按则酌为核定"。③ 奉天省政府于是只得将地价改为三则定为八元、六元、四元。然而，北洋军阀政府为了增加收入，竟然不同意奉天省政府的请求，北洋军阀财政部在给奉天省政府的公文中声称：

---

① 《为丈放王公庄地事》，《奉天省公署档》JC10—1—163。
② 《为丈放王公庄地事》，《奉天省公署档》JC10—1—163。
③ 《为丈放王公庄地事》，《奉天省公署档》JC10—1—163。

"查王公庄地照原章程定价应以六元至二十元为限,今该局将毓公府庄地按三则减为八元、六元、四元,核与原章不符。惟此案经贵使批准应照办,其余各府地亩仍应按照前定章程办理,最低价格不得少至六元以下,以符原案。"北洋军阀政府为了多增收入,否定了奉天省政府的决定。此时的奉天省政府已是张作霖为首的奉系军阀,具有较强独立性,并不理会北洋军阀政府的决定,仍然以八元、六元、四元的价格丈放庄地。奉天省政府后来又制定了《改定丈放王公庄地章程》,共二十一条,对丈放的具体情况进行了比较详细的规定。

官地清丈局还颁布了《清理王公府带地投充地亩章程》和《典押地亩章程》。《清理王公府带地投充地亩章程》十四条,其中第六条规定,带地投充之地由局清丈之后,照从前锦属官庄成案原额免价归庄佃承领,唯每亩仍照章收册照费。《典押地亩章程》规定"佃户出过押卖价之实据属实,准由各府地价内扣抵,余者令佃户缴纳地价,如不敷,准佃户只缴国家应得之两成。如经各庄头早年盗卖典押而各王府不知者,应令庄头包纳地价三成,余者令佃户缴纳"。

随着军阀统治的渐趋稳固,王公势力的不断衰落,1925 年,奉天省政府下令将未经丈放的各王公庄园"一并收为省有"(见表 4)。①

表4 1915~1924 年奉天省丈放王公庄地地亩②

单位:亩

丈放年份	丈放亩数	丈放年份	丈放亩数
1915	33700	1920	281041
1916	1619062	1921	255958
1917	124101	1922	222103
1918	109581	1923	104210
1919	254350	1924	125030
合 计			3129136

(四) 官荒及其他土地的丈放

官荒的范围很广,除民地旗地外未垦的无主荒地都可以称为官荒。清

① 《为丈放王公庄地事》,《奉天省公署档》JC10—1—163。
② 奉天省官地清丈局编《奉天全省官地清丈局兼屯垦局报告弓》下卷,1924。

朝建立之后，为了政治的需要，大部分时间对东北实行封禁的政策，因此奉天省土地开发相对缓慢，到清末时奉天省的官荒地亩很多。奉天省的官荒可分为两大类：一类是在民人开垦地间隔处的未开垦地，被称为夹荒；另一类是在清初时设立的大批的牧场、围场地，在清末时已经丧失狩猎的功能的土地。第二次鸦片战争以后，清政府鉴于东北地广人稀，为防止日本和俄国的侵略，开始弛禁放荒，移民实边。因此清末时，奉天省丈放了大批官荒。到辛亥革命前，奉天省已丈放了大凌河牧场地、养息牧场地、盘蛇驿牧场地、西流水围荒、东流水围荒、牛庄苇塘等官荒，达一千多万亩。但当时的丈放相当粗犷，基本上是大面积转卖给一些官荒"揽头"，"揽头"再进行转卖，大搞土地投机。

官荒的公有性质比较明显，辛亥革命后，官荒自然成为新政府的财产。北洋军阀政府认识到全国荒地最多的地方就是东三省，因此派出农林部调查员到东北调查官荒，1914年1月13日，调查奉天省共有官荒地330万垧，奉天省政府和北洋军阀政府都认识到这是一笔巨大的财富。1914年11月28日，奉天省财政厅厅长董季友以奉天省经济困难，极宜整顿收入以裕财源，拟将安东盘山两处苇塘丈放。1915年北洋军阀财政部决定丈放奉天省官荒，并要求奉天省将丈放地价的六成归中央政府，四成归奉天省政府。① 1915年7月，奉天省官地清丈局开始着手办理荒地丈放。颁布了《丈放山荒章程》。主要内容为：第一，山荒分为生熟两种，各分三则收价。熟地上则每亩收价大银元一元五角，中则每亩收价大银元一元，下则每亩收价大银元五角。生荒上则每亩收价大银元七角五分，中则每亩收价大银元五角，下则每亩收价大银元二角五分。第二，山荒不论生熟及等则之高下，每亩均收注册费大银元二角，照费大银元一角。第三，所有山荒归首报者价领并准其自行指段，唯领有剪照斧照者应尽归原领户交价，业已私垦成熟者应尽原垦户交价首报，不得以首报争执。第四，山荒已垦熟者应于价领后当年升科，未垦熟者应于价领垦熟后第五年升科。均按下则减半纳赋。山荒的价格还是很低廉的，引起了广大人民的报领，奉天省政府于是借机提高荒地价格，1918年又制定了《改定丈放各种官荒章程》。

---

① 注：奉天省地方政府对于北洋军阀政府规定的官荒价款解部比例一直不满，尤其是张作霖上台后，奉天省地方实力增强，最终张作霖与袁世凯商定"解部两成，留奉八成"，但实际上解部之款还要低于这个比例。

新的丈放章程将荒价提高到上则每亩地价大银元三元，中则每亩地价大银元二元，下则每亩地价大银元一元。

官荒的丈放同随缺伍田、内务府庄地、王公庄地的丈放不同，由于属于新垦地亩，没有原佃户，因此官荒极容易被一些大地主和大资本家报领。因此在丈放的过程中形成了一大批的荒户揽头及垦务公司，他们将官荒强买到手，然后以较高的价格转卖，从中渔利（见表5）。

表5 1915~1924年奉天省丈放官荒地亩①

单位：亩

丈放年份	丈放亩数	丈放年份	丈放亩数
1915	395481	1920	171452
1916	171880	1921	84071
1917	33312	1922	74817
1918	16214	1923	466478
1919	27211	1924	36515
合　　计	1477431		

除上述各项官地外，奉天省官地清丈局还清丈了其他各项官地，包括王公省城的房基地、学田、三陵官地、喇嘛养赡地、边壕地、蒙地。原来带有公有性质的各项地亩，基本被清丈完毕。

在丈放官地的同时，官地清丈局还对东丰、西安的民地进行了清丈。主要是因为东丰、西安的民地是由围场地开垦而成的，当时清末放垦的时候所收地价极低，而且其中的浮多地亩很多。清丈民地时，民人仍需交纳地价每亩大银元一元五角。

三　土地丈放过程中的弊政及抗丈斗争

（一）土地丈放过程中的丛丛弊端

军阀政府丈放各项庄地都以掠夺价款为主要目的，在奉天省官地

---

① 奉天省官地清丈局编《奉云全省官地清丈局兼屯垦局报告书》下卷，1924。

清丈局的公文中不断地强调收款的重要性，"本局办理清丈，派绳员分路赶办，既重清丈尤重筹款"；"办事以求速为主，丈地以收款为先"；"丈地务宜求速，收款尤不可缓"。① 官地清丈局的这些指令充分暴露出军阀政府贪婪的本性。丈放的目的名义上是"清理官产，厘定人民产权"，实际上则是军阀政府搜刮敛财的一个手段。因此，在丈放的过程中弊端丛生。广大佃民在正额地价外还得忍受丈放人员和庄头豪绅的双重剥削。

首先，丈放人员的徇私舞弊，贪污腐败。丈放人员良莠不齐，并且部分丈放人员的职务是由贿赂而得来的，因此他们任职后就开始拼命搜刮。丈放人员利用部分土地产权所有者不在当地，乏人经营，进行捏名报领，擅放分肥。"辽阳境内有前清王地十七万亩，经巡按使禀请大总统将辽境王地归各佃户承领已蒙准立案，每亩议定价洋四元，限定日期一律报领。去岁至今已承领十余万亩，其中佃户贫富不等，以致未曾报竣尚余三万亩。近日巡按使特派委员牟祝臣系复州人到辽，仍按原定价格另行招佃，该委员见此地肥美，触目惊心，遂择高上地一万七千亩捏名承领。查该委员家境困难，该地价无从所出，前日派孙君来大连金州招佃每亩价洋十元，意在将此一万三千亩售出所得余价作为己分之地价"②。

丈放委员还利用手中职权向佃户索取各种规费。主要包括：①下乡调查时向佃户索取车马食宿费。②查丈时向佃户索取酬劳费，以有无浮多为要挟。③处分时向佃户索取减等费以定等则高下。④领照时向佃户索取酬劳费否则积押不发。⑤佃户无款留地时索取延期费。例如："辽阳城东第四乡居民程玉文首报棉花堡隐漏随缺二段，旗地局饬监绳员吴某往丈，吴某到段私索规费未允后，竟捏佃户到晚为词责打"③。营口清丈委员王国清写了六个字一句话的一张布告，"无论红契白契，一切真的有效"（红契是由王府出卖的土地，白契是由王府家奴出卖的土地，红契不收地价，白契则收地价）④。所谓"真的"和"假的"完全凭他的一句话，也就是说，他说真的就是真的，他说假的就是假的，简直就

---

① 《总局丈放山荒章程、丈放王公庄地章程》，《奉天官地清丈局档》，第 8997 卷。
② 《委员营私之妙术》，《盛京时报》1915 年 4 月 13 日。
③ 《丈地委员需索规费》，《盛京时报》1914 年 7 月 8 日。
④ 张秉宽：《营口近代史纲》，辽宁民族出版社，2002，第 183 页。

是公开的索贿。王国清在清丈结束后"所搜刮之钱款，装一大皮箱，约5万元（每元能买高粱25公斤），大烟土50多公斤，价值数十万元"①。"驻锦奉天清丈局事务所王所长对于应尽职务并未进行，惟勒索领户层见叠出。昨城北小冯屯穆连荣在六月间首先报领该屯无课瘀荒百十余亩，经该清丈局丈明等则依限交价承领。穆连荣向局员询应交地价若干，据云小洋六元左右，嗣经措齐往交，乃云九十元，迨经措齐往交，则云一百零三元。自后又如数措齐交到，未给小票，复又勒令穆连荣出具甘结等情，嗣经询悉该局受该屯会首运动，有意令穆某退地，俾便会首交价承领"。②

其次，庄头豪绅借势欺压佃民。庄头利用佃民无知，借势欺压贫苦佃民。庄头在丈放委员未到之时即将庄地当作己产，以高价逼佃户承买，佃户无力承买，则抽出高价卖给富户。丈放委员到段之后，庄头则竭力贿赂委员，并与之均分利益。庄头在丈地时最常用的手段为隐匿，如1919年黑山县内务府庄头张崇恩在丈放官庄时隐匿官地八千亩，并将民人刘文学等领名册地五千亩并入官田，含混丈放，又将官产内上地五千余亩作为己产。包套是庄头攫取土地的另一法宝。1916年，海城县石棚峪村东有荒山五千余亩，该村土豪马恩霖报领五百余亩，并将五千余亩山荒全部包套在内，完全据为己有，不准村民动一草一木。庄头在掠取庄地的同时还不断勒索佃民，"辽阳县三陵户股庄头庄绍奎，在委员丈地后向佃民声称由他代交地价作为预订价，否则委员不发丈单，骗得价洋三千九百元。及丈单发下，并非民等乃庄绍奎自己名义"③。"内务府庄头张永太声称，领户欲领地每亩非给伊一元两角，不然均归伊一人包领，否则委员不发给丈单'④。"清源丁家堡子村长朱力田以买减亩数为由向村民收取大洋四千元，被清丈委员拒绝后，便将这部分钱私吞为己有"⑤。

此外庄头还与丈放委员相勾结，狼狈为奸，鱼肉佃民。委员到段一般

---

① 张秉宽：《营口近代史纲》 辽宁民族出版社，2002，第184页。
② 《清丈局勒索领户》，《盛京时报》1915年10月14日。
③ 《局令丈放随缺伍田与庄屯山荒有关办法及勘丈内务府庄地事宜》，《官地清丈局档》，第9050卷。
④ 《局令丈放随缺伍田与庄地山荒有关办法及勘丈内务府庄地事宜》，《官地清丈局档》，第9050卷。
⑤ 《恭字绳呈为村长朱力田藉端敛财并诈取烟土等情由》，《官地清丈局档》，第1125卷。

是与当地的地主富户联系，地主富户则竞相款待。因此，丈放时，庄头与委员上下其手，使人民产权取决于三五个人的只言片语。至于颠倒等则、宽量亩数、捏扣沙碱等种种情形更是屡见不鲜。1916 年，负责丈放开原伍田的监绳员恒某趁佃户无力缴价时，勾串当地地痞无赖李辅臣、王回回等出名报领，将众佃户之地撤销，然后高价转卖给地主富户。同时，恒某还将部分上等地亩，捏称忠心堂、勤俭堂领名，逼令原佃户给他纳租，每日地一二石不等。1912 年，奉天省派都督黄仕福为总办，前往辽源丈放荒地，到段一月之久，竟然并不向各户宣布章程，而是任凭刘振亭包揽大段，私自加价转卖，并与之利益均分。1920 年，新民县郑亲王府庄头王连升与丈地委员勾结，将 1300 余亩庄地全部归王连升报领，然后转卖，致使许多佃户流失产业。

清丈人员和驻军所需供给，全由地方出，名义上公买公卖实际上不给钱，地方还须派群众做饭劈柴。地方的会头即百家长，十家长，借开户招待从中勒索，大吃二喝，作威作福。以上所有花费均摊到每亩上，有时多达五六元，几乎与正额地价相等。

（二）广大人民的抗丈斗争

丈放的收价及丈放过程中的弊政引起了广大人民的不断反抗。在整个丈放过程中，人民的抗丈斗争从未停止。民众抗丈主要有两种起因，一是针对丈放的本身，二是针对丈放的弊政。

1913 年 10 月，辽阳县民因"清丈庄田之韦纪唯到辽后，并未遵章训令庄佃分别领段，仅听庄头一面之词擅自勘丈，至该庄头有违章增租撤佃情事，该丈员亦不严行取缔，以致众佃失业苦累不堪，现已集有三百余人请愿省议会"①。1916 年 6 月，丈放锦县旗地委员杨怡铭因用人不当，引起该县八旗十三佐领的反抗。1916 年 4 月，奉天省各地的抗丈达到高潮，海龙县三千余人，手持器械，将县署团团围住，迫使清丈中止。绥中县抗丈群众千余人夺取保卫团枪支，围攻县城。

民国四年至六年间，奉天省农村的抗丈风潮遍及海龙、东丰、西安、黑山、辽中、庄河、盖平、海城、沈阳、新民、兴京、康平等十几个县，其中东丰抗丈群众曾聚集了 4000 人，成立联合会，制定章程，持枪械，进

---

① 《清丈员袒护庄头》，《盛京时报》1913 年 10 月 31 日。

逼县城。

奉天省由于地广人稀,阶级矛盾并不如关内一些地区那样尖锐,因此尽管抗丈斗争此起彼伏,斗争规模有时达到数千人,但是始终限于局部地区,未发展成为持续的革命斗争。有时广大农民的抗丈斗争并不十分彻底。例如,1917年丈放营口范公府时,熊岳19村村民掀起了抗丈斗争。他们召开会议,推选出小学教员冯绍翼为代表,组织抗丈斗争。1917年12月,在清丈人员到段时,村民立刻行动起来,夺取保卫团的大枪20余枝,并将清丈委员打得头破血流。但是当奉天省政府派出陆军混成旅的150余名官兵前往镇压时,广大群众的斗争立刻瓦解了。代表冯绍翼被迫逃亡,群众也因惧怕而不敢再提出任何意见。轰轰烈烈的抗丈斗争就这样失败了。在反对丈放的过程中,不同的阶级也表现出不同的态度。如在熊岳的抗丈过程中,地主、富农因为家里有钱,主张出钱打通关节,以行贿的方式解决问题,广大贫农则主张"群力反抗"。

面对广大人民的抗丈斗争,奉系军阀政府采用了极为暴力与血腥的手段镇压,通常情况是先派保卫团和警察保护丈放人员到段行绳,如果发生较大规模抗丈则派出军队进行镇压。奉系军阀除了采用军事暴力外,还采取各种政治手段推行土地丈放,阻止人民的反抗,如1915年12月,颁布了《各县协同催收地价章程》,命令各地方行政机关协助收价。该章程规定:由各警区在收到公文之日,即将欠价各户传集警区,勒限取结,遵照缴价。如果各欠户逾限不交,由该管警区查明情形,如系有意抗延,应即送县押追。

四 土地丈放的结果和影响

(一) 土地丈放的结果

从1912年到1924年,奉天省共丈放各项地亩近12000000亩,约占当时奉天省全部耕地总数的1/4,一共收取各项地价费及册照费、罚金近2000万元。

表6　清丈局1915～1924年各项收入①

单位：元

项目	数额	项目	数额	项目	数额
普通及两成地价	2834476	西丰行局价费	823217	预交勘丈经费	24616
王公府八成地价	6339992	西路事务所价费	156842	民户预交半价	135674
内务府地价	2151256	窑柴地价	208379	催款处预收半价	6018
更名费	23749	浮多地价	42230	册照费	739510
保证金	181323	贴水	1224		
合计			13668506		

表7　屯垦局1916～1923年各项收入②

单位：元

名目	数额
各项地价费	3836913
册照费	64152
罚款	251300
合计	4152365

民国初期奉天省的土地丈放是东北土地制度史上的一次历史性变革。它彻底结束了在东北统治近三百年的旗地官庄制度，确立了私人地主土地所有制。旗地向民地的转换不仅是土地关系史上的重大变革，同时具有更深层次的意义。如果说1911年辛亥革命的爆发标志着清王朝从政治统治上被推翻，那么民国初期奉天省的土地丈放则标志着清王朝的经济基础被推翻。这次土地丈放是辛亥革命的延续，也是辛亥革命的重要成果。以丈放的方式而非暴力革命的方式作为土地所有制的变革手段，主要是由于资产阶级的软弱性造成的。土地丈放后，依然保留了王公贵族的经济利益，依然保留了大土地所有制，只是土地所有权从八旗王公贵族手中转移到新兴的庄头地主手中，广大农民的土地所有权问题依然没有得到解决。但是这次土地丈放采用了价买的方式，无论价格高低，都需缴纳一部分地价，这与清代王公贵族和八旗官兵无偿从国家那里领得封地或份地是截然不同的，他们与国家并未形成封建领属关系，也未因此而产生任何超经济义

---

① 奉天省官地清丈局编《奉天全省官地清丈局兼屯垦局报告书》下卷，1924。
② 奉天省官地清丈局编《奉天全省官地清丈局兼屯垦局报告书》下卷，1924。

务。他们在价领土地后，成为真正具有独立意义的地主，这也是东北土地制度史上一个巨大的进步。

(二) 土地丈放对奉天省近代社会发展的重要影响

1. 土地丈放对农民阶级的影响

根据各项地亩的丈放规则，部分壮丁和佃户取得了土地所有权，使他们摆脱了封建人身束缚，成为自耕农，不再向王府或官兵交纳高额的地租，但是广大壮丁、佃户也为此付出了昂贵的代价。一般的壮丁和佃户生活水平原本不高，剩余资金本就不多，面对数额庞大的地价，他们只得四处举债以保住地权，因此又不得不忍受高利贷的盘剥。他们其中部分人获得土地，因为还不起债，只得再次出卖土地，沦为佃农。广大壮丁、佃户在领地时除了要缴纳高额地价外，丞要接受丈地人员及乡村豪绅的掠夺、勒索，用于这方面的金钱甚至有时比要缴纳的地价还要多。土地丈放使得部分农民破产，广大佃农在获得土地所有权的同时，已经被剥夺得一干二净了。同时，对于没有获得领地权的佃户来说，土地丈放对他们更是有害无益。因为佃户作为土地的开垦者（又称刨山户）本来具有永佃权，清政府明文规定这种永佃权受到保护，庄头无故不得增租撤佃，然而土地丈放后，庄头地主获得了完全的土地所有权，他们因此可以随意增租夺佃，广大佃户的永佃权丧失了。庄头为了弥补他们在土地丈放中损失的地价，便千方百计把地价款增加到地租中去，从土地丈放开始到土地丈放完成，奉天省地租价由原来的平均45%，提高到近55%，增加了10%。

表8 1916~1925年辽阳钱租上涨情况①

单位：元

年份	辽阳大双树屯			辽阳小闻屯			辽阳五里台子		
	下地	上地	中地	下地	上地	中地	下地	上地	中地
民国五年	45	30	25	45	35	25	15	10	7
民国十四年	75	60	40	85	75	50	30	25	20

---

① 《中国经济年鉴》，民国二十五年编，第241页，转引自乌廷玉《东北土地关系史研究》，吉林文史出版社，1990，第185页。

土地丈放还增加了农民的捐税负担。奉天省由于地广人稀，土地丈放之前的土地数额不明确，不纳赋税的土地数额非常多，旗地的赋税很低。土地丈放后，原本许多不需要缴纳租赋的浮多地都要缴纳赋税，旗地的赋税额增加更多。满族农民较多的凤城县土地丈放后，税额骤增，比从前增加了近十倍。奉天省1916年岁入总数为1242619元，而田赋收入则占24%。1916年，由于土地丈放，每年税额可以增加170余万元。不但田赋巨额增加，奉系军阀还向农村加派了大量的亩捐、自治费、保甲费、杂费等，这些捐税不分等则按地摊派。土地丈放中清查出的无课地亩也增加了捐税收入，亩捐的数额有时非常巨大，甚至超过正额田赋的几倍。沉重的赋税负担加速了农民的破产。

2. 土地丈放对地主阶级的影响

土地丈放不但使原来的庄头由二地主上升为地主，还使东北社会产生了一批新兴的商人高利贷地主和军阀地主。土地丈放最大的受益人就是庄头地主，经过土地丈放，他们由土地的管理者转变为真正的土地所有者。虽然丈放时，他们也需缴纳一定的地价，但是相对于每年需向王府缴纳的小租而言，这部分地价是有利的，同时庄头地主还摆脱政治上人身的依附关系，取得了独立的政治经济地位。庄头地主中得益最大的是内务府庄头，虽然人数不多，但是由于身份地位的特殊，他们得以将内务府庄地的绝大部分据为己有。王公庄园的庄头，虽然不像内务府庄头那样资金实力雄厚，他们通过各种手段实际上还是攫取了尽可能多的庄地。当然也有部分庄头由于经营不善，缺乏资金，丧失领地权，转变为一般的自耕农，但这种情况只是其中的极少数。庄头地主成为奉天省一支新兴的经济势力。如锦州官庄庄头凌云阁、辽阳内务府官庄庄头田雨公在土地丈放后都成为大地主。以奉天省辛亥革命中的著名革命家张榕（原名张焕榕）的家族为例：张榕之父张钦善、叔父张钦元（张焕相之父）在清朝隶属汉军镶黄旗，负责清朝三陵部分土地的管理。张家自清末至民国，继而经伪满洲国时代，成为在奉天、抚顺近郊，以及奉天省、吉林省各地拥有大面积土地的大地主。此外，张榕之姐张焕桂嫁与三陵四品官王书铭之子（王世祺），四品官是管理三陵所属庞大的土地、财产的高官，张家借用手中的权势在土地丈放中掠夺大批土地是极为容易的一件事。凭借雄厚的经济基础，张家在奉天省成为一支不断崛起的新兴势力，出现了在奉天地方政界颇具影响力的人物，如张焕相、张焕柏等。奉天张家世系图如图1①：

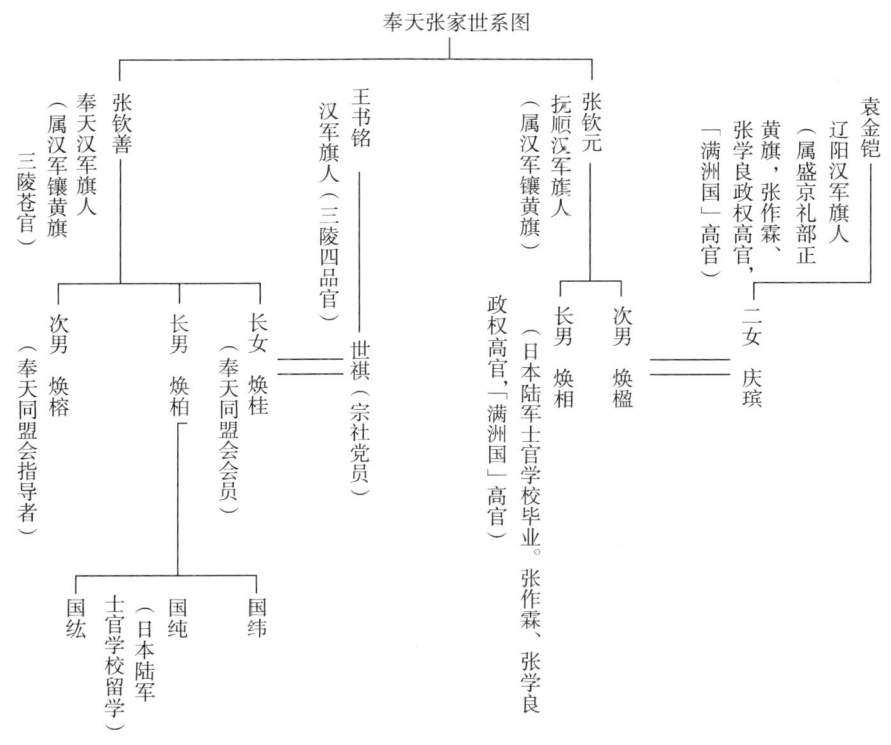

图1 奉天张家世系图

从图1中我们可以看到以张家为中心在奉天省形成的盘根错节的人事关系，值得注意的是该表中的袁金铠、张焕相等都成为伪满洲国政府的高官。这说明土地丈放后，封建地主在奉天省社会具有重大的影响力，九一八事变后，伪满洲国的建立在很大程度上就是依靠这些地主的势力。

高利贷地主的兴起。奉天省在土地丈放的过程中还形成了商业高利贷地主，许多农民没有剩余资金缴纳巨额地价，为了保住土地所有权，他们只好向高利贷商人借钱领地。奉天省从土地丈放开始后，高利贷的利率开始不断上涨，根据徐霖的《奉天民事类存》记载，1914年时，奉天省有一

---

① 〔日〕江夏由树：《中国东北"皇产"的整理与地方势力的崛起》，《烟台师范学院报》1998年第1期。

种高利贷"俗曰大加二,例如借钱十二元,一月应付大加二利息二元四角,则先将此利扣除,实借以九元六角,而折上则列借本十二元"①。高额的利息使得农民的负担越来越沉重,许多农民在借钱领地后,往往不能偿付高利贷的利息,因此不得不把土地转让给高利贷主,土地丈放后,高利贷商人通过这种方式攫取了大批土地。1914 年据日本学者娌原子治调查,在奉天省四平县一带,有一个经营当铺和开粮栈的商人,原籍山东,最初到达岫岩县,1901 年迁到四平,当时开小铺,后来购置一些土地,1915年,开设粮栈和杂货店。1920 年,又开了油坊。两年后开了当铺,经营高利贷(见表 9)。从清朝末年到 1930 年,前后二十余年期间,这个商人在 21 个村屯购买土地多达 14000 亩。

表 9 该商人地主土地兼并情况如下②

单位:亩

年份	职业	购置土地的情况
光绪二十七年(1901)	开小铺	无
民国四年(1915)	杂货、粮商	1816.7
民国九年(1920)	开油坊、杂货、粮垧	3513.4
民国十四年(1925)	开设当铺及粮栈	14000

军阀地主的兴起。土地投资的收益比较稳定,各级军阀利用手中的政治权势掠夺了大量的土地,成为新兴的官僚地主。如张作霖、张作相、吴俊升、杨宇霆、莫德惠等都掠夺了数万垧的土地。以张作霖为例,他在北镇有土地 1100 余垧,在黑山有土地 500 余垧,在通辽有土地 12.6 万垧,在辽河南北有荒地 4.5 万垧。张作霖还派遣地政委员经常管理土地的经营,"张作霖的胞兄,还有张作霖的义弟通称张五大帅者,驻在当地担任总管,其势力足以颐使地方官吏,如通辽县知事者,简直可以说事事受其压迫,仰其鼻息,仅得维持一地位而已。张作霖的委员们,利用背后的权位和威势,按特别低廉的价格把有前途的地点买进,再慢慢吞并四邻,因为存在着被吞并的威吓,因此,凡是有力的督军之流的所有地的附近,地价常比一般时价低廉"③。

---

① 衣保中:《东北农业近代化研究》,吉林文史出版社,1990,第 376 页。
② 乌廷玉:《东北土地关系史研究》,吉林文史出版社,1990,第 165 页。
③ 章有义:《中国近代农业史资料》第二辑,三联书店,1957,第 19 页。

表10 东三省官宪有力者之土地所有情况①
(1928年3月调查)

单位:家

职 名	姓 名	所有土地面积	估计价额	所在地
	张作霖	1100余垧 500余垧 150000余垧	未详 未详 未详	北镇 黑山 未详
参议顾问	杨宇霆	350余垧 未详	20000元 未详	法库县 一面坡附近
代理奉天省长	刘尚清	未详	420000元	铁岭
参议	韩麟春	200余垧 80余垧	120000元 未详	在其故乡 一面坡附近
军事部参谋次长	于国翰	500余垧	400000元	铁岭
东三省保安总司令	张学良	400余方	未详	一面坡附近
东三省官银号总办	彭贤	未详 未详	350000元 600000元	辽中县 辽阳县

3. 土地丈放对奉系军阀的影响

奉系军阀是这次土地丈放的最大受益者。土地丈放所收的地价名义上收归国有,实际上则完全被奉系军阀私吞。从民国初年开始,奉系军阀不断崛起,部分原因就是依靠对广大农民手中的地价的掠夺。1917年5月,王永江任奉天省财政厅厅长时积欠外债达一千万元,经过清丈土地,到1920年底奉天省不仅还清了外债,还有将近一千万元的盈余。这其中土地丈放收价占了一个很大的比重。土地丈放暂时解除了奉系军阀的财政危机,但是,他们掠夺的地价除了少部分用来发展资本主义,大部分都用来扩充军队。"1919年,奉系每月支出军费76万元,1923年军费开支为2040万元,占全年财政支出总数的81%。1924年,由于奉军入关,军费骤增,占全年总收入的95%"。巨额的地价收入造成了奉系军阀经济实力的迅速膨胀,成为奉系崛起的重要经济因素。但是这种收入只是一种临时性收入,在1924年奉天省土地基本丈放完毕后,奉系军阀失去重要财政来

---

① 章有义:《中国近代农业史资料》第二辑,三联书店,1957,第17页。

源，不得不发动对外战争，寻找新的经济来源，战争进一步破坏了东北社会的发展。土地丈放的过程中，为了迅速的掠夺地价，奉系军阀经常采取暴力手段，使得人民加深了对奉系军阀的恶感。如在熊岳清丈过程中为了镇压广大人民的反抗，奉系军阀派出了陆军混成旅一个排的兵力保护清丈。这些官兵多数是张作霖新招降的匪帮，多系黑山、锦州一带人，"野蛮成性，横不讲理"，① 兵匪不分，打人是家常便饭。农民于和林为驻军挑水，因言语不和被士兵刘锋一用扁担打掉两颗门牙。本来在农村基础薄弱的奉系军阀，更加丧失人心。1931 年，九一八事变爆发时，东三省迅速沦陷，在很大程度上就是因为奉系军阀未能与广大人民群众相结合。

4. 土地丈放对奉天省近代社会发展的影响

从长远意义上讲，这次土地丈放有利于奉天省近代社会的发展。土地私有制的确立，有利于生产力的提高。奉天省在土地封建国有制度下，土地所有权不明确，农业生产一直采用粗放的生产方式，生产力低下，生产技术水平不高。土地私有制的确立提高了生产者的积极性，改进技术，提高产量，奉天省农业生产力大幅度提高。

土地丈放还促进了关内的农民移居奉天省。土地丈放后，土地可以自由买卖，关内低廉的地价，有利于吸引关外人民到东北移民垦荒。土地丈放开始后，奉天省出现了前所未有的移民潮，见表 11 民国初期辽宁人口数。

表 11 民国初期辽宁人口数②

单位：千万

年份	人口	资料来源
1911	1102	《中国人口》辽宁分册
1915	1166.9	《辽宁近代经济史》
1918	1231.9	《中国人口》辽宁分册
1928	1465	《中国人口》辽宁分册
1930	1515.2	《辽宁近代经济史》
1932	1350	《中国人口》辽宁分册

土地丈放促使奉天省近代社会土地发展，土地买卖自由，低廉的地价

---

① 张秉宽：《营口近代史纲》，辽宁民族出版社，2002，第 184 页。
② 宋克辉：《辽宁统计史》，东方出版社，1994，第 300 页。

也吸引了关内的商业资本来奉天省投资。"1912年，中国实业会奉天分会会员吴光国、顾孟养等创办奉天第一农林社，承领新民府沙岭岗一带荒地1.6万亩"①，一共投资4万元，用于投资经营垦荒农业。"1913年，辽中县参事会参事员李文华、王述路、陈和中等在辽中县设立试办稻田事务所，招股2万元，全部在本地招集，发起人各担任千元。每整股百元，零股10元。承租县境辽河河退地两块，共一千五六百元，引水种稻"②。1915年，"有两江人士金士珠等，联络范氏五人，筹备资本，来奉（天）企图实业。……先在省域开办五合公司，内容系五人合办，资本亦以五人分配，不入他股。七八月间，已在田庄台一带，购地二千余亩，拟在该处设一庄房，派人经理耕种事宜。近今又在开元、铁岭一带，收购田庄"③。农垦公司的设立缓解了垦荒资金的匮乏，东北农垦公司具有跳跃性，它不是资本主义经济发展的结果，东北地区作为新开发的落后的地区，资本主义经济基础十分薄弱。它是由于清朝长期的民族保护政策，及东北沦为半殖民地半封建社会发展的必然结果。奉天省引进先进的生产设备、技术和管理手段，进行大规模的社会化的商品生产，其资本主义性质是非常明显的。

土地丈放不但促进奉天省农业的发展，同时丈放的地价款还部分转化为工商业资本，促进了奉天省近代资本主义的发展。奉系军阀的首脑人物如杨宇霆、张作相、汤玉麟、郭松龄等人把从土地中积累的巨额资金投入工商业，吴俊升在一处与美商合办的工厂中，拥有资本200万元。他在奉天城内开办的四处典当行，就拥有资本11万元。张作霖也在奉天省兴办了大量的工商业企业。土地丈放使得大批农民破产，沦为贫雇农，也为东北近代工业发展提供了自由的劳动力。土地丈放为奉天省近代资本主义的发展提供了两个最重要的前提，成为奉天省资本主义发展的关键推动力，20世纪二三十年代奉天省民族资本主义的蓬勃发展是与这次土地丈放分不开的。

但是，在短时期内，这次土地丈放对奉天社会的破坏作用是毋庸置疑的。土地丈放造成了农业资金的外流，农村社会的凋敝。原本富庶的东北

---

① 衣保中：《东北农业近代化研究》，吉林文史出版社，1990，第132页。
② 衣保中：《东北农业近代化研究》，吉林文史出版社，1990，第133页。
③ 《农商公报》，1915年12月，第17期，转引自衣保中《东北农业近代化研究》，吉林文史出版社，1990，第134页。

农村开始变得萧条,例如,熊岳一带,向称富庶,天源寺、慈云寺、四大寨、二台子等地,每年都演野台大戏,土地丈放后七八年之久未闻锣鼓之声。土地私有制确立以后,土地的买卖便不再受到限制,奉天省的土地价格不断提高,同时也加速了土地兼并。土地价格不断上涨:辽阳县大双树村每垧上等地的价格,1916年为400元,1921年涨到700元,1925年又涨到1300元。该县天河泡村每垧中等地的价格,1916年为500元,1921年涨到700元,1925年又涨到1500元;每垧下等地价格,1916年为200元,1921年涨到400元,1925年又涨到800元。沈阳县五里台子村每垧上等地的价格,1916年为250元,1921年上涨到350元,1925年又涨到600元。辽阳、沈阳两县六个村上中下三等地的地价指数,如果以1916年为100的话,那么1921年就分别为154、165、170;1925年则分别涨到284、293、325。①

表12 辽宁梨树县裴家油坊屯地价的变迁②

单位:每日地吊或元

年份	上等地	中等地	下等地
1900	240 吊	220 吊	200 吊
1904	280 吊	250 吊	230 吊
1909	50 元	45 元	40 元
1912	70 元	60 元	50 元
1921	70 元	60 元	50 元
1926	90 元	80 元	70 元
1927	120 元	100 元	90 元

从表12可见,从1909~1927年不足二十年间,上等地涨了1.4倍,中等地涨了约1.2倍,下等地涨了约1.2倍。到九一八事变时,东北地价几乎达到了最高峰。

在地价上涨的同时,奉天省的地租也不断上涨。封建地主利用各种手段将土地丈放中遭受的损失转移到广大农民身上,不断提高地租率(参见表13)。

---

① 衣保中:《东北农业近代化研究》,吉林文史出版社,1990,第116页。
② 章有义:《中国近代农业史资料》第二辑,三联书店,1957,第58页。

表13　辽阳、沈阳等地地租对地价比率的变动①

单位：每日地元

村名	项别	1916年			1921年			1925年		
		上地	中地	下地	上地	中地	下地	上地	中地	下地
辽阳大双树子	地租	45	30	25	30	25	17	75	60	40
	地价	400	300	250	700	600	400	1300	800	500
	比率(%)	11.25	10.00	10.00	4.29	4.17	4.25	5.77	7.50	8.00
辽阳小闸屯	地租	45	35	25	65	55	30	85	75	50
	地价	500	350	250	800	600	400	1500	1200	1000
	比率(%)	9.00	10.00	10.00	8.13	9.17	7.50	5.67	6.25	5.00
沈阳五里台子	地租	15	10	7	25	20	15	30	25	20
	地价	250	200	150	350	300	250	600	500	400
	比率(%)	6.00	5.00	4.67	7.14	6.67	6.00	5.00	5.00	5.00

地价和地租的不断上涨、沉重的租税负担使得农民不断破产，加速了奉天省的土地集中，无地和少地的农户迅速增长。

表14　南满土地所有阶级构成②（康德2年农村实际情况调查）

单位:%

耕地所有阶级	户数	面积
大土地所有	4.22	40.42
中土地所有	14.76	35.88
小土地所有	15.47	13.71
零散土地所有	33.04	9.99
无所有	32.51	—
合　计	100.00	100.00

从表14可以看出人口数占4.22%的地主，占有土地面积达到40.42%，土地集中程度很高。土地的日益集中，使得丧失土地的农民不得不忍受地主的残酷剥削，生活非常痛苦。

---

① 张占斌：《近代东北地价变动趋势初探》，《北方文物》1985年第3期。
② 〔日〕满史会编《满洲开发四十年史》，东北沦陷十四年史辽宁编写组译，新华出版社，1988，第468页。

结束语

民国初年奉天省的土地丈放是奉天省近代社会的重大事件，早已腐朽的旗地制度在辛亥革命的影响下终于结束了长达三百年的统治，退出了历史的舞台，新兴的地主经济在奉天省兴起并且成为东北近代社会的主流。土地丈放是在奉天省近代资本主义发展的特殊时代背景下展开的，是一次特殊的革命，它完成了辛亥革命所未能完成的部分经济任务，从经济的角度宣告清王朝的灭亡。土地丈放在奉天省确立了地主土地所有制，使广大农民摆脱了旗地制度下的人身束缚，提高了农民的生产积极性，极大地促进奉天近代社会的发展。从长远的角度讲，这次土地丈放有利于社会的发展。但是，我们应当看到，此时的地主土地所有制已经同封建社会的地主土地所有制不同，在半殖民地半封建的社会性质的影响下，奉天省的农业经济逐渐转变为一种从属于资本主义的半封建经济。广大农民在遭受地主剥削的同时还被卷入资本主义体系，遭受着商业资本家和高利贷资本家的剥削，生活日益贫困，破产者逐渐增多。

这次土地丈放主要是在奉系军阀的推动下实行的，因此不可避免地存在种种弊端，丈放中对农民的搜刮成为奉系军阀崛起的重要因素，也造成了奉天省近代农村经济的凋敝。奉系军阀在农村中的统治基础本来就很薄弱，土地丈放则加速了这种薄弱基础的瓦解。九一八事变时奉系军阀急速败退就是因为在农村中基础薄弱，得不到广大农民群众的支持。

这次土地丈放对奉天省的影响是深远的，它的影响涉及奉天省近代社会经济的各个层面。土地丈放是一个比较庞杂的问题，它不仅发生在奉天省，当时的吉林省、黑龙江省、河北省也都进行了土地丈放。对土地丈放的研究不仅对东北近代社会的研究具有重要的意义，同时还具有深刻的现实意义。土地丈放前后地权的变动，可以使我们进一步认识到土地所有制的发展规律，对我们正确认识所有权与经营权的发展规律有积极的意义。旗地的丈放再一次深刻地揭示了生产关系必须与生产力的发展相适应的经济规律。丈放前后土地所有权的变动有利于所有权及制度史的研究。我国现在正处在国有企业改革的关键性阶段，如何正确处理国有企业的所有权与经营权是一个非常重要的问题，研究土地丈放对解决这一问题具有重要借鉴意义。

Study on the Early Years of the Republic of China Fengtian Province Land on Feet

Jin Yanli

Abstract: The land's surveying and selling was a significant event in Fengtian province modern times. It started from the first year of the Republic of China to the September 18th incident. It changed the Eight - banners land system and established the emerging landlord economy that mainly contained the manager of a manor, the bureaucrat warlord and the merchant usury. It also promoted the modernization of Fengtian province agriculture. The article briefly analyzes the historical background of the land's surveying and selling. Along with the land privatization and the tenancy system developed so fast that the eight banners system could not meet the economic need. At the end of the Qing dynasty, it survived in name only; the process of the land's surveying and selling. According to the land's ownership, it separately elaborates the process of SuiQueWuTian, Royal manor, Eight - banners nobility manor, State - owned wasteland and so on. the shortcoming of the lands surveying and selling and the battle about it. The direct cause of the policy was that the warlord government wanted to make up its financial crisis. In the process, all levels of officers took the opportunity to plunder, which caused the farmers' intense revolt. Following the policy, revolts broke out repeatedly in the Fengtian countryside; elaborates and analyzes the result and the influence of the policy. The policy's influence was various: from the long - term angle, the policy promoted the land system modernization in Northeast. But because of the exploitation of the farmers, it caused huge destructive impact on the modern society's progress in Northeast. Study on the practical significance of the land suiveying and selling to the reform in state - owned enterprises.

Key words: The Fengtian Province; Land's Surveying and Selling; The Republic of China

唐代地方水利建设与利用探析[*]

——以河东地区为例

赵晓峰 姚春敏[**]

摘要： 重视地方水利兴修与利用是唐代国家政治与经济政策内容之一。在中央政府的鼓励支持下，一些地方依靠丰富水系积极兴建各类水利设施，促进了农业发展，提高了地方经济的影响力。处于唐长安成畿辅地位的山西河东地区凭借独特的空间优势以及盐业、农业的强势地位，充分利用国家政策，修建了许多灌溉、防洪和城市引水工程，不仅使自己受益，更对国家经济发展、社会稳定产生了积极的作用，具有十分重要的历史意义，对当代区域经济发展、社会稳定亦有一定的借鉴作用。

关键词： 河东地区 水利建设 盐池 农业经济

古人云："河济之滨宜黍"[①]，可见，水是农业经济发展与繁荣的重要因素。就区域社会而言，囿于气候原因，不同季节河流山泉水流量大小也不同。因此，建设水利工程、保证农业生产和人民生活用水就成了历代民生要务。自古以来，水利建设与农业发展就紧密相连。目前，学术界较为普遍的看法是中国古代水利建设经历了秦汉、隋唐、明清三个高峰期。其中，隋唐时期是中国古代水利建设的鼎盛阶段。这一时期兴修水利使社会生产迅速发展，出现了政治、经济、文化空前繁荣的景象。以梁家勉先生

---

[*] 本文为2016年度山西省高等学校哲学社会科学研究项目（编号：20162242）的阶段性成果。

[**] 赵晓峰，山西省平陆人，运城师范高等专科学校基础教学部经济学副教授主要研究方向为唐代河东经济发展。姚春敏，山西省永济人，山西师范大学戏曲文物研究所教授，博士研究生导师，主要研究方向为山西碑刻文献、民俗文化。

① 雍正《悦心集》第一卷第八篇《答冯子华书》。

为代表的一些学者进一步把隋唐水利建设分为两个阶段。唐代"安史之乱"以前是北方水利的复兴时期,水利建设工程遍及黄河流域及西北各地。"安史之乱"以后,北方战乱,水利建设停止,农业经济陷入衰退。而南方地区水利建设持续发展,为社会经济中心南移奠定了基础。目前,虽然没有专著论述唐代水利建设和使用,但是,郑肇经的《中国水利史》①,韩国磐的《隋唐五代史纲》②,岑仲勉的《黄河变迁史》③,以及梁家勉的《中国农业科学技术史稿》,杨茂林等人的《山西文明史》④ 等论著中均有唐代水利建设的相关论述。论文方面,阎守诚在《唐代的农田水利建设》⑤ 中论述了唐代农田水利建设布局的特点以及在兴建和管理方面的成就和问题。史念海先生在《开皇天宝之间黄河流域及其附近地区农业的发展》⑥ 及《隋唐时期重要的自然环境的变迁及其与人为作用的关系》⑦ 中论述唐代水利建设及其在政治、经济领域产生的影响。进入 2000 年以来,人们更多关注"安史之乱"后南方地区水利建设。如,段重庆的《唐代西南地区水利工程建设》⑧、陆敏珍的《唐宋时期宁波地区水利事业述论》⑨ 等论文指出,随着人口增加、交通改善以及行政建置的确立,该地区水利事业得到了巨大的发展,形成了灌溉体系和由政府主导社会参与的建设格局。

水利建设是人类经济活动的重要表现,兴修水利工程需要大量物力与财力。对地方政府而言,依靠地方力量难以成就,必须得到中央政府各方面的支持。唐代河东(今山西)的水利工程相当发达,特别是"安史之乱"之前尤其明显。这一地区"辖河中、太原二府,十九个州,一百一十个县,地域较为辽阔,大本包括现在山西全境及河北、内蒙一部分"⑩。作

---

① 郑肇经:《中国水利史》,商务印书馆,1993 年影印版。
② 韩国磐:《隋唐五代史纲》,人民出版社,1977。
③ 岑仲勉:《黄河变迁史》,农业出版社,1989。
④ 杨茂林等:《山西文明史》,商务印书馆,2015。
⑤ 阎守诚:《唐代的农田水利建设》,《晋阳学刊》1986 年第 2 期。
⑥ 史念海:《开皇天宝之间黄河流域及其附近地区农业的发展》,《人文杂志》1959 年第 6 期。
⑦ 史念海:《隋唐时期重要的自然环境的变迁及其与人为作用的关系》,《唐史论丛》1990 年第五辑。
⑧ 段重庆:《唐代西南地区水利工程建设》,《四川职业技术学院学报》2012 年第 1 期。
⑨ 陆敏珍:《唐宋时期宁波地区水利事业述论》,《中国社会经济史研究》2004 年第 2 期。
⑩ 运城师专中文系:《河东史话》,山西人民出版社,1986。

为唐代的京畿区域，该地土壤肥沃，气候温和，光照充足，自古就是重要农业区。这里还分布汾水、涑水、济水、沈水（丹水）等，为中央和当地政府建设水利工程，引水灌溉，促进农业生产，增强国家经济实力提供了有利条件。有鉴于学界对于"安史之乱"前北方地区特别是河东水利建设关注不多。本文试图分析国家在河东地区兴建水利工程的原因及效益，力求理清地方水利建设与国家政治经济社会发展之间的关系。

一 唐代政府的地方水利制度

传统社会中的经济主体是农业，国家运行与发展离不开农业的支撑。"水利是农业生产的命脉，这不仅为生产者所认识，也为统治者所重视"①。是否重视水利建设，是传统农业社会能否发达的关键。唐初，作为国家经济重心的北方中原地区经过连年战乱，土地荒芜，人口锐减，经济一蹶不振。唐王朝要振兴经济、巩固政权，只能下大力气兴修水利，恢复农业。因此，唐代中央政府对水利建设极为重视。

政治上，中央政府在官员配置、定责与考核等方面都有较为完备的制度。唐代沿袭隋制，在中央和地方设有专门机构和官员负责水利事宜并明确其职责。如开凿渠道、修补堤堰等。唐代农田水利业务在中央属水部或都水监，"都水监，使者二人，正五品上。掌川泽、津梁、渠堰、陂池之政，总河渠、诸津监署"②。中央政府的水利郎中兼理全国航运、灌溉事务。在《唐六典》卷七中，有"水部郎中员外郎，掌天下川渎陂池之政令，以导达沟洫，堰决河渠，凡舟楫灌溉之利，咸总而成之"的记载。同时，也进一步明确了"都水使者，掌川泽津梁之政令，总舟辑河渠二署之官属。……凡京畿之内，渠堰陂池之决坏，则下于所由而修复之"③的职责。说明政府对京畿之内的水利沟渠更为重视，设置专门的官吏管理。在特别重要的渠堰，政府还专门设立渠堰使，如开元十六年（728）汴州刺史宇文融就兼任沟渠、堤堰、决九河使。贞元十六年（800）东渭桥纳给使徐班兼任白渠、漕

---

① 齐涛：《中国古代经济史》，山东大学出版社，2011。
② （宋）欧阳修、宋祁：《新唐书》，中华书局，1975。
③ （唐）李林甫：《唐六典》，中华书局，1992。

渠、升原、城国等渠堰使。①

唐代都水监下设河渠署。河渠署"令一人，正八品下；丞一人，正九品上。掌河渠、陂池、堤堰、鱼醢之事。凡沟渠开塞，渔捕时禁，皆颛之。……唐有河堤使者，贞观初改曰河堤谒者。有府三人，史六人，典事三人，每渠及斗门有长一人，掌固三人，鱼师一二人"②。唐的地方各级政府设有农田水利使，不过大多是兼职。除了地方官员管理渠堰外，支渠、斗渠以下或较小灌区则多由民众管理，如"唐代泾渭流域的灌区有渠长、斗门长，后代有堰长等种种称谓，都是民管职称（不脱产）"③。虽然其他机构不断变化，但这个机构一直保持独立，到于元二十五年（737），这一机构"不隶将作监"，并且官员人更多，"有录事一人，府五人，史十人，亭长一人，掌固四人"④。

中央政府对水利官员的考核也十分严格，既有专门考核制度，也有考核办法和考核结果的使用。⑤ "府县以官督察"制度就是其中一种，它充分调动了地方官员重视水利建设的积极性。以河东地区官员为例，据史料记载，河东节度使马燧、河东尹张延赏、并州长史李勣、汾州刺史萧颖、文水县令戴谦、榆次县令孙湛常、晋州刺史李宽、龙门县令孙恕、曲沃县令崔翳、河中府刺史薛万彻、绛州刺史韦武、代州人茹汝升等河东地方官员都积极兴修过水利工程，惠及当地百姓。唐政府官员为张延赏撰写碑文，提及他兴修水利之事赞不绝口。⑥ 其他史料也肯定了他兴修水利、造福于民的功绩，"勤身率下，政尚简约，疏导河渠，修筑宫庙，数年间流庸归附，邦畿复完，诏书褒美焉"⑦。可以看出，由于他大兴水利，恢复生产，经济重现繁荣，朝廷都下诏书褒奖赞美。

---

① 据《通鉴》卷213记载："开元十六年正月丙寅，以魏州刺史宇文融检校汴州刺史，充河南北沟渠堤堰决九河使。"《唐会要》卷89也记录有关"贞元十六年十一月，以东渭桥纳给使徐班，兼白渠漕渠及升原城国等渠堰使"的信息。
② （宋）欧阳修、宋祁：《新唐书》，中华书局，1975，第1277页。
③ 张卫东：《中国古代农田水利官吏设置》，《中国水利报》2014年3月20日。
④ （宋）欧阳修、宋祁：《新唐书》，中华书局，1975，第1276页。
⑤ 据《唐六典》卷23《都水监》记载，"每岁府县差官一人以督察之，岁终录其功为考课"。
⑥ 见《全唐文》卷441韩云卿《河南尹张公碑》，"乃设堤防，禁遏溢暴。湍悍安流，时无水祸。乃疏河渠，浸枯决溽。河渠既流，山木浮浮。……不知役，公有盈羡。风声沛然，大化四流"。
⑦ （后晋）刘昫：《旧唐书》，中华书局，1975。

可见，唐政府在兴修水利、发展农业上，制度较为完善，采取的"以官督察"措施也很得力，效果较为明显。国家依靠制度促进地方水利工程建设与利用，保证了唐代在相当长时间内农业生产和经济社会的稳步发展。

二　河东的京畿地位与资源吸引力

胪列数据可知，唐朝前期130多年中，政府修建水利工程160多处，河东地区水利工程就有32项，名列全国第三。① 河东特殊的政治和经济地位决定了其水利建设的优越性。

河东地区所处的三晋曾是唐代李氏王朝的发源地。李氏父子起兵前，曾祈祷于河东太原晋祠叔虞神像前。后来，唐王朝建立，中央政府极为看重河东地区。据史载，唐高祖因河东大将叛乱欲放弃大河以东，谨守关西。秦王李世民对唐高祖说："太原王业所基，国之根本，河东殷实，京邑所资，若举而弃之，臣愤恨。"李世民率军收复河东后，高祖为此亲自到蒲州慰问将士。② 唐玄宗曾先后两次到河东汾阴"后土祠"祭祀后土，还亲笔写下了《祠汾阴后土碑》碑文，"亲祀后土，神明昭佑，累年丰登，有祈必报，礼之大者"③。可见，河东政治地位对唐政府至关重要。

作为秦晋相交的黄河三角洲，这里也是唐都长安城的粮食基地。长安所处关中平原，"号称沃野，然其土地狭，所出不足以给京师"④。河东地区与京城仅一河之隔，农业生产基础较好，加上唐统治者推行均田制，提倡"去奢省费""轻徭薄赋"发展农业；武则天曾把农业生产的好坏作为考核地方官政绩的标准。水利事业发展又为当地粮食丰产奠定了坚实基础。唐玄宗"天宝初年，各道正仓所储，超过一百万石的仅有关内、河北、河东、河南四道，河南道达五百八十余万石，河东道次之，有三百五十余万石。义仓超过7万石的有河北、河南、河东三道，河东道为第三位，达7309270石。"⑤ 唐开元二年（714）在龙门专设"龙门仓"，收储河东

---

① 岑仲勉：《隋唐史》，中华书局，1982。
② 〔清〕孔尚任：《平阳府志》，山西古籍出版社，1998。
③ 详情见（宋）欧阳修、宋祁《新唐书·本纪之五》。
④ （宋）欧阳修、宋祁：《新唐书·食货志》五十三。
⑤ 史念海：《河山集》，生活·读书·新知三联书店，1963。

粮食。乾元初年，河东道的绛州粮食除供应军粮外，还有米100万斛，节度使王思礼奏请给京城50万斛。① 河东地区成为接济京城长安的主要粮食基地之一，这大大提高了河东地区的经济影响力。

河东地区的另一个经济优势是"盐池"。它是中央政府的"钱柜"。"蒲州安邑、解县有池五，总曰'两池'，岁得盐万斛以供京师"②。据史书记载，"仅元和五年就收卖盐价钱六百九十八万五千五百缗"③ "两池盐利，岁收百五十余万缗"④。粗略计算，河东盐业收入约占全国盐收入的四分之一，约占全国财政收入的1/8。但是，由于盐池地处封闭低洼地带，且南靠中条山，北邻涑水，每遇大雨，山水与河水极易汇集盐池。如何治水关系盐池兴衰存亡。唐代宗大历十二年（777），由于阴雨连绵成灾，河东盐池生产损失较大。皇帝就下诏在盐池边修建了池神庙，期望神灵保佑盐池少水灾。从唯物主义角度看，期盼神灵保佑不是良策，但也反映出国家最高统治阶层对河东盐池水灾的重视。

三　河东水利工程建设与发展

唐前期，全国经济中心在北方，河东地区又地处特殊位置，两者相互叠加，促使中央和地方在这里兴修了大量的水利工程。这些工程主要分布在汾水、涑水流域，以汾水、文峪河和潇河流域最为集中。其中，南部汾水、涑水流域大约修建了20多个，中部沿汾水、文峪河和潇河流域大约修建了10个。河东地区水利工程主要体现在"开渠引水"进行农田灌溉、改善生态、解决百姓饮水和防洪。

引水浇灌是河东水利建设的一大任务。这个区域水源相对丰富，有汾水、涑水、济水、泫水（丹水）等五大水系，加之汾水、涑水流域河流分布较多。当地人意识到要想安居乐业，必须按其地理形势的有利条件引水灌溉。⑤ 这反映了人们认识世界和改造世界的决心与信心。他们因地制宜

---

① 《资治通鉴》第二百二十二卷《唐纪三十八》："初，王思礼为河东节度使，资储丰衍，赡军之外，积米百万斛，奏请输五十万斛于京师。"
② （宋）欧阳修、宋祁：《新唐书》，中华书局，1975，第1377页。
③ （后晋）刘昫：《旧唐书》卷十四《本纪》第十四，中华书局，1975。
④ （宋）欧阳修、宋祁：《新唐书》，中华书局，1975，第1379页。
⑤ 据现存新绛州府仪门唐长庆三年（823）所立《绛守居园池记》石碑载"世说，总其土田、士人，令无硗、杂扰。宜得地形胜，泻水施法"。

建设不同类型、不同规模水利工程，最大限度地发挥河流和湖泊的效能，为社会经济服务。

河东地区许多水利工程是在唐初太宗时期兴修的，其中并州、蒲州和晋州三地最为突出，这也从一个侧面反映出太宗皇帝的确看重河东。即使"安史之乱"后，这些水利设施仍在利用，为当地农业生产提供了便利。并州（太原）是唐朝的北都，水利工程建设受重视程度较高。这里有文水县的文谷水灌区，它是唐代河东地区比较集中的水利工程区。建有栅城渠、常渠、甘泉渠、荡沙渠、灵长渠、千亩渠等。其中，开元二年（714），县令戴谦所凿甘泉渠、荡沙渠、灵长渠、千亩渠四项工程引水灌溉农田数千顷。① 唐贞观三年（629）文水县民相率修建的栅城渠，百姓引文谷水浇灌农田数百顷。武德二年（619），汾州刺史萧颐在太原府文水县西十里建常渠引文水向南流入汾州。在太原府榆次，"源涡水在县东八里，其泉平地壅出，南流会洞涡水，唐贞观中，县令孙湛常令民引渠以溉田"②。

蒲州（永济）曾为唐朝中都，是重要的粮食产区。中条山横亘境内，区域内有汾水、涑水，水资源较为丰富。这里修建了多项水利工程。贞观十七年（643），刺史薛万彻开涑水渠，从闻喜引水到临晋灌溉农田。贞观十年（636），在龙门（今山西河津）县北三十里，当地人修建了瓜谷山堰，蓄水灌溉农田。贞观年间，县令孙恕先后在县东南二十三里处和县西二十一里处组织开凿了十石垆渠、马鞍坞渠。其中，十石垆渠"溉田良沃，亩收十石"。③ 另外，由于这一地区地处吕梁和中条两大山系之间，一些地方泉水资源丰富，也可灌溉农田。山西芮城县五龙庙前檐东墙存放的唐大和六年（832）《龙泉记》石刻记载："（芮城）县城北七里有古魏城，城西北隅有一泉，其窦线，派分四流，浇灌百里，活芮之民，斯水之功也。"现存五龙庙大殿的另一块《龙泉之记》石碑，立于唐宪宗元和三年（808），是当地记载水利较早的石刻之一，570字的碑文记述了一位官员兴修水利造福于民的事迹。在河中府（今山西永济）王官峪，周围十余里，山岩泉流成瀑，可引泉水溉田数十顷。除引水灌溉外，唐玄宗时期，蒲州猗氏县令李孟犨引涑水溉田，通过引涑水冲刷，既浇灌了田地，又改良了

---

① （宋）欧阳修、宋祁：《新唐书·地理志》卷三十九，中华书局，1975。
② （清）顾祖禹：《读史方舆纪要》，中华书局，2005。
③ （宋）欧阳修、宋祁：《新唐书》，中华书局，1975，第1000页。

土壤，将盐碱荒地变成肥沃的土地。① 这反映了河东人民在水利建设中的聪明与智慧。

河东地区晋州（今山西临汾），地处汾水流域。这里水利工程也不少，其作用仍为农业灌溉服务。有的引水工程多年后被水冲坏，修缮后继续使用。据《新唐书》卷三十九《地理志》介绍，建成于唐初武德年间的高梁堰，主要是引高梁水入百金泊浇灌农田，唐贞观十三年（639）被水冲坏，大约经历了20年。永徽二年（651），也就是12年后，刺史李宽自东25里的夏柴堰引潏水浇灌农田，由于引水要经过失修十多年的百金泊，于是，便下令重修百金泊，以便于引潏水浇灌。直到乾封二年（667）夏柴堰冲坏才彻底弃用。据统计，这个水利工程又大约使用了16年。水利工程屡坏屡修，既看出政府对水利工程的重视，也反映了人民群众不屈不挠的治水的顽强精神。另外，贞观年间唐朝大将尉迟恭在龙子祠督令修建了南横梁与北磨河渠，各长30里。后又陆续修了16条支渠，浇灌临汾、襄陵两县数百顷农田，促进了这里农业生产的发展。这是军队将领直接参与水利建设的特例，说明水利建设的重要性得到了唐朝各方面官员的普遍认同。唐贞观年间，政府还在赵城县东北20里的霍山下修建了霍泉引水工程。据同治《洪洞县志》载："唐贞元间，居民导之分为两渠。一名北霍，一名南霍，灌赵城、洪洞两县圯八百九十一顷。"② 并且这个引水工程是按地分水，地多水多，保证了两地百姓农田用水。说明政府不但修建引水工程，还强化管理，科学用水，实现了农业灌溉史上的一大进步。

绛州位于河东地区的南部，也是重要粮食产区。这里也修筑不少水利工程。在曲沃"东北三十五里有新绛渠，永徽元年，令崔翳引古堆水溉田百余顷"。③ 在闻喜"东南三十五里有沙渠，仪凤二年，诏引中条山水于南坡下，西流经十六里，溉涑阴田"④。特别值得一提的是，在唐德宗贞元年间，绛州刺史韦武因农田干旱歉收，看准当地邻近汾水，便带人开凿渠道，引汾水浇灌农田一万三千余顷被传为佳话。据吕温《京兆韦公神道碑

---

① 《文苑英华》卷923收录的李翱《泗州刺史李君神道碑》记载"化草莽为陂塘，变硗确为坟壤"。
② 据光绪年间编纂的《山西通志》卷67介绍"霍泉分南北二渠。北渠得水七分，西流入赵城县，溉田三百余顷。南渠得水三分，又南流入县境溉曹生、马头……十二村一百二十九顷有余"。
③ （宋）欧阳修、宋祁：《新唐书》，中华书局，1975，第1002页。
④ （宋）欧阳修、宋祁：《新唐书》，中华书局，1975，第1004页。

铭》记载:"(韦武)为绛州刺史。因其岁歉,导以地利,凿汾而灌注者十有三渠,环绛而开辟者三千余顷,舄卤之地,京坻勃兴。"① 这个引水工程拥有13个灌溉渠道,且浇灌万顷土地。从浇灌面积来看,它是唐代河东地区较大的水利工程。"环绛而开"也足以说明工程建设之浩大,对汾河下游的农业生产影响深远。

河东地区东南部的泽州也有一些水利工程,不过与前几个主要农业区相比,无论规模还是数量都不足论。据史记载,唐文宗时,汾州刺史薛从带人修筑堤坝从文谷、滤河两处引水浇灌农田,当地人受益匪浅。②

改善生态是河东地区水利工程建设另一项任务。高平地处河东地区东南部。史载,高平县令明济在唐贞元元年(785)带人引水入城。除满足生产生活外,人们挖塘注水,养鱼种荷,供人消遣游乐,生活悠然自得③。绛州人也曾引水美化生活环境。据《绛守居园池记》石碑记载,人们引古堆泉水到官衙后的水池,池上建亭,两旁广种竹木花柳,景色十分优美。并州(太原)土地盐碱,井水苦涩不能食用。为了解决居民饮水问题,并州刺史李勣在贞观年间主持修筑晋渠工程,把位于汾河西侧的晋祠泉水引到汾水东面,解决了并州城的居民生活用水。④ 唐德宗建中四年(783),河东节度使马燧"念晋阳王业所基,宜固险以示敌。乃引晋水架汾而属之城,潴为东隍,省守陴万人。酾汾环城树以固堤"⑤。在50年间,两任官员先后引晋水入东城解决居民饮水,足以说明唐王朝对并州多么重视。《太原县志》有"取晋渠用剩水,柳斗掣灌地亩"的记载,多余水还用来灌溉农田,其工程的功效得到极大发挥。⑥

河东地区有"聚宝盆"盐池。一旦水灾,影响要比其他地方大。唐代宗大历十二年(777),河东发生水害,盐池生产损失很大,灾情惊动京城。解决河东盐池水害的关键是要兴修水利工程,治理好客水,即盐池外

---

① (清)陆心源:《唐文拾遗》,中华书局,1983。
② 据《新唐书》卷三六记载"从……累迁汾州刺史,堤文谷、滤河二水,引溉公私田,汾人利之"。
③ 据《全唐文》卷613《移丹河记》记载"遂使家开沼,户植芰荷,滥觞可以寄傲,垂钓可以烹鲜。……人无荷担之劳,畜无奔走之困而已也!明侯睹夫众情之欣洽"。
④ 《新唐书》卷三九载"井苦不可饮,贞观中,长史李勣架汾引晋水入东城,以甘民食,谓之晋渠"。
⑤ (宋)欧阳修、宋祁:《新唐书》,中华书局,1975,第4888页。
⑥ 张荷:《山西水利史论集》,山西人民出版社,1990。

面四周的洪水。① 盐池自古就有"治水即治盐"的治水理论。唐政府在河东盐池一周修筑了"壕篱",防堵客水进入盐池。为了维护河东盐池生产的安全,唐以后历代都在盐池修筑了防范设施,将"疏导与堤堵结合,堤堵与导引结合,滩蓄与堵拦结合,防洪与利用结合,在中国水利建设史上具有典型意义"②。在701~704年间,代州人茹汝升带领当地百姓治理滹沱河支流西峨峪洪水,并引水灌溉农田,当地人修庙纪念他的功德。③ 这显示了河东水利工程的水害防治功能。

从行政区划来看,唐代河东地区水利工程的分布是不均匀的。一些州县作为粮食主产区和政治经济中心,往往有多项水利工程,如蒲州、晋州、太原府、绛州等,甚至一些水利工程能形成网络体系,像有的引水渠道就组成主渠、干渠、分渠、支渠纵横交错的灌溉网络系统。而有的州县一项工程也没有,像太原以北地区由于天气寒冷,不是主要产粮区,也不是经济中心,加之水系不丰富,所以并无水利工程的开凿。由此可知,地方水利工程建设的数量主要由当地水系分布决定,同时,地方的政治地位和经济影响力亦是决定中央政府是否投资兴修水利工程的重要因素。

Exploration on Regional Water Conservancy Construction and Utilization of the Tang Dynasty
——Taking Hedong District as an Example

Zhao Xiaofeng   Yao Chunmin

Abstract: Attaching importance to the regional water conservatory building and utilization is one of the political and economic policies of the Tang Dynasty. Under the support of the central government, some regions made great progress in their agriculture development and economic influence by utilizing the plentiful river system and building water conservancy facilities. As the capitdal of

---

① 柴继光是河东盐文化研究专家,他在山西人民出版社出版的《河东盐池史话》一书中介绍"当地盐池治水有治水和客水之分。客水就是盐池外面四周的洪水"。
② 杨鸥、尹婕:《运城盐池:中华文明的发祥地》,《人民日报》(海外版)2013年7月20日。
③ 据道光版《繁峙县志》前言记载,代县现存《唐茹仆射庙记》记录了当时抗洪的情景。

Changan in the Tang Dynasty, Hedong District in Shanxi Province, taking full advantage of the national policy, built a great many projects for irrigation and flood prevention and also many city diversion works in light of its unique terrain and powerful position of salt industry and agriculture. In this way, not only the local economy was developed, but also the nation economy was promoted and social stability was strengthened. Thus, building water conservancy has a great historical significance in providing reference for contemporary regional economic development and social stability.

Key words: Hedong District; Water Conservancy Construction; Salt Lake; Agricultural Economy

综述与述评

近代中国市场上的外国银元研究述评

熊昌锟[*]

摘要：16世纪以来，标准化的机制银元开始大量流入中国，并逐步成为东南沿海商埠的重要结算货币。及至上海等口相继开埠，流通范围日广，并成为清季币制改革的范本。此前学界对于外国银元在中国的流通已有一定程度的研究，主要集中于流通路线、数量、区域以及对中国货币体系的冲击等方面，未能完整揭示外国银元在近代中国货币史、贸易史上的地位，仍有广阔的讨论空间。

关键词：近代中国 外国银元 研究述评

一 引言

货币问题是经济史研究的重要议题，近代中国的货币问题又因处于政治和社会转型时期而显得更为复杂。此时，中国传统的银钱体系仍发挥着重要作用，而自明代以来进入中国市场的外国银元在南方尤其是通商大埠几欲取代传统的银钱货币。大多数国家的通货由政府发行，而此时中国的赋税和大规模交易所需的货币却由商人提供。自五口通商以后，在中国东南沿海一带，外国银元逐渐成为广受欢迎的货币，进而成为大宗贸易结算的通货。政府发行的制钱，却只能用于小规模的零售贸易。

外国银元自明末逐步流入中国，因其形状统一、成色十足、易于计算等优点，深受市场欢迎。最先在中国流通的为西班牙银元（亦称本洋，

---

[*] 熊昌锟，历史学博士，中国社会科学院经济研究所博士后，研究方向为近代经济史、社会史。

Carolus Dollar），其实际产地在墨西哥。此后，墨西哥银元（亦称鹰洋或英洋，Mexican Dollar）、美国贸易银元（America Dollar）、英属香港银元（亦称人洋，British Dollar）、日本银元（亦称龙番，Japanese Silver Yen）、法国安南银元（亦称法光，French Indo - China dollar）等逐步进入中国，在中国货币市场上占据十分重要的地位。鉴于这一情形，清政府和各地督抚认为，外国银元的大量流通，对中国传统的货币体系形成极大冲击，并造成白银大量外流，于是根据外国银元的模制自铸银币，以此抵制外国银元。另外，外国银元在中国市场的大量流通以及自铸银元的实践，直接促使中国放弃银钱并用的货币体系，而实行"废两改元"的币制改革。然而因1934年美国出台《白银购买法案》而导致银价大幅上涨，中国市场上的白银大量外流，造成通货紧缩，经济萧条。1935年，国民政府实行法币改革，纸币成为法定货币，外国银元基本退出中国市场。

二 研究概况

19世纪90年代至20世纪20年代，是清代至民国时期中国市场上外国银元研究的起步阶段。晚清末年，便有学者对晚清货币这一论题展开了研究和讨论。Talcott Williams 以其见闻，总结出1896年在汉口、宁波、扬州等地出现的西班牙银元、墨西哥鹰洋、日本龙洋、法国银元和香港银元，并介绍了外国银元与中国制钱的比价。① Charles A. Conant 指出金银价格的不断变动是中国、菲律宾等东方国家在20世纪初期最重要的货币问题。并以中国市场上的墨西哥鹰洋为例，认为鹰洋与白银的兑换率不断变化，加之1903年墨西哥鹰洋的停铸，对喜好用银的中国市场造成了严重的影响。② 在另一篇文章中，他认为中国没有民族货币，主要是使用外国的银币，包括持续三个世纪从海外运来的墨西哥银元，到20世纪初有英国银元和法国法光与之竞争，但用银的整体趋势在逐渐下降。③ A. Piatt Andrew

---

① Talcott Williams, "Silver in China: And Its Relation to Chinese Copper Coinage," *Annals of the American Academy of Political and Social Science*, Vol. 9 (May, 1897), pp. 43 – 63.

② Charles A. Conant, "Currency Problems in the Orient - Discussion," *Publications of the American EconomicAssoci - ation*, 3rd Series, Vol. 4, No. 1 (Feb., 1903), pp. 280 – 295.

③ Charles A. Conant, "Putting China on the Gold Standard," *The North American Review*, Vol. 177, No. 564 (Nov., 1903), pp. 691 – 704.

认为在20世纪前后，墨西哥鹰洋成为中国市场上最具竞争力的货币，英国和日本的货币无法与其竞争，就连中国本土货币也逊色不少，因此很多地方政府开始仿照鹰洋自铸货币，但收效甚微。① 清水孙秉的《清国货币论》对晚清的货币制度，流入中国的银元种类及原因都作了深刻的评述，加上作者曾在北京居住两年，不仅得以接触汉文文献，还辅以社会调查，因而对当时的货币体系总结较为详尽。②

从全球货币史的研究历程来看，中国学者的研究未必具有草莱初辟的拓荒性质，然因语言方面的优势和对史料的熟稔而自具特色。刘映岚较早注意到道咸之后海禁大开，外国银元流入中国的情形，包括鹰洋、香港银元、龙番、西班牙银元和其他一些外洋在中国各地的流通情况③，虽只对外银的流通做简要的介绍，却是较早专门研究晚清货币的著作。章宗元提到西班牙银元和墨西哥银元等进入中国后，对当时中国社会产生的影响，并引述张之洞的观点"广东通省，皆用外洋银钱，波及广西。至于闽浙皖赣，所有通商口岸，以及湖南、四川、前后藏，无不通行，以致漏卮无底"，说明外洋在华流通的范围和造成的影响，此外对各省铸造银元及清末财政处对铸造银元的章程和规定亦做了一定的介绍。④

1911年前后的研究属于中国市场上外国银元研究的开端，主要侧重于外国银元在华流通的种类及其相互间的竞争关系。总体而言，以概述为主，尚未对一些专题问题进行深入研究。然在研究过程中，论证严密，资料翔实，对此后开展这一时期的货币史研究起到了良好的示范作用。

自20世纪20年代到80年代，是中国市场上外国银元研究的另一阶段。张家骧《中华币制史》较早对自铸银元和流入银元的情况做了介绍，外国流入银元主要包括本洋、鹰洋、人洋、龙洋、安南洋和美国洋，并对流入银元重量成色和进出口额进行了估量。此后，有学者归纳了晚清时人所持货币本位的观点，并就废两改元的必要性、阻力和方法发表了评论，并在探究中国货币沿革时，对外国银元和本国银元流通的范围做了形象的说明，然而只是简略提到这些外洋的基本概况和流通时间，对流通范围和

---

① A. Piatt Andrew, "The end of the Mexican dollar," *The quarterly journal of Economics*. 1904. 5.
② 〔日〕清水孙秉：《清国货币论》，东京富山房，1911年。
③ 刘映岚：《中国货币沿革史》，东京秀光舍，1911。
④ 章宗元：《中国泉币沿革》，至济学会，1915。

其对中国币制的影响则没有进行深层次的讨论。① 杨荫溥关注过上海、天津、汉口通行之外国银元和本国银元，也探究了洋厘、银两银洋并用和废两改元等问题，同时对中国的货币本位制度有一定的思考和见解。② H. B. Elliston 将 20 世纪二三十年代的印度和中国的货币存量进行了对比，并对墨西哥银元对中国货币体系的影响做了评估。此外，对中国 1933 年的货币改革也有所涉及。③ 谭彼岸认为晚清鸦片输入导致中国的纹银大量输出，进而对纹银输入的数值进行了推算。同时认为洋银的进入，加剧了纹银和洋银在中国市场的争夺。④ 但其未能摆脱时代的局限，带有浓厚的阶级分析色彩，没有看到外银进入的积极作用。黄万里认为清末时期一连串的币制改革方案，实际是受鸦片战争后资本主义经济势力进入中国的影响，其后中国的自铸银元、铜元也多仿照外洋的式样和成色。⑤ 作者没有看到官僚和士人之间所持货币改革方案的思想根源和中国币制改革所具备的"路径依赖"特征。胡如远亦对清代流通的货币和币制筹议方案有较为深刻的评述。⑥

这一阶段的研究主要从外国银元流入对中国币制的影响等方面展开论述，同时涉及了对中国自铸银元以抵制外银的看法与探究，对中国 20 世纪 30 年代的货币改革和本位制度也有一定的讨论。此阶段的研究具有承上启下的意义，有利于将货币史研究的层次推向纵深。

20 世纪 80 年代以来，清至民国时期中国市场上的外国银元研究走向新的阶段。侯厚吉、张家骧按照时间序列，对龚自珍、林则徐、魏源以及赵兰坪、杨端六、马寅初等人的货币思想和主张进行了评述。⑦ 而在这一阶段，学界也更加注重个案和区域的精细研究。广州是中国的南方门户，

---

① 张家骧：《中华币制史》，民国大学出版部，1925。另见张家骧等《中国之币制与汇兑》，商务印书馆，1931；金国宝：《中国币制问题》，商务印书馆，1928；侯厚培：《中国货币沿革史》，世界书局，1929。
② 杨荫溥：《杨著中国金融论》，黎明书局，1931；杨荫溥等：《货币与金融》，中华书局，1935。
③ H. B. Elliston, *Silver, East and West. Foreign Affairs* (pre-1986); Jul 1935, 13; Periodicals Archive Online. pg. 666.
④ 谭彼岸：《中国近代货币的流动》，《中山大学学报》1957 年第 3 期。
⑤ 黄万里：《中国货币史》，华东印书馆，1953。
⑥ 胡如远：《中国货币史》，台湾，逢甲书局，1977。
⑦ 侯厚吉：《中国近代经济思想史稿》，黑龙江人民出版社，1982；张家骧主编《中国货币思想史》（下），湖北人民出版社，2001。

外国银元进入中国也多始自广州。陈春声曾关注过清代广东市场上的银元流通情况,他认为乾隆时期外国银元大量进入广东,并对嘉庆至光绪年间广东各地银元的价格进行了梳理,分析了银两、制钱、银元之间的流通比例。此外,还考证了广东在清末自铸银元的具体时间和数量情况。① 伍员对明清时期外国银元流入浙江及其对浙江经济金融的影响进行过较为深入的研究,包括对外国银元进入浙江的经过、路线、数量、流通情况的描述,以及外国银元对原有银钱体制的冲击和对钱庄业发展的促进作用做了分析。② 但他也认为外国银元在浙江的流通,是外国侵略者加紧经济掠夺的手段,并加深了中国半殖民地半封建社会的境地,看到了外国银元在中国市场流通的消极影响,却没有认识到市场上货币流通的规律以及外国银元对近代中国币制改革的促进作用。刘文龙认为16世纪末至19世纪初,经由太平洋帆船贸易,实现了中国丝绸、瓷器和美洲烟草、玉米之间的双向交流,同时墨西哥银元也经此路线进入中国。③ 张宁对墨西哥银元在中国的流通、墨西哥银元流入中国的时间以及在华东地区作为主币的时间做了考证,并论述了鹰洋的流通范围以及对鹰洋沉入中国的数量进行了估算,最后对墨西哥银元流通对中国银元制度和币值产生的影响做了细致的评估。④ 然而从引征资料来看,作者没有利用海关的统计资料以及档案等原始资料,而多借助于前人的研究成果,因此很难得出具有说服力的结论。

金德平认为我国主币单位"圆(元)"实则源于"银圆"之名,并认为通过宣统二年(1910)公布的《币制条例》取得了国币单位的地位。⑤ 张宁认为"元、角、分"体系受外国银元的影响,在与传统货币单位"两、文"的竞争中不断发展,到1910年正式成为法定货币单位,并经北

---

① 陈春声:《清代广东的银元流通》,《中国钱币》1985年第1期。
② 伍员:《明清两代外国银元流入浙江及其对浙江经济金融的影响》,《浙江金融研究》1984年第1期;伍员:《明清两代外国银元流入浙江及其对浙江经济金融的影响》(续上期),《浙江金融研究》1984年第2期。
③ 刘文龙:《马尼拉帆船贸易——太平洋丝绸之路》,《复旦学报》(社会科学版)1994年第5期。
④ 张宁:《墨西哥银元在中国的流通》,《中国钱币》2003年第4期。
⑤ 金德平:《论我国主币单位"圆(元)"之由来——兼说辅币单位"角""分"》,《中国钱币》1995年第1期。

洋政府和国民党政府加以巩固,沿用至今。① 千家驹在论及中国货币演变史时,着眼于本洋和鹰洋等外国银元流入中国、中国仿铸外洋的情况以及银元单位问题的论争。石毓符则关注了清代的通货,以及外国银元的流通和废两改元等问题②,但两者都属于通识性著作,只是简略地提及外国银元作为通货在中国存在的情况,而忽略了外国银元的流入对中国的影响做深入的量化研究和质性评估。史全生对林则徐关于禁止外洋和自铸银元的主张进行了简要的评述,同时对禁止鸦片和白银外流之间的关系进行了梳理,并进一步臧否了林则徐的货币思想。③ 此外,学界多认为清代实行银钱本位制度,"大数用银、小数用钱"成为普遍性的认识。张宁通过对宁波金融制度的考察,制钱地位的变化,尤其是对宁波"过账"制度的研究来重新审视"大数用银、小数用钱"之说。④ 然而,"过账"制度仅限于宁波一隅,连其周边的温州、杭州等城市都少见"过账"之制。以一地之经验,定全局之结论,似有不妥。"大数用银、小数用钱"当然也不能成为总结全国性的货币现象,必须考虑到地域的差异性。

可以看到,20世纪80年代以来,学者更为关注时人的货币思想以及更为精细的个案,旨在厘清影响币制改革的思想根源和区域社会外银进入的影响。此外,对外国银元流入与"废两改元"之间的关系问题进行了更为深入的研究。

总之,从晚清至今,学界关于清代至民国时期中国市场上的外国银元研究大致分为以上三个阶段。而学界对于中国市场上的外国银元的研究内容,主要集中于以下几个主题。

三 研究主题

(一)外国银元进入中国的路线、数量和流通区域问题

在外国银元进入中国市场之前,白银(银块或银饼)曾大量输入中

---

① 张宁:《论我国现代货币"元、角、分"体系的确立》,《史学月刊》2005年第2期。
② 千家驹、郭彦岗:《中国货币演变史》,上海人民出版社,2005。
③ 史全生:《论林则徐的货币思想》,《福建论坛》2007年第9期。
④ 张宁:《制钱本位与1861年以前的宁波金融变迁——兼与"大数用银、小数用钱"说商榷》,《中国社会经济史研究》2012年第1期。另一种说法为"官方用银,民间用钱",似皆不能一概而论。

国。学界对外银进入中国的研究始于对美洲白银的兴趣,而美洲白银如何进入东亚和中国,最早可追溯至大帆船时代的贸易线路问题。此后银元的进入,与白银的输入路径基本一致。卫挺生在《清季中国流行之货币及其沿革》一文对外国银元流入中国的路径以及各地自铸银元情况进行了详细的描述,并讨论了银元之间以及与其他货币的竞争关系。① Mitsutaro Ariaki 在"Report on the Currency System of China"中对中国的货币体系进行了极为细致的梳理,中间对外国银元在中国的流通也有详尽的介绍,并就外国银元在华市场的流通数量进行了合理的推算。② 此份报告将当时日本学者对近代中国货币研究的精细程度体现得淋漓尽致。余捷琼根据海关报告对 18 世纪到 20 世纪中叶中国银货的输入进行了估量。③ 然因银元走私情形严重,估量的数据很难精确,但在 20 世纪 40 年代已着手进行外国银元的计量研究,走在了其他研究者的前列,实属不易。魏建猷论述了清代外国银元流入中国的经过、种类、原因及影响,认为外国银元的大量流入一方面促进了国内外的贸易和近代中国的币制改革,另一方面也造成了中国币制的复杂和白银的外流。④ 上述见解值得注意之处在于,它在人们动辄将外国银元的进入视为经济掠夺的片面认识基础上,明确强调了外国银元进入与中国币制改革的直接联系,反复论述了银元流入的积极作用,对我们重新理解货币流动所产生的影响具有重要意义。

外国银元进入中国的线路,首先是通过与沿海港口、商埠的贸易而流入,进而到达港口的腹地和内地。景复朗(Frank H. H. King)认为墨西哥银元等洋银作为收购丝茶、棉花的主要货币,不仅在东南沿海的条约口岸流通,晚清后期在广东、广西、福建、台湾、山东和直隶等地区广为流通,一些内陆省份甚至东北地区,也有一定数量的银元。⑤ 此前学界对外国银元流通的范围多局限于通商口岸和沿海城市,较少注意到内陆和边疆地区,景复朗通过鹰洋的流通区域,重新界定外国银元流通的范围,取得

---

① 卫挺生:《清季中国流行之货币及其沿革》,《清华大学学报》(自然科学版)1924 年第 2 期。
② Mitsutaro Araki, "Report on the Currency System of China", *The Japan Council of the institute of pacific relations*, Tokyo, 1931.
③ 余捷琼:《1700~1937 年中国银货输出入的一个估计》,商务印书馆,1940。
④ 魏建猷:《清代外国银元之流入及其影响》,《东方杂志》1945 年第 41 卷第 18 期。
⑤ Frank. H. H. King, *Money and Monetary Policy in China*. 1845 – 1895, Mass, Havard University Press, 1965.

了很大的突破。

关于外国银元在中国流通的数量,耿爱德(Eduard Kann,亦称 E. Kann)对中国的金融货币问题有过深入研究。结集其多年研究成果的《中国货币论》,对中国的金属货币做了深入的探讨,分为银部、金部和铜部,其中以较大篇幅论述了近代外银入华的过程和影响,并对一定时段内外国银元进入中国的数量做了细致的估算,弥补了海关史料记录的不足。① 陈度在《中国近代币制问题汇编》中提到根据宣统二年(1910)度支部的调查,外国银元在中国流通及贮藏数额达 11 亿元,其中 1/3 以上(4 亿~5 亿元)为鹰洋。② 学界认为这个统计数额过高,并有过一些讨论。银行家张嘉璈曾估计,在 1935 年法币改革之前,全国流通银元约为六亿元,约占全部存银的 1/4。③ 这个数额包括外国银元和中国自铸银元,而外国银元和自铸银元的具体数额不得而知。郝延平在研究近代中国商业革命时,系统考察了晚清时期沿海地区出现的银铸币(银元和辅币)的流通情况,钱庄的庄票及新式银行的支票、纸币等货币以及鸦片的货币功能,最后对三种货币的数量进行了估计。④ 郝延平的研究在资料方面取得了大的突破,他利用怡和、琼记、旗昌等洋行的档案资料和一些重要函件,对晚清中国市场上的外国银元进行了量化和质性相结合的分析,无论深度和广度都取得了长足的进展。何汉威统计了清末自铸银元和铜元的数额,认为铸造铜元的利润远在铸造银元之上,因此清政府和各地督抚都热衷于铸造铜元,由此造成了铜元的泛滥和货币体系的紊乱。⑤ 从政府发行货币动机的层面对自铸银元以及铜元泛滥等问题进行了深入的阐述,对加深理解清政府和地方督抚,银元和铜元之间的竞争具备重要的意义。

银元的普及是 19 世纪以来货币发展的趋势。王业键认为太平天国以后银元的流通呈现出三种趋向:一为流通区域从南方扩展至北方;二为银元

---

① 耿爱德:《中国货币论》,蔡受百译,商务印书馆,1929。
② 陈度编《中国近代币制问题汇编》(序),商务印书馆,1932,第 42 页。
③ 张维亚:《中国货币金融论》,台北,东方经济研究所,1964,第 56 页。王业键也支持银元在中国货币流通数量在 6 亿元左右的说法,参见王业键《中国近代货币与银行的演进(1644~1937)》,台北,中研院经济研究所,1981。
④ 郝延平:《晚清沿海的新货币及其影响》,《中央研究院近代史研究所集刊》1978 年第 7 期。
⑤ 何汉威:《从银贱钱荒到铜元泛滥:晚清新货币的发行及其影响》,《中央研究院历史语言研究所集刊》第 62 本第 3 分,1993。

有逐渐统一的倾向，银铤、银块等渐被银元所驱逐；三为作为货币单位的元，在与传统银两的竞争中，越发占据优势。此外，作者对银元行市和银元对废两改元的推动进行了一定程度的解读，并划分了中国的货币市场，认为东南沿海、华南和长江中下游地区是外国银元流通的区域。① 王业键此前对美洲白银也有深入的研究，对白银进入中国的路线及流通范围亦有细致的描绘，而对银元的持续关注，正好与此前明末至清中叶的白银研究无缝对接，并总是发人之未见，得出具有前瞻性和启发性的结论。但其对外国银元在中国流通数量的估计，仍有值得商榷之处，原因在于所引征统计资料的局限性。西班牙银元是早期进入中国的外国银元，其后逐渐被墨西哥鹰洋、日本龙洋等取代。百濑弘利用英文、日文等几种文字资料，对西班牙银元（实际产地为墨西哥）流入中国的时间和数量和单位制度"元"等进行了详细的考证，并对西班牙银元在中国市场的流通对中国国内货币的影响做了评估。② 这是迄今为止，对西班牙银元在中国市场流通研究最为深入的个案。William Schell 认为墨西哥银（白银、银元）对世界经济有着重大的影响，尤其是对喜好用银的中国，他详细估量了墨西哥银从马尼拉等地流入中国的数量并描绘了 1893~1909 年间墨西哥银出口与中国白银进口的关系图，对开展外国银元在中国市场的计量研究做了很好的先行基础。③ Richard von Glahn 统计了 19 世纪在中国市场上流通的外国货币，认为其后中国货币单位"元"的确立是受外国银元标准单位的影响。难能可贵的是，作者运用"闽南契约文书"来观察区域社会的货币流通情况（包括泉州和南安、同安、海澄等县），④ 这提醒此后学者在开展货币史研究时，不仅需要重视官方的统计资料，对保存下来的民间文献亦不能忽视。Alejandra Irigoin 认为 19 世纪中叶是白银时代的终结，其中尤以西班牙

---

① 王业键：《中国近代货币与银行的演进（1644~1937）》，台北，中研院经济研究所，1981。
② 〔日〕百濑弘：《清代西班牙银元的流通》，南炳文译，《日本学者研究中国史论著选译》第 6 卷《明清》，中华书局，1993，第 449~486 页。
③ William Schell, "Silver Symbiosis: ReOrienting Mexican Economic History," *Hispanic American Historical Review*, 81: 1, February 2001, pp. 89–133.
④ Richard von Glahn, "Foreign Silver Coins in the Market Culture of Nineteenth Century China," *International Journal of Asian Studies*, 4, 1 (2007), pp. 51–78. 这一研究主要提供了新的资料思路。曹树基先生在研究石仓契约时，发现清末多用"鹰洋"结算。笔者所发现的赣南田契中，也有很多洋银的记载。因此，在研究外国银元的流通范围时，不仅需要注意到港口或沿海城市，内陆和农村地区也须留意。

比索和墨西哥白银为代表，取而代之的是银元在全球范围内的兴起，并对白银的数量进行了详细的计量研究。①与此前部分计量研究一样，其统计的数量过于笼统。Jacqueline H. Fewkes 通过对拉达克（今克什米尔地区）贸易的观察指出，20 世纪早期已形成了经济全球化。除了货物的互通有无之外，墨西哥银元成为商人喜好的等价物。而作为普遍通用的货币，鹰洋来自墨西哥和其他西班牙殖民地。② 学界此前多关注于美洲—马尼拉—中国的贸易和流通路线，忽视周边内陆地区进入中国市场的可能性，Jacqueline H. Fewkes 的研究，提供了新的面向。

外国银元在中国的流通，不仅仅是贸易问题和经济现象，对当时的中国和世界有着重要的影响。贡德·弗兰克不仅让学界开始重新审视"西方中心论"的传统论断，也使大家对白银贸易与流通的兴趣与日俱增。但其关于白银流动的讨论主要为其展开对"西方中心论"的批评而服务，没有细致、系统地考察白银输入的线路、数量及影响。且其不通汉文，所使用的资料多来自他人的研究成果，故而缺乏足够的说服力。③ 卜正民（Timothy Brook）在《维梅尔的帽子——从一幅画看全球化贸易的兴起》中花了很大的篇幅来讨论中国对拉美白银的需求，以及白银输入日本、中国的路线。提出了以白银为纽带的全球贸易网络，对白银在贸易各方所起的作用进行了评估。④ 上述提及的论著对美洲白银的数量估算多限于明代和清初，对清中叶以后银元的输入较少涉及。但是从这两部著作，可以看出外国白银（银元）的流动，对当时中国和世界所产生的影响。林满红的《银钱：19 世纪的世界与中国》一书，根据作者多年的学术积累，充分利用中、日、英文资料和清代的档案，钩沉索隐，以白银的流动为主线，将 19 世纪中国的经济、思想、文化串联起来进行综合分析和考察，同时对清代官僚和部分经世之士的货币、经济思想作了深刻的解读。此著不仅颠覆了帝国

---

① Alejandra Irigoin, "The End of a Silver Era: The Consequences of Breakdown of the Spanish Peso Standrad in China and the United States, 1780s – 1850s," *Journal of World History*, Volume 20, Number 2, June 2009, pp. 207 – 244.

② Jacqueline H. Fewkes, "Living in the Material World: Cosmopolitanism and trade in earlytwentieth centuryLadakh," *Modern Asian Studies* 46, 2 (2012) pp. 259 – 281.

③〔德〕贡德·弗兰克：《白银资本：重视经济全球化中的东方》，刘北成译，中央编译出版社，2008。

④〔加〕卜正民：《维梅尔的帽子——从一幅画看全球化贸易的兴起》，刘彬译，文汇出版社，2010。

主义在中国倾销鸦片导致清代嘉道年间白银外流的传统观点,更将中国的国内问题与世界的白银供给相联系,深刻揭示了19世纪中国的经济和社会问题内在机理,并对鸦片输入造成中国白银大量流失进而形成近代中国命运的传统观点进行了挑战。① 作者对清代中期流通的外国银元也有一定的介绍,但篇幅不多。林著以很小的切入点,观察美洲白银流入对当时中国和世界的影响,不仅对19世纪中国的经济史、经学史、思想史进行了系统的梳理,更对中国和世界的联系图景有清晰的展现,堪称整体史研究的典范,亦是中国货币史研究的新高峰。

(二) 外国银元之间的竞争以及对中国货币体系和币制改革的影响

Henry C. Ide 从银行和财政的角度来观察19世纪末20世纪初菲律宾群岛的货币问题,其中包括对印度、中国银行的讨论以及统计出香港和上海银行的银元存量。稍显遗憾的是,本文对外国银元的统计没有以国别进行区分,因而对各国银元在中国市场所占份额无法知晓。然而作者从银元之间竞争的角度来观察晚清的货币,进而探究各自与据的市场区域,具有一定的开创性。② Porter Garnett 在 "The History of Trade Dollar" 一文中指出自墨西哥鹰洋被封闭的中国接受以后,逐渐成为中国与其他国家贸易的主要货币。因此,美国从墨西哥购买银块,加工成美国贸易银元,以此同墨西哥银元争夺在华市场份额。在 Porter Garnett 看来,美国贸易银元是最好的货币,最终将占据整个中国市场。③ 但从海关统计资料来看,美国贸易银元流通的范围有限,主要集中于广州等南部沿海港口,几乎没有流通至中国北部和广大的内陆地区,更没能占据整个中国市场。

Leonard Darwin 关注了19世纪末20世纪初墨西哥和中国的货币改革,主要集中在墨西哥放弃"银本位"实施"金本位"的货币制度,对中国和

---

① 林满红:《银钱:19世纪的世界与中国》,詹庆华、林满红等译,江苏人民出版社,2011。
② Henry C. Ide, "Banking, Currency and Finance in the Philippine Islands," *Annals of the American Academy of Political and Social Science*, Vol. 30, American Colonial Policy and Administration (Jul., 1907), pp. 27 – 37.
③ Porter Garnett, "The History of Trade Dollar," *The American Economic Review*, Vol. 7, No. 1 (Mar., 1917), pp. 91 – 97.

墨西哥所产生的影响。① 然而，作者没有看到即便墨西哥鹰洋的停铸对中国产生了重大的影响，但中国并未就此停止使用银元，且中国国内的墨西哥鹰洋，仍有相当数量，直到 20 世纪 30 年代才逐渐退出市场。根岸佶重点考察了晚清民初时期的币制改革，列举了此时段中国市场上流通的货币种类，对币制改革的成效进行了评估。② 清末，外国银元大量进入中国，对中国原有的货币体系造成极大的冲击。根岸佶、越智元治认为近代中国的币制改革可分为四个时期，1895～1900 年为第一时期；1901～1914 年为第二时期；1915～1927 年为第三时期；1928～1935 年为第四时期。此外评价了清末民初几次币制改革的相同点与不同点。③ 根岸佶、越智元治对币制改革四个阶段划分的依据，主要着眼于解释币制改革的动机和成效，论述外国银元流入对原有中国货币体系的冲击和影响，其后部分学者默认和因袭了这一结论。

外国银元的大量流入，造成当时中国货币种类繁多，币制复杂。道咸年间，外国银元大量进入中国，成为清代货币史上复杂而又紊乱的时期。汤象龙在考察咸丰朝的货币时，结合清初银铜并用的双本位制和道光年间白银外流造成的财政危机探讨咸丰时期货币混乱的原因，究其根本，在于鼎新的货币制度引发的通货膨胀。他进一步认为，咸丰朝实行货币新制失败的根源在于理论基础的错误和新制本身的缺点。④ 氏著从指导币制革新的货币理论反思币制改革的成败，具有一定的新意。此后在开展具体时段的货币研究，从思想根源以及货币制度、流通方面进行深刻剖析，关注此时段前后货币制度的变与不变之处，成为一种沿袭的研究模式。如果说道、咸年间是清代币制混乱的开始，清末十年的币制则达到了混乱的顶峰。这其中不仅包含各种货币混杂使用，造成市场紊乱，更与清政府和地方督抚在整顿和统一币制过程中的矛盾与斗争密切相关。清政府眼见铸币所带来的巨额收益，欲收回货币铸造权，而各省为了自身的利益不愿放弃铸币的权力，因此形成了两者之间的利益博弈。另外，清政府在整顿币制

---

① Leonard Darwin, "Currency Reform in Mexico and China," *The Economic Journal*, Vol. 14, No. 55 (Sep., 1904), pp. 395–400.
② 〔日〕根岸佶：《中国货币改革论》，东京支那经济学会，1919。
③ 〔日〕根岸佶、〔日〕越智元治：《中国及满洲的通货及币制改革》，东亚同文会，1937。
④ 汤象龙：《咸丰朝的货币》，《中国近代经济史研究集刊》1933 年第 1 期。

时，缺乏良好的政策和组织措施，反而加深了币制的紊乱。① 吉田雄虎重点讨论了外国银元和中国传统银钱及纸币、铜元的流通情况，并分析了民国时期的多种币制改革方案，对将来的币制改革做了展望。② 吉田的研究重点在于币制改革，不仅对民国几次币制改革方案进行了评价，还提出了自己认为可行的方案。此外，有学者对中国的货币本位制度和清末至民国早期各种货币改革的主张等问题做了深入的研究，在论及当时中国币制时，也涉及了外洋流入中国以及自铸银元的情况，但较为简略。③ 张国辉在论述晚清货币制度时，将晚清银两制度的演变和外国银元流入及清政府自铸银元相结合，认为制钱制度已经走向没落，然各省自铸银元、铜元又过于泛滥，造成了货币市场的混乱。④此文清晰地展现了晚清币制演变的轨迹，但对外国银元流入对中国币制的影响分析过于简略。

彭信威的《中国货币史》是研究中国历代货币的集大成之作，全书对自先秦至清代的货币制度、货币购买力、货币思想和信用机构进行了系统的研究。考察了清末流入中国的银元种类、数量和流通范围，并涉及了晚清黄遵宪、康有为、郑观应的货币思想以及精琪的货币改革计划。⑤ 稍显遗憾的是，作者对外国银元的持续关注不够，仅限于清代，对外国银元的进入对中国货币体系的影响则没有论述，总体来看，此著作的资料意义大于研究意义。杨端六在《清代货币金融史稿》以19世纪中叶为分界线，对这一时段前后外国银元的流入来源、途径、流通的方向和其在中国市场所起的作用、数量、交换价值等方面做了细致的梳理。⑥ 殊为可惜的是，作者并未对外国银元流入中国的影响进行分析，多是资料的汇集。邹晓昇考察了鹰洋与上海洋厘行市的形成，自铸银元与龙洋行市的取消与上海钱业公会取消鹰洋行市，鹰洋退出中国货币市场对其后币值改革的影响⑦，而其对鹰洋行市的取消仅持单方面的评价是不全面的，没有看到鹰洋对促进币值统一的积极作用。Fernandez Luis Amadeo 对 1850～1905 年东亚货币

---

① 张振鹍：《清末十年间的币制问题》，《近代史研究》1979 年第 1 期。
② 〔日〕吉田雄虎、周伯棣编译《中国货币史纲》，中华书局，1934。
③ 赵兰坪：《货币学》，正中书局，1936；赵兰坪：《现代币制论》，正中书局，1936；章乃器：《各国币制》，商务印书馆，1934；《中国货币问题》，大众文化社，1937。
④ 张国辉：《晚清货币制度演变述要》，《近代史研究》1997 年第 5 期。
⑤ 彭信威：《中国货币史》，上海人民出版社，2007。
⑥ 杨端六：《清代货币金融史稿》，武汉大学出版社，2011。
⑦ 邹晓昇：《银元主币流通与上海洋厘行市的更替》，《史学月刊》2006 年第 8 期。

市场上的银元做了很有意思的解读。他提出了三个问题：墨西哥银元为何在东亚成为主要的国际货币？但它为何消失了？它从16世纪到19世纪后半期作为国际货币的原因是什么？作者认为，墨西哥银元成为国际货币并在东亚广受欢迎的原因在于16～19世纪是银本位的时代以及墨西哥银块在世界白银市场所占的份额。墨西哥银元作为国际货币消失的原因在于金本位确立后银价大跌，墨西哥银元停铸。[1] 应该说，作者对于"国际货币"的提法很有新意，虽然当时可能不存在"国际货币"或"世界货币"的称谓，但是墨西哥银元在美洲、亚洲等地的流通，实际已具备"国际货币"的属性。从市场的角度和货币影响的角度来开展新的货币史研究，尤其是对区域性重要货币或国际（世界）货币的研究，应是新的议题。

（三）时人的货币思想和货币改革的实践问题

外国银元的大量流入，对当时中国的货币市场产生了深远的影响。一些官僚和学者认为外洋的入侵造成了中国白银的大量外流，因此提出自铸银元或废两改元等主张。部分学者对中国币制问题，英洋（鹰洋）、龙洋的消长以及英洋、龙洋的市价较为关注，对废两改元的实施也提出了一些建议。[2] 这些研究对了解时人针对币制改革和废两改元所持的态度提供了很好的依据。赵丰田《晚清五十年经济思想史》，开创了研究晚清经济思想的先河[3]，其中关于货币思想的很多观点对今日开展货币理论的研究仍具有重要的启发意义，如其中的"增岁入说""行预算说"都与流通中所需的货币量有关。叶世昌系统梳理了中国历代的货币理论，详尽阐述了魏源、周腾虎、钟天纬、张之洞、郑观应等人的铸银钱思想和废两改元前的思想主张。他认为，在"废两改元"之前，中国不存在货币本位制度，直到"废两改元"的实施，才确立了银本位制。[4] 该书运用了大量的奏稿、文集，资料翔实，清晰展现了晚清以来货币思想发展的脉络。只是关于货币本位的认识，仍有讨论的空间。William T. Rowe 对道光朝的货币论争以

---

[1] Hernandez Luis Amadeo, "The Gold Standard and the Disappearance of the Mexican Silver Dollar as International Currency in Japan and East Asia Markets, 1850 – 1905," *SSRN Working Paper Series*, Feb. 2011.

[2] 徐沧水编《中国今日之货币问题》，上海，银行周报社，1921。

[3] 赵丰田：《晚清五十年经济思想史》，哈佛燕京学社，1939。

[4] 叶世昌等：《中国货币理论史》，厦门大学出版社，2003；叶世昌：《货币史研究：中国近代货币本位制度的建立和崩溃》，《钱币博览》2002年第3期。

及王鎏、包世臣等人的货币思想进行了深入的剖析,[1]但未能眼光向下,去解读更多阶层对外国银元流入和流通的看法,而不仅仅局限于官僚或知识分子。

晚清外国银元大量流入中国市场,其含银量在90%左右,而中国的白银含银量近98%。晚清部分官僚认为,有时为了使用上的方便,一块银元兑换一两白银,这就造成银元和银两存在不等值交换,导致中国白银大量外流,因此倡议自铸银元,抵制外洋。一批具有经世致用的官员亦曾对外国银元大量充斥国内市场有过激烈的批评,呼吁自铸银元,张之洞等更是付诸实践,在清政府的支持下,最先开始在广东铸币,并取得了一定的成效。在广东开铸银元之后,很多省份也先后购置机器,开铸银元。清末光绪年间四川也开始铸造银元、铜元,然因发行紊乱,民国年间又重新铸造。各省纷纷自铸银元、铜元,最终导致货币体系混乱,加速了通货膨胀。[2]晚清官僚、学者在提到白银外流时,多认为低值银元换取高值银两是重要的原因,以致此后部分学者未加考虑,直接沿袭这种说法。林满红对以低值银元换取高值银两提出了质疑和重新解读。她认为银元的含银成分并未低于银两,只是银元的重量比银两轻,但两者的市价在大多数情况下,与其含银的重量相称,因此认为以银元换取银两,不能成为白银外流的重要因素。[3]林著所带来的理解与不同观点,使我们能够重新探讨白银外流的原因。外国银元大量流入中国,对当时中国的货币体制和社会造成怎样的影响,以及清政府对待外国银元持续流入所持的态度和政策也是部分学者关注的问题。精琪的币值改革方案是晚清货币史上的一个重要问题。在世界银价暴跌的情况下,精琪主张导入金汇兑本位制。而且在涉及金储备问题时,提出当时中国银库库存鹰洋数量,应用新铸币加以代替。但精琪的方案遭到地方官僚的抵制而流于失败,各省纷纷自铸银元,使晚清的货币体系更加混乱。[4]以精琪币制改革的个案深入观察晚清币制改革,看到了其难以成功的内在原因。

---

[1] William T. Rowe, "Money, Economy, and Polity in the Daoguang-Era Paper CurrencyDebates," Late Imperial China, Volume 31, Number 2, December 2010, pp. 69-96.
[2] 陈默:《清末民初四川铸行银元铜元简述》,《西南金融》1989年第S1期。
[3] 林满红:《中国的白银与世界金银减产(1814~1850)》,《中国海洋发展史论文集》(第四辑),台北,中研院中山人文社会科学研究所,1991。
[4] 〔韩〕丘凡真:《精琪的币制改革方案与晚清币制问题》,《近代史研究》2005年第3期。

外国银元在中国货币市场的重要地位,与其后币制改革——"废两改元"有着密切联系。近代货币单位"元、角、分"体系的确立表明我国的货币单位体系正逐渐摒弃银钱并用时所使用的"两、文"计量单位,而渐与国际接轨。王同起对"废两改元"的原因、实施和影响做了较为深入的分析。他认为晚清白银外流和外国银元大量进入中国市场是促使"废两改元"的重要原因,以国家法令的形式确立银元制度为统一币值。并认为"废两改元"是具有积极意义的货币改革,推动了经济的发展。① 然此文无力摆脱时代局限,认为将银本位货币改为外汇本位货币,暴露了中国社会经济半殖民地半封建社会的性质,而没有看到采用银元作为本位货币的积极作用。Richard von Glahn 论证了西班牙"卡洛斯比索"与"元"之间的关系,认为"元"的确立正是来自银元的标准单位。② 在"废两改元"问题上,新兴的银行业和传统的钱庄业并未就此达成一致意见,两者曾有过激烈争辩。然随着实力的此消彼长,银行业在这场争辩中占据优势并得以参与制定废两改元的具体方案③。探究钱庄业和银行业在废两改元上的龃龉,有助于理解币制改革涉及各方利益和具体实施的复杂性。李爱从国民政府的政治、经济政策来解读白银危机与币制改革,同时关注币制改革过程中中国与美、英、日的关系。④ 李著似乎过度强调了政治因素对币制改革的作用,却忽视了经济因素在其中的重要性,尤其是对商品(白银、银元不仅是货币,更是一种商品)与市场的关系解读不够。

1934 年美国通过《白银收购法案》,国际银价大幅提高,中国所存白银大量流出,国内通货紧缩,经济衰退,引起金融恐慌,通过"废两改元"而确立的银本位遭到强烈冲击,政府被迫实施法币改革,而在策划和实施法币改革的过程中,英、美等国积极参与中国政府的又一次币制改革。野泽丰等学者主要探讨了 1935 年中国币制改革英美和日本的态度及其

---

① 王同起:《国民党政府"废两改元"述评》,《历史教学》1990 年第 9 期。
② Richard von Glahn, "Foreign Silver Coins in the Market Culture of Nineteenth Century China," *International Journal of Asian Studies*, 4, 1 (2007), pp. 51 – 78.
③ 吴景平:《评上海银钱业之间关于废两改元的争辩》,《近代史研究》2001 年第 5 期。
④ 李爱:《白银危机与中国币制改革:解析国民政府时期的政治、经济与外交》,华东师范大学 2005 年博士学位论文。

成效,认为币制改革在提高法币信用、促进货币统一等方面取得了成功。①中岛太一认为国民党政府通过币制改革而实现了国家资本主义的产生。久保亨则从政策与制度层面分析了1935年币制改革的原因,认为当时的国民政府在其中起到了关键性的作用。②日本学者结合币制改革的主体、政策和制度以及对此后国家资本主义形成的影响等几个方面进行了深入的解读,对将货币史研究推向纵深提供了新的面向。

(四)货币理论体系的构建

Frank Whitson Fetter 等认为中国产银不多,但喜好用银,因此大量的外国银币进入中国市场。并细致考察了1874~1914年,1914~1934年两个时间段的银价波动以及美国白银法案对中国银本位的影响。附录中描绘了1929年外国银元在中国的分布情况。③ Dickson H. Leavens 探讨了1933年中国"银本位"建立的背景和建立的过程,并对在华流通的墨西哥鹰洋与"银本位"的建立以及当时的上海投资市场(白银)与各国公司的反映进行了论述。④ 黑田明伸是日本久负盛名的货币史专家,其宏著《中华帝国的结构与世界经济》从货币制度的层面检验了帝制晚期中国的经济结构,并提出了"地域通货"与"地域间通货"双重结构的概念。而在《货币制度的世界史——解读"非对称性"》一书中,他又致力于对货币理论的诠释以及将东西方的货币制度进行比较。此外,他还对清末湖北的两次币制改革以及此中所蕴含的中央和地方的权力斗争做了深入解读。⑤ 黑田明伸的主要贡献在于使货币史的研究具有理论层面的意义,更展现了货

---

① 〔日〕野泽丰主编《中国币制改革和国际关系》,东京大学出版会,1981;郑会欣:《一九三五年币制改革的动因及其与帝国主义的关系》,《史学月刊》1987年第1期;吴景平:《英国与1935年的中国币制改革》,《历史研究》1988年第6期;《美国和1935年中国的币制改革》,《近代史研究》1991年第6期。

② 〔日〕中岛太一:《国民党统治下多结构的国家资本主义的产生:以币制改革为转机》,《社会科学研究》(东京大学),1981年,第33卷4期;〔日〕久保亨:《走向自立之路:两次世界大战之间中国的关税通货政策和经济发展》,王小嘉译,中国社会科学出版社,2004。

③ Frank Whitson Fetter & Herbert M. Bratter, "China and the flow of silver," *Geographical Review*, Vol. 26, No. 1 (Jan. 1936), pp. 32 - 47.

④ Dickson H. Leavens, "The Silver Clause in China," *The America Economic Review*, Vol. 26, No. 4 (Dec. 1936), pp. 650 - 659.

⑤ 〔日〕黑田明伸:《中華帝国の構造と世界経済》,名古屋大学出版会,1994;〔日〕黑田明伸:《货币制度的世界史——解读"非对称性"》,何平译,中国人民大学出版社,2007;〔日〕黑田明伸:《清末湖北省の币制改革》,《东洋史研究》41卷3号,1982年12月。

币史研究的整体史观和比较研究的重要性，由此呈现了理论研究和比较研究的新面目，不致千篇一律。

很多学者认为"废两改元"后，中国已是银本位制，而马寅初认为中国既非"银本位"，亦非"银元本位"。① 戴建兵在考察近代货币史时，对传统货币制度"银钱本位"的提法进行了反思，重新定义近代中国为"白银核心型"的货币体系。他认为外国银元传入中国后，并没有从根本上取代中国传统的计量白银货币——白银，两种货币在流通领域中，既互相竞争，又互为联系，构成了中国近代货币体系的核心。② 戴著中也曾提及制钱，但其关心的核心始终是白银。应该说"白银核心型"的提法在货币理论的构建方面有一定的新意，但近代中国是否一直是"白银核心型"的货币体系，白银在货币体系中占有怎样的地位，制钱又占据何种地位，仍需细致的量化论证。燕红忠通过经济运行与经济近代化的关系来阐述自17世纪至20世纪中叶的中国货币金融体系，对历史时期的货币金融体系与经济运行内在关系相结合，从经济运行和货币化的角度来窥视经济近代化的过程。③ 作者旨在厘清三个世纪以来中国货币金融体系的演变脉络，从宏大层面来看，亦达到了这样的目的。然而在对长达三百年货币、金融制度进行解读时，对当时社会的政治、思想根源挖掘不够。

四 拓宽研究视野的展望

回顾学界关于清至民国时期中国市场上的外国银元研究，所取得的成绩和对此后深入研究的启发意义是十分显著的，主要集中在以下几个方面。一是对外国银元入华的线路问题，有了一个清晰的描绘。二是对外国银元在中国货币市场的分布情形有较为细致的概述。三是看到了外银入华引发的地方铸币风潮以及中央与地方在铸币方面的利益纠葛。四是构建货币理论体系的尝试。尽管取得如此丰硕的成果，但中国货币市场的外银议

---

① 马寅初：《论废两改元问题》，《马寅初全集》（第六卷），浙江人民出版社，1999。马寅初指出"徒因银本位制，尚紊乱而无统系，如内地商民，通行银元，各大商埠，则以银两为尚，既非洋本位，又非银本位，非驴非马，深堪浩叹"。
② 戴建兵：《白银与近代中国经济（1890～1935）》，复旦大学出版社，2005。
③ 燕红忠：《中国的货币金融体系（1600～1949）——基于经济运行与经济近代化的研究》，中国人民大学出版社，2012。

题，仍有广阔的研究空间。笔者认为，至少还有以下方面值得做进一步努力。①学界此前虽对外国银元的流通范围有过概述性的结论，却没有对外国银元的流通数量进行细致的统计和分析。如各地之间外国银元的进出口数量，海关资料、英国国会档案、汇丰银行档案，《中国的对外贸易统计，1864~1949》中有详细的统计，结合几份资料，通过一定的推算，能够得出较为准确的数据，从而修正此前学界估计数据的偏差。②外国银元在华货币市场的区域特征和阶段性特征亦须引起关注，先行研究只是介绍了大致的分布范围，但外国银元之间实力的此消彼长，流通的阶段和区域在不时发生变化。③学界对外国白银和西班牙银元有过较为深入的研究，但时段多集中于明末清初，对清中期以后墨西哥鹰洋、日本银元、香港银元和美国贸易银元以及外国银元之间的竞争关系缺乏深入的比较研究。④虽然外国银元在中国货币市场流通甚广，但中国原有的银钱体系仍然发挥着作用，尤其在内陆和北方地区，银两和制钱屹立无损，银两和银元之间也存在着激烈的竞争，持续至"废两改元"才告结束，中国传统货币机制与外国银元的关系也是需要重点关注的问题。⑤时人对外国银元进入的态度和主张，此前的研究，集中关注于地方督抚和部分官僚的反应，而忽略了士绅和民众对外国银元进入所持的态度，这方面内容在《申报》中有大量的反映，却少有学者涉及。⑥各国银元进入中国，实际也是各国在华的实力竞争。美国制造贸易银元，正是为了应对英国、日本等国在华市场份额不断扩大的局面。通过货币层面来观察国家之间的博弈，亦是重要的视角。透过货币看各国之间在中国的贸易、经济竞争。银元之间的竞争只是表象，其背后蕴含着各国经济、军事之间的角力。⑦汇率与市场的关系问题，汇率每天随着市场货币供应的变化而发生变化。⑧中国市场与世界市场的关系，通过洋厘及银价的波动，可发现上海的洋厘与当时国际经济中心伦敦的银价有着十分密切的关系，上海洋厘的变动直接影响伦敦银价的高低。而通过对长时段洋厘变动与银价起伏之间关系的观察，来总结其中的规律，并进一步探讨当时中国市场的属性及与世界市场的关系问题。

五 理论与资料的反思

　　经济史的研究在于利用历史资料对重要的经济学理论和问题进行检验和分析。纵观此前学界在中国货币史议题的讨论，多为史学的叙述话语和结构，缺乏经济学、金融学的理论分析。部分学者则由于经济学背景，集中于模型的构建而忽略了对历史背景的挖掘，从而造成缺乏历史感和史料论证的严密性。如何有效结合历史学和经济学等相关学科的理论与方法进行中国货币史的研究，避免单一的历史叙事结构，提出一定的假说，进行充分的论证，是值得进一步努力的方向。结合本文所讨论的清代至民国时期中国市场上的外国银元问题时，需要将货币、贸易、国家货币政策、时人货币思想、市场等要素相结合，做到历史学、经济学、政治学、地理学的交融。在集中于研究外银入华这个小的着眼点时，要有大历史的观念，注意变量设计，注重揭示货币因素与政治制度、市场经济之间的关系。

关于货币本位制度的研究，在借鉴他人研究成果时，需注意研究对象的独特性和复杂性。美国经济学家米尔顿·弗里德曼等在其宏著《美国货币史：1867~1960》中对不同时期美国的货币本位制度进行了讨论[1]。但清至民国时期中国紊乱的货币体系是否存在明确的货币本位制度，每一阶段具备怎样的特征，仍值得深入探讨。白银、银元和制钱、铜元在近代中国货币市场究竟分别占有怎样的地位，需进一步量化研究。

史料是进行科学研究的基础。此前学界对于中国市场上外国银元的研究，征引资料多来源于《中国近代货币史资料》《清实录》《申报》及地方史志等传统资料和报刊，对于海关资料、英国国会档案、外资银行档案、东印度公司统计资料和《北华捷报》(《字林西报》)、《上海泰晤士报》《中国日报》等英文报刊以及国外所藏资料的利用远远不够。而这些资料详尽记载了外国银元输入的数量、路线以及长时段洋厘价格的变动情况，对外国银元在华流通的线路、数量等情形有更直接的反映。因此，要将中国市场上的外国银元研究推向纵深，还需在理论、方法和资料上下更大的功夫。

Research Review on Foreign Silver Dollars in Modern China Market

Xiong Changkun

Abstract: From the 16th century on, a large number of standardized ma-

---

[1] 〔美〕米尔顿·弗里德曼，安娜·J. 施瓦茨：《美国货币史：1867~1960》，巴曙松等译，北京大学出版社，2009。

chine – made silver dollars began to flow into China, and gradually became the most important settlement currency in commercial ports along the southeastern coast of China. With the opening of more commercial ports such as Shanghai, the silver dollars' circulation sphere expanded, and became the model of monetary reform in late Qing dynasty. Previous research focuses on the silver dollar's flow route, amount, area and impact on monetary system of China, which cannot completely reveal the status of foreign silver dollars in the history of Chinese monetary and trade; so many questions remain to be solved.

Key words: Modern China; Foreign Silver Dollars; Research Review

宋代重庆农业发展考述

裴一璞*

摘要：宋代是重庆农业发展的黄金时期，当地利用这种机遇实现了快速发展，中西部已跃升至四川中等水平。重庆农作物种植广泛，富有地域特点，尤其经济作物在四川乃至全国具有一定影响力。但也涌现出农业发展不平衡、生产关系落后、总体水平仍旧低下的特点。对于宋代重庆农业，理应看到其自身纵向进步显著，但在全国仍处较低水平，赞誉不宜过高。

关键词：宋代　重庆　农业　特点

宋代结束了唐末五代以来"以兵战为务"的动乱局面，始以农桑为急，宋太祖诏令"所在长吏谕民，能广植桑枣、垦辟荒田者，止输旧租；县令、佐能招徕劝课，致户口增羡、野无旷土者议赏"，为全国农业的恢复发展提供了良好的外部条件。①重庆农业亦借此开始了新的起步，本文所述宋代重庆以今日直辖市为范围，主要含夔州路渝（今重庆主城）、涪（今重庆涪陵）、忠（今重庆忠县）、万（今重庆万州）、南平（今重庆綦江南）、梁山（今重庆梁平）、云安（今重庆云阳）、大宁（今重庆巫溪）、夔（今重庆奉节）、开（今重庆开县）、黔（今重庆黔江）十一州（军、监）及潼川府路合（今重庆合川）、昌（今重庆大足）二州。对宋代重庆农业的研究，学界已有过相关探讨，但因侧重点不同，仍需继续

---

* 裴一璞，山东潍坊人，聊城大学运河学研究院讲师、四川理工学院兼职研究员，历史学博士，主要研究方向为宋史。

① 浙江省社科规划一般课题、浙江省哲学社会科学重点研究基地"南宋史研究中心"课题成果（16JDGH075）。（元）脱脱等：《宋史》卷173《食货志上一》，中华书局，1977，第4159页。

予以关注。①

一 宋代重庆农耕与人口

宋代农业要求"诸州各随风土所宜,量地广狭,土壤瘠垍",地方上"严守令劝农之条,而稻、梁、麻、枲务尽地力"。② 重庆根据自然条件,发展适合自身的耕作方式。中西部昌、合、渝、涪、南平、梁山诸郡河流两岸、山地平坝较为平坦,采用先进的牛耕;而东部万、忠、云安、大宁、黔、夔诸郡因地处高山大谷之中,以刀耕火种为主。

渝西昌、合二州地势最为平坦,土壤肥沃,是农业耕种的核心区。合州使用牛耕,"田亩桑麻左右交映"③。在山地起伏处开垦"雷鸣田",雨前开垦完毕,待雨而溉,种植"粳、稬、稻"。④ 昌州土地肥沃,"民勤而力穑"。⑤

中部渝、涪二州及梁山、南平二军较之渝西,山地增多,耕种方式亦增加。在山间平地和河谷两岸仍以牛耕为主,而在山地、陡坡则只能刀耕火种。因"峡路在巉岩险峻之中,其俗刀耕火种,惟涪、梁、重庆郡稍有稻田"⑥,上述四地只能在夔州路堪称农业最发达、耕种条件最优越的地区。梁山军"西境之田,独平衍可耕",五代即在此"屯田而置务"。⑦ 涪州因"地暖早热",沿江大量种稻,"五月半早稻已熟,便可食新",山区

---

① 目前涉及宋代重庆农业的论著主要有:贾大泉《宋代四川经济述论》(四川省社会科学院出版社,1985);胡昭曦《两宋时期的重庆》(隗瀛涛编《重庆城市研究》,四川大学出版社,1989)、《宋代是古代重庆发展的重要时期》(《胡昭曦宋史论集》,西南师范大学出版社,1998);韩茂莉《宋代川峡地区农业生产述论》(《中国史研究》1992年第4期)、《宋代农业地理》(山西古籍出版社,1993);卢华语《古代重庆经济研究》(重庆出版社,2002)、《川渝经济探研》(重庆出版社,2002)、《唐宋时期重庆农业经济的几点变化》(《重庆大学学报》2002年第2期);等等。这些论著主要关注宋代重庆的手工业、商业以及城市发展状况,在论及其农业时,主要关注人口密度及垦殖亩数;而对重庆农业内部差异的比较、经济作物的种植及经济特点的分析,则关注较少。
② (元)脱脱等:《宋史》卷173《食货志上一》,第4159页。
③ (宋)祝穆:《方舆胜览》卷64《合州》,中华书局,2003,第1114页。
④ (宋)叶廷珪:《海录碎事》卷17《农田部》,四库全书本。
⑤ 《方舆胜览》卷64《昌州》,第1122页。
⑥ 《方舆胜览》卷61《涪州》,第1067页。
⑦ 《方舆胜览》卷60《梁山军》,第1048页。

则仅能"刀耕火种"。① 南平军多用犁耕,"耕桑被野"。②

渝东忠、万、开、夔、黔、云安、大宁七地高山大谷横亘其间,以刀耕火种为主要耕作方式。万州山地陡峭,"如城壁亘,数峰不断",然山谷间亦"间有稻田"。农民利用山泉灌溉,所谓"山骨嶙峋火种难,山下流泉却宜稻"。③ 万州稻田较少,"土地多泉,民赖鱼罟"④。忠州"峡深田地窄",不能大量植稻,官吏"悉以畲田粟给禄食"。⑤ 开州位置偏远,唯有力耕以维持,"俗重田神"。⑥ 黔州境内"蛮獠杂混",农耕水平与上述诸郡相差不大。⑦ 夔州、大宁监、云安军地居夔路最东端,是三峡畲田最典型的地区。时人范成大描述道:"畲田,峡中刀耕火种之地也,春初斫山,众木尽蹶。至当种时,伺有雨候,则前一夕火之,藉其灰以粪。明日雨作,乘热土下种,即苗盛倍收,无雨反是。"⑧ 夔州因"地暖,雪不到地",故农民"烧地而耕,谓之火耕"。⑨ 大宁监境土"大率皆乱山萦纡","烧畲度地,复田赋之甚微"。⑩ 东部诸州堪称宋代重庆农耕水平最低下、经济最落后的地区。

古代社会人口是衡量农业发展的重要指标,"古代人口随着生产能够提供和保证的粮食供给及其资源基础的改善而增长,随着社会物资产品的减少而下降"⑪。根据贾大泉"宋代四川各州户数表"分析,在太宗端拱与神宗元丰间,宋代重庆人口增长迅速,近百年间平均增长率高达175%,⑫ 已经远高于全国160%的平均水平,成为人口增长迅速区。⑬ 其中,合州户数最多,列第一位。相对渝西户数基数大的特点,中东部除渝州外,起点皆较低。因此经过农业开发后呈现增长100%以上的罕见现象,尤其万州

---

① 《方舆胜览》卷61《涪州》,第1068页。
② 《方舆胜览》卷60《南平军》,第1061页。
③ (宋)范成大:《范石湖集》卷16《峡石铺》,上海古籍出版社,1981,第222页。
④ 《方舆胜览》卷59《万州》,第1043页。
⑤ 《方舆胜览》卷61《咸淳府》,第1076页。
⑥ 《方舆胜览》卷59《开州》,第1037页。
⑦ 《方舆胜览》卷60《绍庆府》,第1054页。
⑧ 《范石湖集》卷16《劳畲耕并序》,第217页。
⑨ 《方舆胜览》卷57《夔州》,第1008页。
⑩ 《方舆胜览》卷58《大宁监》,第1032页。
⑪ 胡昭曦:《宋代是古代重庆发展的重要时期》,载《胡昭曦宋史论集》,西南师范大学出版社,1998。
⑫ 贾大泉:《宋代四川经济述论》,四川省社会科学院出版社,1985,第12页。
⑬ 吴松第:《中国人口史》(第三卷),复旦大学出版社,2003,第122页。

竟高达982%，百年间增长了近十倍。① 当然这种变化除自然增长外，也有外来人口迁入的因素。渝州人口的高增长还为此后政治地位的提升奠定了重要基础，南宋后期一跃成为四川首府所在。但宋代重庆人口的增长是不均衡的，地处少数民族重区的黔州、南平军仍旧是重庆人口最少的地区，黔州还成为唯一的人口负增长地区，② 反映了当时少数民族聚居区的人口分布特点。

二　宋代重庆农作物种植

（一）粮食、蔬菜作物

宋代重庆粮食作物主要有稻、麦、粟、黍等。稻又分粳稻和糯稻，如昌州"有桑、麻、秔、稌之饶"，秔、稌即为粳、糯二稻。麦又分大麦、小麦和燕麦，麦对水的要求低于水稻，故多分布在东部诸州。东部多山地，土壤贫瘠，种植水稻多有局限，因此具有种麦的悠久传统。重庆诸州"气候颇早，大麦约三月半间收获，小麦须至四月初间方熟"③。豆、粟、黍也是山区农民经常种植的粮食作物。豆类包括扁豆、蚕豆等，可饭菜两用；黍、粟除做主粮外还可酿酒，所谓"蜀地多山，多种黍为酒，民家亦饮粟酒"④。这三类作物兼具多种用途，在山地种植反而产量更高，如夔州"百衲畲山青间红，粟茎或穗豆成丛"⑤。

关于蔬菜，史料没有过多提及，以种芋最普及。芋既可为粮也可入菜，适宜山地种植。此外，芋也是当地解决食物危机的重要手段，"川峡四路与内地不同，刀耕火种，民食常不足，至种芋充饥"⑥。梁山军的蔬菜种植具有一定影响，高都山土壤"地黄而腴"，其民多以"种姜为业，衣食取给焉"；韭黄为名产，"所产特奇，其色鲜黄，其味脆美"，故称"梁

---

① 贾大泉：《宋代四川经济述论》，第122页。
② 贾大泉：《宋代四川经济述论》，第122页。
③ （宋）汪应辰：《文定集》卷4《御札再问蜀中旱歉》，四库全书本。
④ （明）曹学佺：《蜀中广记》卷57《风物记第三》，四库全书本。
⑤ 《范石湖集》卷16《夔州竹枝歌九首》，第220页。
⑥ （宋）李焘：《续资治通鉴长编》卷214神宗熙宁三年八月条，中华书局，1990。

山韭黄妙天下"。① 另外"巴蜀人好食生蒜"②，在重庆种植也颇为不少。今将重庆诸地粮食种植列表如表1。

表 1

州郡名	粮食	史料	史料来源
云安军	麦、稻	"云安酒浓麦米贱""僧缘蚕麦去"	《方舆胜览》卷58；《舆地纪胜》卷182
梁山军	稻	"稻田蕃庑"	《舆地纪胜》卷179
南平军	麦	"祇报麦畦新"	《舆地纪胜》卷180
黔州	稻	"秋输米粮"	《舆地纪胜》卷176
涪州	稻	"五月半早稻已熟"	《方舆胜览》卷61
渝州	稻、粟、豆、麦	"惟涪、梁、重庆郡稍有稻田""村落熙然粟、豆秋""城郊麦田"	《方舆胜览》卷61；《范石湖集》卷19；《宋史》卷451
忠州	稻、粟、黍	"小市常争米""以畬田粟给禄食""多种黍为酒"	《方舆胜览》卷61
昌州	稻、粟	"有桑、麻、秔、稌之饶""粟帛赐满箱"	《方舆胜览》卷64；《舆地纪胜》卷161
合州	稻、麦	"用植粳、稷、稻"；"合州巴川县献瑞麦"	《海录碎事》卷17；《宋史》卷64
夔州	稻、麦、豆、粟	"每常米价止是钱引五道左右"；"春种麦、豆""秋则粟熟"	《文定集》卷4；《石湖诗集》卷16
万州	稻	"山下流泉却宜稻"	《石湖诗集》卷16

由表1中可见，稻米是重庆最普遍的粮食作物。水稻种植以涪州为界线，涪以西因地势相对平缓、水源便利，大量种植；涪以东受山地限制，只能在山间平地零星种植，呈点状分布。东部诸州以麦、粟、豆、黍为主，如夔州等地因较少种稻，致令"峡民平生不识秔稻"③，食麦、粟、豆"三物以终年"④。当地米价远比渝西昂贵，遇到旱歉更是疯涨，"每常米价

---

① 《方舆胜览》卷60《梁山军》，第1050页。
② 《范石湖集》卷16，第226页。
③ 《方舆胜览》卷57《夔州》，第1008页。
④ 《范石湖集》卷16《劳畬耕并序》，第217页。

止是钱引五道左右，今已是十道以上"①。忠州也因水稻种植较少，"小市常争米"②。相反，涪州因稻米种植较广，"民食稻鱼，凶年不忧，俗不愁苦"③。蔬菜作为粮食作物的补充，其种植扩大了食物来源，并有效"促进整个农业生产特别是农村经济作物生产的发展"④。

（二）桑、麻、棉、茶、水果等经济作物

宋代重庆桑、麻、棉的种植大量推广，在唐代夔、忠、开、涪四个贡织州基础上新增三个：云安军、昌州（贡绢）及梁山军（贡绵）。合州、绍庆府、大宁监亦开始种植桑、麻。涪州所贡为"獠布"，为魏晋时期獠人引入四川之棉布。⑤ 可见重庆已有当时最先进的棉布生产。南平军生产的班布，亦是用棉织就。⑥

宋代重庆还是西南茶产地的重要地区。茶树适宜种植湿热的山地，"茶之为利甚博"⑦，可有效促进经济创收。合州"水南茶"为重庆茶品之最，作为"蜀茶之细者"，与"广汉之赵坡、峨眉之白牙、雅安之蒙顶"并称蜀中四大名茶，"土人亦珍之"。⑧ 合州铜梁山另有"水茶"，茶"色白、甘腴"，品质"甲于巴蜀"。⑨ 南平军所产"狼猱山茶"为名产，茶"黄黑色"，"渝人重之"。⑩ 大宁监所产"辣茶"富有地域特色，因当地"多瘴"，"土人以茱萸咽茶饮之，可以辟岚气，以其味辛名曰'辣茶'"⑪。此外，夔州、黔州、万州、重庆府亦为茶产地。

宋代重庆水果首推荔枝与柑橘，荔枝产地有合、夔、黔、忠、渝、万、云安、涪八州。⑫ 荔枝以涪州所产最佳，唐代因"杨妃所喜，以马递驰载，七日七夜至京"，成为贡品。入宋后"蜀口荔枝，泸、叙之品为上，

---

① 《文定集》卷4《御札问蜀中旱歉》。
② 《方舆胜览》卷61《咸淳府》，第1076页。
③ 《方舆胜览》卷61《涪州》，第1068页。
④ 贾大泉：《宋代四川经济述论》，第52页。
⑤ 胡昭曦等：《两宋时期的重庆》，载《重庆城市研究》，四川大学出版社，1989。
⑥ （元）马端临：《文献通考》卷321《古梁州》，四库全书本。
⑦ 《宋史》卷183《食货志下五》，第4480页。
⑧ 《宋史》卷184《食货志下六》，第4511页。
⑨ 《蜀中广记》卷18《上川东道》，四库全书本。
⑩ （宋）乐史：《太平寰宇记》卷136《渝州》，第2660页，中华书局，2007。
⑪ 《方舆胜览》卷58《大宁监》，第1032页。
⑫ 裴一璞：《宋代四川荔枝考述》，《古今农业》2011年第1期。

涪州次之，合州又次之"。① 但涪州荔枝仍被誉为"其味尤胜诸岭（岭南）"②。重庆荔枝以早熟品种为主，"夔、梓之间所出大率早熟"。③ 夔、涪二州，"荔枝皆五月间熟"④。同时亦植有部分中、晚熟品种，如云安军"至六月方熟"⑤；最晚者要延迟至秋初，如夔州"榴花满山红似火，荔子天凉未肯红"⑥。

重庆柑橘产地有渝、开、夔、咸淳、云安五地。⑦ 夔州所产质量最优，产量极高，"黄柑亦自香，一株三百颗"⑧。夔属巫山县有名品"朱橘"，其品质"白华如霰雪，朱实似悬金，布影临丹地，飞香度玉岑"⑨。另外，巫山县"出美梨，大如升"，远近闻名⑩。重庆另有桃、石榴、杏、枇杷、李等水果，不再一一赘述。今将重庆主要经济作物列表如表2。

表 2

州郡名	桑、麻、棉、茶	水果	史料	史料来源
夔州	麻、桑、茶	橘、荔枝、桃、石榴、枇杷、杏	"户有橘荔之园""山桃红花满上头""今贡苎布""榴花满山红似火""枇杷压枝杏子肥""采桑已闲当采茶"	《方舆胜览》卷57；《太平寰宇记》卷148；《石湖诗集》卷16
云安军	麻、桑	柑橘、荔枝	"郡有橘官""今贡苎布""贡绢""官散荔枝来"	《方舆胜览》卷58；《太平寰宇记》卷147；《元丰九域志》卷9；《舆地纪胜》卷182
梁山军	桑		"贡绵"	《元丰九域志》卷9
大宁监	桑、辣茶		"土人以茱萸咽茶饮之，名辣茶""以蚕业而启宇"	《方舆胜览》卷58；《舆地纪胜》卷181

---

① （宋）王象之：《舆地纪胜》卷174《涪州》，江苏广陵古籍刻印社，1991，第1199页。
② 《太平寰宇记》卷120《涪州》，第2392页。
③ （宋）蔡襄：《荔枝谱》，四库全书本。
④ （宋）王十朋：《梅溪集》后集卷12，四库全书本。
⑤ （宋）王十朋：《梅溪集》后集卷12，四库全书本。
⑥ 《范石湖集》卷16《夔州竹枝歌九首》，第220页。
⑦ 裴一璞：《唐宋时期四川柑橘种植考述》，《三峡论坛》2013年第1期。
⑧ （宋）王十朋：《梅溪集》后集卷12，四库全书本。
⑨ 《蜀中广记》卷61《方物记第三》。
⑩ （宋）陆游：《入蜀记》卷4，四库全书本。

续表

州郡名	桑、麻、棉、茶	水果	史料	史料来源
黔州	桑、麻、茶	荔枝	"稍有蚕丝，人多布衣"，产"粗麻布、苎麻""夏贡茶蜡""去年黔中荔子差胜前年"	《方舆胜览》卷60；《太平寰宇记》卷120；《舆地纪胜》卷176；《山谷简尺》卷上
渝州	茶	荔枝、柑橘	"荔枝春熟向渝、泸""荔枝圃在巴县""土贡茶""水北有柑橘官"	《方舆胜览》卷60；《太平寰宇记》卷136；《蜀中广记》卷27
南平军	桑、麻、棉、"狼猱山茶"	桃、李	"耕桑被野""南亩桑麻无田户，西园桃李变新栽"有"南州班布"，产"狼猱山茶"	《方舆胜览》卷60；《舆地纪胜》卷180；《文献通考》卷321；《太平寰宇记》卷136
涪州	桑、棉	荔枝	"土产荔枝""贡绢"，土产"连头獠布"	《方舆胜览》卷61；《元丰九域志》卷9；《太平寰宇记》卷120
万州	茶	荔枝、杏	"入蜀道至此始见荔子""剔核杏余酸，连枝茶胜苦"	《吴船录》卷下；《石湖诗集》卷16
合州	桑、麻、水茶、水南茶	荔枝	"蜀中荔枝，合州又次之""西北张氏荔枝""田亩桑麻左右交映""铜梁山有茶，谓之水茶""蜀茶之细者，合州之水南"	《方舆胜览》卷61、卷64；《蜀中广记》卷17；《宋史》卷184
忠州	桑	荔枝、柑橘	"郡中荔枝""土产丹、橘""以黄绢支给充俸""贡绵、䌷"	《方舆胜览》卷61；《太平寰宇记》卷149
昌州	桑、麻		"有桑、麻、杭、䌷之饶""贡绢"	《方舆胜览》卷64；《元丰九域志》卷7
开州	麻	柑甬	"土产柑子""贡白苎"	《太平寰宇记》卷137；《元丰九域志》卷9

由表2中可知，宋代重庆纺织作物仍以桑、麻为主，同时出现了全国较少种植的棉，具有一定先进性。茶的广泛种植与高品质，使重

庆成为全国西部产茶重区，是蜀茶的重要组成部分。而水果中荔枝、柑橘两大作物的种植亦使重庆在全国果品市场中占有一定分量，尤其为蜀地荔枝排名全国次席的地位做出了重要贡献。经济作物的种植为宋代重庆创造了较高的经济价值，涌现出众多的专业户，成为当地致富的重要手段。

三 宋代重庆农业发展特点

（一）农业纵向进步显著，迎来历史黄金期

宋代是四川历史上经济高速发展的黄金时代。[1] 重庆依托有利的历史机遇，实现了快速发展。渝西合州经过开发，"田亩桑麻左右交映"，文教始兴，"人生其间多秀异而喜习诗书"。[2] 昌州"有桑、麻、秔、稌之饶"，当地"士愿而勤学，尊道而重儒"。[3] 中部渝州通过开发，"户口人物亚两蜀善郡"[4]。梁山军农耕条件较好，"稻田蕃庑，常多丰年"[5]。南平军同样进步明显。"今衣冠宫室一皆中国，四民冠婚相袭，耕桑被野，化为中华"[6]。涪州被誉为"人烟繁峡内，风物冠江前"[7]。东部诸州发展虽不如中西部，但同样进步较快。虽居山峡之中烧地而耕，但当地井盐资源丰富，可通过食盐买卖弥补农业缺陷，故"峡民平生不识秔稻，而未尝苦饥"[8]。重庆农业的这种纵向进步是隋唐以来第二个历史高峰，而且发展更加迅速，开发更广。在南宋后期抗蒙（元）战争中，重庆诸地能够独立支撑长达43年之久，亦是以农业发展为依托，为长期抗战奠定了坚实的物质基础。当然上述关于重庆发展的评价，更多表现为其自身进步和蜀地内部比较，和同期全国平均发展水平相比，差距仍然较大。

---

① 贾大泉：《宋代四川经济述论》，第4页。
② 《方舆胜览》卷64《合州》，第1114页。
③ 《方舆胜览》卷64《昌州》，第1121页。
④ 《舆地纪胜》卷175《重庆府》，第1201页。
⑤ 《方舆胜览》卷60《梁山军》，第1048页。
⑥ 《方舆胜览》卷60《南平军》，第1061页。
⑦ 《舆地纪胜》卷174《涪州》，第1199页。
⑧ 《方舆胜览》卷57《夔州》，第1008页。

(二) 农业发展不平衡，地区差异性大

宋代重庆因自然条件、开发早晚、民族构成等原因，农业发展呈现严重不平衡的特点。就经济实力而言，重庆诸州自西向东逐渐递减。渝西合、昌二州是农业最发达的地区，中部渝州、涪州、梁山、南平四地实力居次。中部经济重心在适合牛耕的河谷平地，边缘山区仍旧发展落后。综合来看，渝西及中部河岸地带的农业已攀升至四川中等水平，相对前朝是一个重要进步。

而重庆东部仍然是四川甚至全国最为落后的地区。东部七州在重庆面积最大，但多大山深谷，民族杂居，刀耕火种，开发最迟。如万州"宿在江滨邑里，最为萧条，又不及恭、涪"①。忠州贵为宋度宗潜邸，但因土地"荒远瘴疠"，被戏称为"孤城早闭门"。②夔州虽为夔州路首府，因山地贫瘠，"峡农生甚艰，斫畲大山巅，赤植无土膏，三刀财一田"③。大宁监"僻在夔峡之左，土产不及他郡，中下"④。另外黔、开、云安军农业皆与上述诸地差别不大，同处一个水平。

(三) 生产关系落后，大土地所有制发达

宋代重庆生产关系的落后性突出表现在主户、客户的比例上。主户是指占有土地并因此而要向政府纳税的人户，主要指一般地主及自耕农；客户则是指失去土地因而佃耕别人土地的佃户，人身依附关系极为紧密。由于宋代重庆大部分地区"绵亘山谷、地旷人稀。其占田多者须人代为耕垦"，因此"富豪之家诱客户举室迁去"，并役及其身和家属，造成大土地所有制发达。⑤ 这有别于全国通行的契约租佃制，客户不是国家的编户齐民，不向国家缴纳赋税、承担徭役；仅是地主的私属或私人奴隶，行动受到严格限制。客户地位极端低下，并在棍棒强制下从事生产，致其积极性必然不高，劳动效率低下；同时对革新农耕器具、推广先进的种植技术亦是极为不利的。根据贾大泉的《宋代四川主客户统计表》看，太宗端拱和

---

① （宋）范成大：《吴船录》卷下，四库全书本。
② 《方舆胜览》卷61《咸淳府》，第1076页。
③ 《范石湖集》卷16《劳畬耕并序》，第217页。
④ 《方舆胜览》卷58《大宁监》，第1032页。
⑤ （元）脱脱等：《宋史》卷173《食货志上一》，第4179页。

神宗元丰间，重庆客户所占比例明显偏高，尤其忠州与涪州，皆在85%以上；而同期四川最发达的成都府路客户比仅有28%～30%。① 虽然从表中可看出重庆客户比随时间推移有下降趋势，但在四川仍是最高的，在全国也居前列。从而表明其生产关系是四川最为落后的，这种落后性从内在层面严重制约了重庆农业难以向更高层次的迈进。

（四）农业总体水平在四川乃至全国仍居较低水平

首先，不利的自然条件严重制约了农业发展。重庆居川东山地丘陵区，所谓"峡之西，遂（宁）之东，更无平地二千里，惟有高山三万重"②。山区土地贫瘠，"民居鲜少，事力贫薄，比西川十不及一二"。如重庆府（渝州）"虽名潜藩（光宗）、上流巨镇"，在南宋后期仍然"士之仕者率不愿往"③。重庆诸地基本隶夔州路，而夔路在四川四路中"最为荒瘠，号为刀耕火种之地"④。从土地资源看，夔路"地土瘠薄，稼穑艰难，最为下下"⑤。从横向比较，重庆在四川乃至全国仍居较低水平，川西成都平原"土植宜柘，茧丝织文纤丽者穷于天下，地狭而腴，民勤耕作，无寸土之旷，岁三四收"⑥，自是重庆难以企及的。

其次，重庆境内少数民族众多，他们接受汉族先进农耕技术和文化较迟，改造自然的能力较差，对农业经济的进步也是不利的。如南平军为"南獠故地"，黔州为"古蛮蜑聚落"，涪州"俗有夏、巴、蛮、夷四种"，等等。虽然这些地区少数民族为开发山区做出了重要贡献，但其部众"居必栏棚，不喜稼耕"⑦，极不利于农业整体的进步。从社会发展阶段看，汉民族已经进入高度发达的封建制，而广大少数民族还处于奴隶制，制度的落后也成为农业经济落后的主要原因。⑧ 少数民族"杂居溪洞，多是蛮獠，

---

① 贾大泉：《宋代四川经济述论》，第26～28页。
② 《范石湖集》卷16，第228页。
③ （宋）度正：《性善堂稿》卷6《重庆府到任条奏便民五事》，四库全书本。
④ 《文定集》卷4《御札问蜀中旱歉》。
⑤ 《性善堂稿》卷6《重庆府到任条奏便民五事》。
⑥ 《宋史》卷89《地理志五》，第2231页。
⑦ 《宋史》卷496《蛮夷传四》，第14239页。
⑧ 贾大泉：《宋代四川经济述论》，第61页。

其性犷悍，其风淫祀，礼法之道固不知之"①，如涪州"尤尚鬼俗"②，开州"赛邪巫，击鼓以为淫祀"③，落后的文教水平也使当地农业难以更好地进步。

Chongqing's Agricultural Economic Development in Song Dynasty

Pei Yi pu

Abstract: The Song Dynasty is the golden age of agricultural development in Chongqing; Chongqing took full advantage of this opportunity to achieve rapid development, jumping to the middle level of Sichuan in the central and western region. Chongqing had a wide range of crops growing and full of geographical features. Especially, cash crops have a certain influence in Sichuan and the country. Although the rapid development of agriculture in Chongqing, the emergence of uneven development and the relations of production behind made it low level of features. The significant progress should be seen for Chongqing's agriculture in Song Dynasty, but still at a low level in the country.

Key words: Song Dynasty; Chongqing; Agricultural; Features

---

① 《太平寰宇记》卷120《黔州》，第2395页。
② 《宋史》卷89《地理志五》，第2231页。
③ 《太平寰宇记》卷137《开州》，第2671页。

当代中国环境史研究：概况、特征与不足[*]

张连辉[**]

摘要： 本文在概述截至 2015 年发表的关于新中国生态环境问题的历史性研究成果的基础上，初步勾勒了新中国环境史研究的基本特征与存在的不足。我们认为，相对于中国古代环境史和近代环境史研究，新中国环境史研究主要呈现出六方面的特征：研究领域更广阔、学科背景更丰富、研究方法更多样、研究风格现分异、现实关怀更强烈和学科意识较淡薄。同时，也存在资料建设有待加强、研究对象有待开拓、学科融合有待深化和国际视野有待拓展等四方面的不足。

关键词： 新中国　环境史　概况

环境史已成为当下备受关注的新兴学术研究领域。关于环境史的定义，国内外学术界进行了积极的探讨，并达成了基本共识。简言之，环境史即关于天人关系或人地关系的历史性研究。其中，"天"或"地"泛指与人类社会发生关系的所有生态环境因素，包括人类之外的其他物种。更严谨的定义可参照美国环境史学会给出的比较有代表性的定义：环境史是关于历史上人类与自然世界相互作用的跨学科研究，它试图理解自然如何给人类活动提供可能和设置限制，人们怎样改变其所栖居的生态系统，以及关于非人类世界的不同文化观念如何深刻地塑造各种信仰、价值观、经

---

[*] 本文受到 2013 年度国家社会科学基金项目《1953～2012 年中国城乡环境关系的经济史研究》（批准号：13CJL007）的资助。

[**] 张连辉，中南财经政法大学经济学院副教授，主要研究方向为当代中国环境经济史。

济、政治和文化。① 该定义概括了环境史的两大显著特征。其一，环境史既不是纯粹自然的历史，也不是简单嵌入环境因素的人类的历史，而是人与自然的关系的历史。传统的自然史、地质史或物种史研究，因基本不研究人类及其与生态环境的关系，故不属于环境史的研究范畴。同样，一些关于人类政治、经济、社会、文化等方面的历史研究，虽也涉及自然环境因素，但其中自然环境主要是作为人类活动的背景出现的，是"嵌入"而非"融入"人类历史的书写的。此类研究未将人与自然的关系作为核心主题，也不是真正意义上的环境史研究。其二，环境史具有明显的跨学科特征。可以说，每一个学科，包括自然科学和人文社会学科，都可从各自的学科出发开展环境史研究。这使得环境史的研究方法特别多样，范围非常宽泛，边界比较模糊。关于环境史研究的综述，包括本文，都可以直观呈现环境史研究的这种特点。

近十几年来，中国环境史研究蔚然成风，成果斐然。相关研究综述也屡屡进入人们的视野。但既有综述所论及的文献，在研究对象的时限上，基本是古代或近代的，极少跨过1949年。这容易给人留下中国环境史研究主要是对中国古代和近代环境史进行研究的印象。其实，可以纳入环境史范畴的关于新中国生态环境问题的历史性研究（以下简称新中国环境史研究），无论是研究范围和方法的广度还是成果数量，都是异常惊人的。虽然全面系统的综述几无可能，本文仍试图在回顾截至2015年公开发表或出版的代表性文献的基础上，初步勾勒新中国环境史研究的基本特征，指出现有研究的不足，进而提出未来的努力方向。不足之处，敬请方家指正。

一 概况

新中国环境史研究领域之广，成果数量之多，使得每一个方面都足以

---

① 王利华：《作为一种新史学的环境史》，《清华大学学报》（哲学社会科学版）2008年第1期。关于环境史的其他定义，可参见 J. 唐纳德·休斯《什么是环境史》，北京大学出版社，2008；詹姆斯·奥康纳：《自然的理由——生态学马克思主义研究》，南京大学出版社，2003；王利华：《生态环境史的学术界域与学科定位》，《学术研究》2006年第9期；高国荣：《什么是环境史》，《郑州大学学报》（哲学社会科学版）2005年第1期；等等。

提供一篇内容丰满的综述。本文只能择其要者，略作概述，挂一漏万，在所难免。为行文方便，本文以研究内容为主、研究方法为辅展开论述。有些在环境史兴起之前已存在的研究领域，如灾荒史、疫病史等，当下也被纳入环境史的范畴，出现在中国古代和近代环境史的研究综述中。为便于比较，本文也粗略考察了这些方面。①

（一）环保史研究

环境史研究的核心任务，乃是总结人们在历史时期应对人与生态环境矛盾的经验教训，为当下和未来制定更好的环保规则制度提供借鉴。因此，环保史研究是环境史研究的重要领域，是环境史体现其学科价值、发挥其学科功能的重要基点。新中国环保史研究在新中国环境史研究中的地位则更为突出。毕竟，人们所熟悉的环保制度，在世界范围内，主要是在现代化过程中逐渐出现的。对中国而言，则主要是新中国成立之后才逐渐形成的。

新中国环境保护工作萌生于 20 世纪 50 年代，在 50～60 年代有缓慢发展。1973 年第一次全国环境保护会议后，中国现代环境保护事业正式起步。改革开放以后，中国环保事业进入平稳快速发展时期。因此，新中国环保史大致可以 1973 年和 1979 年为界分为三个阶段，或以 1979 年为界分为两个大阶段。

关于 1979 年之前新中国环保史的研究，一直比较薄弱。尤其是针对第一次全国环保会议前的研究，在很长时间内，几近空白。近年来，随着史料的挖掘和研究的深入，对 1979 年之前的研究，取得了较大突破，深化甚至改观了人们对这一时期环保工作的认识。其中，第一次全国环保会议是一个关键事件。关于此时段的研究，基本是以此次会议为中心向前后时段拓展的。这些研究可以使人们认识到第一次全国环保会议前，中国政府在环保方面并非无所作为，而是进行了积极探索。这为第一次全国环保会议的召开和新中国现代环保事业的兴起，准备了重要历史条件。它们也向人们展示了新中国现代环保事业兴起的内生性特征和第一次全国环保会议前后的环保工作的内在继承性与

---

① 本文未考察水利史的研究。

连续性。①

相比之下，关于新中国环保史的研究更多集中于1979年之后的时段。也有很多研究，虽然贯通了1979年前后两大时段，但重心在1979年之后。研究对象时段多集中于1979年之后的原因，一是改革开放以来的环保史料公开程度较高，更易获取；二是1979年以来中国环保事业发展较快，环保体系日益完备，研究对象更为丰富，且随着经济市场化改革的推进，环保规则制度发生了日益法制化和市场化的转变，因此更贴近现实。从法学角度开展的研究，多集中于这个时段。这也是经济市场化的结果。②

---

① 针对1973年之前的代表性成果有以下各篇。张连辉：《新中国环境保护事业的早期探索——第一次全国环保会议前中国政府的环保努力》，《当代中国史研究》2010年第4期；张连辉：《中国污水灌溉与污染防治的早期探索（1949～1972年）》，《中国经济史研究》2014年第2期；段蕾：《新中国环保事业的起步：1970年代初官厅水库污染治理的历史考察》，《河北学刊》2015年第5期；邓群刚：《"治汰"还是"治坡"——20世纪50年代中期关于水土保持的争论述评》，《当代中国史研究》2015年第6期；徐轶杰：《新中国环境保护区域协作初探——以官厅水库水源保护工作为例》，《当代中国史研究》2015年第6期；龙金晶：《中国现代环境保护运动的先声——20世纪50年代"绿化祖国、植树造林"运动历史考察》，北京大学2007年硕士学位论文；高峻：《新中国治水事业的起步（1949～1957）》，福建教育出版社，2003；等等。
研究1979年之前的其他代表性成果有以下各篇。刘宏焱：《20世纪70年代的环境污染调查与中国环保事业的起步》，《当代中国史研究》2015年第6期；雷洪德、叶文虎：《中国当代环境保护的发端》，《当代中国史研究》2006年第3期；雷洪德：《中国当代环境保护的缘起》，《环境教育》2006年第5期；王瑞芳：《从"三废"利用到污染治理——新中国环保事业的起步》，《安徽史学》2012年第1期；翟亚柳：《中国环境保护事业的初创——兼述第一次全国环境保护会议及其历史贡献》，《中共党史研究》2012年第8期；张同乐：《试论20世纪60～70年代的河北环境保护》，《当代中国史研究》2002年第1期；同春芬、张绍游：《我国海洋渔业生态政策变迁史研究（1949～1986）》，《广东海洋大学学报》2015年4月；唐旭斌：《新中国成立30年来农村环境的污染与治理》，《江苏大学学报》（社会科学版）2011年第3期；戴丹璐：《中国共产党环境保护工作的经验教训研究（1949～1978年）》，西南大学2015年硕士学位论文；翟军：《集体化时代吕梁山区水土保持工作初探——以山西省三川河流域为例》，山西大学2011年硕士学位论文；刘丽周：《河北工业"三废"污染治理研究（1950～1980年代）》，河北师范大学2013年硕士学位论文；等等。

② 白永秀、李伟：《我国环境管理体制改革的30年回顾》，《中国城市经济》2009年第1期；蔡守秋：《中国环境法40年历程回顾》，《世界环境》2012年第3期；李东松、张恒力：《生态政策的六十年发展轨迹——以党的历次代表大会（1949～2009）报告为基础》，《北京行政学院学报》2010年第1期；李远、王晓霞：《我国农业面源污染的环境管理：背景及演变》，《环境保护》2005年第4期；曲格平：《中国环境保护四十年回顾及思考（回顾篇）》，《环境保护》2013年第10期；史鄂侯：《我国海洋环境保护工作十五年回顾与展望》，《海洋环境科学》1987年第2期；汪劲：《中国环境法治三十年：回顾与反思》，《中国地质大学学报》（社会科学版）2009年第5期；王蔚：《改革开放（转接下页）

(转接上页)以来中国环境治理的理念、体制和政策》,《当代世界与社会主义》2011年第4期;温宗国:《当代中国的环境政策:形成、特点与趋势》,中国环境科学出版社,2010;张坤民、温宗国:《中国的改革开放政策与环境保护发展》,《上海环境科学》2001年第2期;张连辉、赵凌云:《1953~2003年间中国环境保护政策的历史演变》,《中国经济史研究》2007年第4期;谷树忠、曹小奇、张亮、牛雄、曲冰、何却维:《中国自然资源政策演进历程与发展方向》,《中国人口·资源与环境》2011年第10期;叶冰求:《改革开放30年环保事业发展历程——解读历次国务院关于环境保护工作的决定》,《环境保护》2008年第21期;曹先柱、王政友:《晋中水土保持50年回顾与展望》,《山西水土保持科技》2000年第4期;常纪文:《三十年中国环境法治的理论与实践》,《中国地质大学学报》(社会科学版)2009年第5期;常纪文:《中国环境法治的历史、现状与走向——中国环境法治30年之评析》,《昆明理工大学学报·社科(法学)版》2008年第1期;陈阿江:《剧变:中国环境60年》,《河海大学学报》(哲学社会科学版)2012年12月;胡小梅:《改革开放以来中国共产党对生态文明建设的探索及其启示》,《福州党校学报》2012年第2期;陈珩、陈广庭:《内蒙古乌兰察布市后山以林治沙进行生态建设30年——以商都县西井子乡为例》,《内蒙古林业科技》2005年第4期;崔海伟:《浅谈1970年代以来中国环境政策的演变》,山东大学2009年硕士学位论文;崔占军:《建国以来部分国土资源节能减排政策点评》,《今日国土》2009年第4期;丁泽民:《我国水土保持四十年》,《中国水土保持》1989年第9期;郭展新、鞠见闻:《我国发展战略视野下生态保护政策的历史考察》,《西北人文科学评论》(辑刊)2014年;国家环境保护总局自然生态司:《共和国生态保护发展历程及取得的成就》,《环境教育》2007年第1期;国家林业局:《构筑国家生态安全的"绿色长城"——三北防护林体系建设30年的回顾与展望》,《求是》2009年第3期;郝吉明:《穿越风雨 任重道远——大气污染防治40年回顾与展望》,《环境保护》2013年7月;何学慧、张利平:《新中国以来内蒙古草原荒漠化防治问题的历史考察——以乌兰察布地区为例》,《集宁师范学院学报》2013年第3期;环境保护部:《开创中国特色环境保护事业的探索与实践——记中国环境保护事业》,《环境保护》2008年第15期;黄理平:《中国环境保护事业的发展和成就》,《科学社会主义》1999年第4期;姜德文:《内蒙古建国四十年水土保持成就回顾》,《东北水利水电》1990年第2期;李春娟:《改革开放以来中国环境政策及其实践走向》,内蒙古大学2010年硕士学位论文;廖纯艳:《长江流域水土保持60年回顾与展望》,《人民长江》2010年2月;刘德久:《陕西水土保持50年业绩辉煌》,《中国水土保持》2000年第1期;刘震:《水土保持60年:成就·经验·发展对策》,《中国水土保持科学》2009年第4期;刘震:《我国水土保持小流域综合治理的回顾与展望》,《中国水利》2005年第22期;鲁世平:《三十年来我国的环境立法与执法》,《政法学刊》2009年第3期;罗金泉、白华英、杨亚妮:《改革开放以来中国环境政策的变革及启示》,《中国科技论坛》2003年第2期;毛悌和:《防治化工污染的回顾及今后工作的意见》,《化工环保》1989年第1期;潘仕明、白建军、潘鑫:《回眸甘肃生态林建设五十年》,《甘肃林业科技》2000年3月;曲格平:《我这四十年》,《世界环境》2012年第6期;曲格平:《中国环保事业的回顾与展望》,《中国环境管理干部学院学报》1999年第3期;曲格平:《中国环境保护发展历程提要》,《环境保护》1988年第3期;曲格平:《中国环境保护事业发展历程提要(续)》,《中国环境科学动态》1988年第8期;曲格平:《中国环境政策的探索与实践》,《环境科学动态》1988年第10期;沙敏:《20世纪70年代以来北京市大气环境监测与治理》,《北京党史》2011年第4期;石丽华:《简论中国近现代环境(转接下页)

(二) 影响生态环境及环保的历史因素研究

环境史研究尤其是环保史研究，往往都不同程度地包含关于生态环境与环境保护的影响因素的分析。这在上述环保史文献中均有所体现。鉴于新中国成立以来，在和平环境下，中国生态环境经历了相对此前更为剧烈的变迁，有些文献主要聚焦于关于生态环境与环境保护的影响因素的研究。

从此类研究来看，在诸因素中，思想认识层面的因素固然重要，但经

（转接上页）保护政策的发展》，内蒙古师范大学 2007 年硕士学位论文；宋月君、杨洁、汪邦稳：《赣南水土保持生态建设工程 30 年实践总结》，《中国水土保持》2011 年第 12 期；汪劲主编《环保法制三十年：我们成功了吗？——中国环保法治蓝皮书（1979～2010）》，北京大学出版社，2011 年；王宝桐：《我国水土保持委员会的历史回顾与建议》，《中国水土保持》2013 年第 1 期；王浩、褚俊英：《和衷共济 奋力前行——水污染防控 40 年脉络与展望》，《环境保护》2013 年第 14 期；王金南、吴舜泽、陈亮：《中国工业污染防治的回顾与展望》，载《中国环境政策（第二卷）》，中国环境科学出版社，2006；吴荻、武春友：《建国以来中国环境政策的演进分析》，《大连理工大学学报》（社会科学版）2006 年 12 月；吴晓军、张发：《当代中国生态文明建设的创新发展及其历史性贡献》，《甘肃理论学刊》2014 年第 2 期；肖爱萍：《新中国成立以来中央农村环境保护政策的演进与思考》，湖南师范大学 2010 年硕士学位论文；许传德、侯晓雁：《建设生态文明的实践与探索——林业生态建设 30 年回眸》，《林业经济》2009 年第 1 期；翟平阳：《中国松花江甲基汞的生态污染防治二十年》，《北方环境》2004 年第 2 期；詹敬秋：《走向生态共同体——苏州改革开放 30 年从生态保护到生态支持之路》，《郑州航空工业管理学院学报》（社会科学版）2009 年第 2 期；张呈青、孔繁德：《试论中国环境保护的历程和发展趋势》，《中国环境管理干部学院学报》2002 年第 2 期；张惠远、刘桂环、郝海广：《中国西部环境政策回顾及建议》，《中国人口·资源与环境》2013 年第 10 期；张坤民、温宗国、彭立颖：《当代中国的环境政策：形成、特点与评价》，《中国人口·资源与环境》2007 年第 2 期；张坤民：《中国的环境战略及展望》，《生态经济》2000 年第 3 期；张坤民：《中国环境保护事业 60 年》，《中国人口·资源与环境》2010 年第 6 期；张书义：《回首宏大业绩 展望前景广阔——50 年水土保持工作综述》，《内蒙古水利》1997 年第 2 期；张文政、马荣：《新中国成立以来甘肃省生态文明建设的阶段划分及特征分析》，《开发研究》2013 年第 2 期；郑宝宿、马劲烈、王勇：《甘肃水土保持 50 年成就辉煌》，《中国水土保持》1999 年第 12 期；郑古蕊：《辽宁省环境保护政策的演变历程与特点》，《绿色科技》2011 年 9 月；郑羽钧：《当代中国生态保护战略研究》，吉林大学 2013 年硕士论文；周宏春、季曦：《改革开放三十年中国环境保护政策演变》，《南京大学学报》（哲学人文科学社会科学版）2009 年第 1 期；周珂、梁文婷：《中国环境法制建设 30 年》，《环境保护》2008 年第 21 期；左中昌、董晓辉：《山西省水土保持生态环境建设五十年》，《山西水土保持科技》2002 年第 4 期；王学俭、宫长瑞：《建国以来我国生态文明建设的历程及其启示》，《林业经济》2010 年第 1 期；周青：《建国以来我国环境立法价值理念评价》，《内蒙古环境科学》2008 年 10 月；李俊瑛：《我国环保非政府组织的兴起及其发展》，《环境教育》2006 年第 10 期。

济发展战略、方针、方式、政策、体制、速度、规模、结构，人口，技术以及环保等则是更直接与显性的因素。其中，诸经济因素是最关键的变量群。它们不仅在很大程度上决定了生态环境状况，也深深影响了环保的特征与绩效。这些研究为"现代生态环境问题是现代化的伴生物"这一具有一般性的结论，提供了中国注脚。同时，这些研究也为现代化影响生态环境的具体表现形式与作用过程，提供了具有中国特色的案例与经验。它们在整体上也体现出如下认识：在改革开放前，尤其是在 20 世纪 50～60 年代，基于征服自然、改造自然的环境观基础上的经济行为选择，是影响生态环境的主要因素；而改革开放以来，在环境保护被确立为基本国策、可持续发展战略与科学发展观先后被提出的背景下，经济高速增长和对经济高速度的追求，则是影响生态环境状况和环保绩效的主要因素。这些研究也表明，至少在当代中国，生存权是优于发展权的，环境保护往往让位于经济增长。①

---

① 陈劲峰：《建国以来中国环境影响因素演变的历史分析（上）》，《科技促发展》2010 年第 3 期；陈劲峰：《建国以来中国环境影响因素演变的历史分析（下）》，《科技促发展》2010 年第 5 期；"西北生态建设战略"课题组：《当代西北生态环境演变的现状、趋势与成因》，《经济研究参考》2004 年第 28 期；何需生、高桂英：《重新认识西部开垦对环境的影响——毛泽东时代的农业发展政策与生态环境》，《中国历史上的西部开发：2005 年国际学术研究讨会论文集》，商务印书馆，2007；宋乃平、张凤荣：《重新评价"以粮为纲"政策及其生态环境影响》，《经济地理》2006 年第 4 期；陈宏：《建国以来新疆农业发展与生态问题》，《乌鲁木齐职业大学学报》1999 年 9 月；邓水平：《1991～2010 年我国环境污染与破坏事故时空动态及其驱动因子分析》，《湖南有色金属》2014 年第 3 期；董志凯：《政府投资职能对经济效益与社会成本的协调路径（1950～2007）》，《中共宁波市委党校学报》2009 年第 1 期；高芸：《"以粮为纲"政策的实施对陕北黄土丘陵沟壑区水土保持工作的影响——以绥德县为例》，陕西师范大学 2007 年硕士学位论文；郭琪：《20 世纪 50 年代河北环境问题研究》，河北师范大学 2006 年硕士学位论文；季静：《近三百年来敖汉旗土地利用方式的改变及其对生态环境的影响》，《辽宁大学学报》（哲学社会科学版）2013 年第 2 期；姜海：《白洋淀区域环境问题研究》，天津大学 2003 年硕士学位论文；姜书平：《20 世纪 70～80 年代初河北环境问题研究》，河北师范大学 2008 年硕士学位论文；宋乃平、张凤荣：《重新评价"以粮为纲"政策及其生态环境影响》，《经济地理》2006 年第 4 期；王亮：《集体化时代江西农垦运动（1958～1964）——以环境史为视角》，南昌大学 2010 年硕士学位论文；吴晓军：《论建国以来甘肃生态环境的恶化》，《兰州教育学院学报》1999 年第 4 期；吴赘：《"农进渔退"：20 世纪下半叶鄱阳湖区生态环境之恶化》，《江汉论坛》2013 年 10 月；吴赘：《"农进渔退"：20 世纪下半叶鄱阳湖区水旱灾害》，《中国农史》2013 年第 5 期；吴赘：《20 世纪下半叶鄱阳湖区"农进渔退"的正向生态效应》，《江西师范大学学报》（自然科学版）2013 年第 5 期；许南海、刘庆艳：《三线建设与六盘水生态环境之变迁》，《怀化学院学报》2011 年第 9 期；杨晓刚：《1949 年以来洺河流域的环境问题》，《淮海水利科技》2011 年第 2 期；于永：《新中国成立以来内蒙古生态环境变迁个案研究——喀喇沁旗王爷府镇大富裕沟村（转接下页）

此类研究中，有相当一部分成果是从生态学、地理学、农业科学、环境科学等自然科学以及经济学角度切入的。这些成果重在考察人类行为——主要是经济行为——对生态环境的影响，更关注历史中与灾荒密切相关变量之间的数量关系，更具明确的理论预设，更强调理论分析，较少考察历史过程。因此类研究实际上考察了历史中人与自然的关系，故本文也将其视为环境史研究。前当代中国环境史研究中的此类成果较少。①

（转接上页）生态环境变迁及其原因》，《当代中国史研究》2012 年第 4 期；张连辉：《中国发展战略与工业污染（1953～2007 年）》，湖北人民出版社，2010；张同乐、郭琪：《"大跃进"时期生态环境问题论析——以河北省为例》，《河北师范大学学报》（哲学社会科学版）2008 年第 2 期；张同乐、姜书平：《20 世纪 50～80 年代河北省污水灌溉与农业生态环境问题述论》，《当代中国史研究》2012 年第 1 期；Judith Shapiro，Mao's War Against Nature: politics and the environment in Revolutionary China，Cambridge: Cambridge University Presss，2001。

① 从自然科学角度切入的成果有以下各篇。曹小曙、李平、颜廷真、韩光辉：《近百年来西辽河流域土地开垦及其对环境的影响》，《地理研究》2005 年第 6 期；陈宏：《建国以来新疆农业发展与生态问题》，《乌鲁木齐职业大学学报》1999 年 9 月；邓水平：《1991～2010 年我国环境污染与破坏事故时空动态及其驱动因子分析》，《湖南有色金属》2014 年第 3 期；常守志、王宗明、宋开山、刘殿伟、张柏、张素梅、张春华：《1954～2005 年三江平原生态系统服务价值损失评估》，《农业系统科学与综合研究》2011 年 5 月；陈耀亮、罗格平、叶辉、赵确斌、王渊刚、韩其飞：《近 30 年土地利用变化对新疆森林生态系统碳库的影响》，《地理研究》2013 年 11 月；程胜龙、王乃昂：《近 60 年兰州城市发展对城市气候环境的影响》，《兰州大学学报》（自然科学版）2006 年第 3 期；程维明、周成虎、李建新：《天山北麓 50 年绿洲扩张与生态环境变化》，中国地理学会自然地理专业委员会编《土地覆被变化及其环境效应》，星球地图出版社，2002；程维明、周成虎、刘海江、张旸、蒋艳、张一驰、姚永慧：《玛纳斯河流域 50 年绿洲扩张及生态环境演变研究》，《中国科学 D 辑地球科学》2005 年第 11 期；丁宏伟、张荷生：《近 50 年来河西走廊地下水资源变化及对生态环境的影响》，《自然资源学报》2002 年 11 月；窦燕、陈曦、包安明：《近 40 年和田河流域土地利用动态变化及其生态环境效应》，《干旱地理》2008 年 5 月；段建军、王彦国、王晓风、毛炜峄、张雄文、王进、高前兆、沈永平、王顺德：《1957～2006 年塔里木河流域气候变化和人类活动对水资源和生态环境的影响》，《冰川冻土》2009 年 10 月；樊自立、吴世新、吴莹、张鹏、赵新风、张娟：《新中国成立以来的新疆土地开发》，《自然资源学报》2013 年第 5 期；郝兴明、陈亚宁、李卫红：《塔里木河流域近 50 年来生态环境变化的驱动力分析》，《地理学报》2006 年第 3 期；胡怀亮、王占桥：《河南省水环境四十年变化解析及治理建议》，《中国水利》2013 年第 17 期；胡小飞、代力民、谷会岩、熊晓波：《1973～2003 年中国林业生态足迹的研究》，《林业研究（英文）》2006 年第 2 期；胡振琪：《中国土地复垦与生态重建 20 年：回顾与展望》，《科技导报》2009 年第 17 期；黄会平：《1949～2007 年全国干旱灾害特征、成因及减灾对策》，《干旱区资源与环境》2010 年 11 月；黄蓉：《宁夏中卫市近 20 年土地利用时空演化及生态承载力评价》，成都理工大学 2011 年硕士学位论文；黄珊、周立华、陈勇、路慧玲：《近 60 年来政策因素对民勤生态环境变化的影响》，《干旱区资源与环境》2014 年第 7 期；靳晓莉、高俊峰、赵广举：《太湖流域近 20 年社会经济发展对水（转接下页）

(转接上页)环境影响及发展趋势》,《长江流域资源与环境》2006年第3期;康玲玲、王云璋、王云、高清林、陈晓兵:《三川河流域近30年水土保持蓄水拦沙效益分析》,《水力发电》2003年第7期;寇晓东、薛惠锋:《1992~2004年西安市环境经济发展协调度分析》,《环境科学与技术》2007年4月;李昌修、张鸿辉:《建国以来人类活动对湖北省四湖地区水环境的影响研究》,《国土与自然资源研究》2003年第4期;李丽娟、梁丽乔、刘昌明、张丽、姜德娟、李九一:《近20年我国饮用水污染事故分析及防治对策》,《地理学报》2007年9月;刘殿伟:《过去50年三江平原土地利用/覆被变化的时空特征与环境效应》,吉林大学2006年博士学位论文;刘宇辉:《中国1961~2001年人地协调度演变分析——基于生态足迹模型的研究》,《经济地理》2005年第2期;鲁奇、鲁礼新、李娟:《1949~2001年随州市曾都区土地利用变化的环境效应分析》,《长江科学院院报》2004年8月;罗怀良、袁道先、陈浩:《近50年来重庆南川市三泉镇喀斯特区农田生态系统的演替分析》,《中国岩溶》2007年9月;麦麦提吐尔逊·艾则孜、海米提·依米提、祖皮艳木·买买提、李建涛:《近60年来克里雅绿洲耕地动态变化驱动力及生态环境效应》,《干旱地区农业研究》2013年5月;闵骞:《近50年鄱阳湖形态和水情的变化及其与围垦的关系》,《水科学进展》2000年第1期;潘竟虎:《近15年来长江源区土地利用变化及其生态环境效应》,《长江流域资源与环境》2005年第3期;钱亦兵、樊自立、雷加强、吴兆宁:《近50年新疆水土开发及引发的生态环境问题》,《干旱区资源与环境》2006年5月;冉圣宏、李秀彬、吕昌河:《近20年渔子溪流域土地利用变化的环境影响》,《环境科学学报》2006年12月;沈彦俊、宋献方、肖捷颖、陈建耀、唐常源:《石家庄地区近70年来伴随经济发展的水文环境变化分析》,《自然资源学报》2007年第1期;孙广友、王海霞、于少鹏、赵文吉、万忠娟、罗新正:《强胁迫力使脆弱环境突变——松辽平原百年开发史例证》,《第四纪研究》2004年第6期;唐少霞、赵从举、袁建平、毕华、赵志忠、兰薪荣:《1961~2007年海口市气候环境变化及其对城市发展的响应》,《应用生态学报》2010年10月;王继军、姜志德、连坡、郭满才、姜峻、苏鑫、李慧、牛艳丽:《70年来陕西省纸坊沟流域农业生态经济系统耦合态势》,《生态学报》2009年9月;王庆安、佘红英、张翔、万鹏、杨渺:《四川省农业环境因素——化肥施用(1998~2007年)宏观动态变化》,《四川环境》2010年第2期;王树基:《试论我国西北干旱区近四十年的区域环境变化问题》,《干旱区资源与环境》1992年第3期;王振波、方创琳、王婧:《1991年以来长三角快速城市化地区生态经济系统协调度评价及其空间演化模式》,《地理学报》2011年12月;温仲明、焦峰、张晓萍、杨勤科:《纸坊沟流域近60年来土地利用景观变化的环境效应》,《生态学报》2004年第9期;温仲明:《纸坊沟流域近百年来土地利用/覆被变化与环境响应研究》,西北农林科技大学2003年博士学位论文;向954燕、范丽红、海米提·依米提、何清:《新疆近45年气象灾害及其防御措施》,《干旱区研究》2007年第5期;肖大伟、陈志钢:《最近30年水旱灾害对中国大陆地区粮食减产的影响分析》,《东北农业大学学报》(社会科学版)2012年8月;肖生春、肖洪浪:《近百年来人类活动对黑河流域水环境的影响》,《干旱区资源与环境》2004年第3期;许华:《近70年来黄泛区农业景观生态系统动态研究》,河南大学2008年硕士学位论文;鄢帮有、严玉平:《新中国60年来鄱阳湖的生态环境变迁与生态经济区可持续发展探析》,《鄱阳湖学刊》2009年第2期;杨久春、张树文:《近50年来呼伦湖水系土地利用覆被变化及其生态环境效应》,《干旱区资源与环境》2009年2月;尹怀宁、汤姿、吕芳:《东北平原西部近百年来生态环境退化机制分析》,《水土保持研究》2003年12月;翟孟源、徐新良、江东、姜小三:《1979~2010年乌海市煤矿开采对生态(转接下页)

(三) 生态环境思想史研究

生态环境思想史研究也是新中国环境史研究的重要领域，成果数量极多。新中国成立后形成的集权式的行政体制和中央政府的巨大控制力，决定了在生态环境问题的应对上，突出地表现出重"顶层设计"的特点。因此，新中国生态环境思想也就集中体现在中央重要领导人的相关讲话和中央相关政策法规中。这是新中国生态环境思想史研究的两个主要切入点。其中，绝大多数成果都是从前者入手的。从后者入手的研究中，也往往不同程度地包含了对中央重要领导人的思想的研究。①

（转接上页）环境影响钧遥感监测》，《遥感技术与应用》2012 年 12 月；张翠艳：《近 50 年来锦州地区气候变化对生态环境及农业生产的影响》，《安徽农业科学》2008 年第 29 期；张斐、陈克龙、朵海瑞：《近 25 年青海湖流域土地利用变化及其生态系统稳定性评价——以刚察县为例》，《青海草业》2009 年 12 月；张建军、张晓萍、王继军、郝明德、徐金鹏：《1949～2008 年黄土高原沟壑区农业生态经济系统耦合分析——以陕西长武县为例》，《应用生态学报》2011 年 3 月；张清华、韩梅、杨利民：《1949～2008 吉林省乾安县能值生态足迹的动态研究》，《西北农林科技大学学报》（自然科学版）2012 年 5 月；张毅、曾群、陈玉华、邓宏兵、金伯欣：《20 世纪 50～70 年代的围湖垦殖与江汉平原湖泊湿地演化》，《湿地科学与管理》2009 年第 6 期；赵淑清、方精云：《围湖造田和退田还湖活动对洞庭湖区近 70 年土地覆盖变化的影响》，Ambio Vol. 33 No. 6, August 2004；周德成、罗格平、许文强、冯异星：《1960～2008 年阿克苏河流域生态系统服务价值动态》，《应用生态学报》2010 年 2 月；周洪建、史培军、三静爱、高路、郑憬、于德永：《近 30 年来深圳河网变化及其生态效应分析》，《地理学报》2008 年 9 月；周孝明、陈亚宁、李卫红、孟丽红：《近 50 年来塔里木河流域下游生态系统退化社会经济因素分析》，《资源科学》2008 年 9 月。

从经济学角度切入的成果有以下各篇。陈涛：《1978 年以来县域经济发展与环境变迁——以当涂县为个案》，《广西民族大学学报》（哲学社会科学版）2009 年 7 月；何正霞、许士春：《我国经济开放对环境影响的实证研究：1990～2007 年》，《国际贸易问题》2009 年第 10 期；匡远配、连大鹏、罗荀花：《农业资源投入与环境友好关系的实证分析——基于湖南省 1993～2008 年的数据》，《工业技术经济》2010 年第 11 期；邝奕轩：《建国以来太湖湿地围垦及其对太湖湿地水生态系统服务功能的影响》，《生态经济》2013 年第 8 期；刘荣霞：《发展所消耗的自然资源与生态环境——全面分析改革开放之后 20 年中国社会经济发展对自然资源与生态环境的消耗》，《中国可持续发展研究会 2006 年学术年会专辑》2006 年 11 月；王慧杰：《建国以来东北地区耕地演化及其生态环境后效》，东北师范大学 2006 年硕士学位论文；张晓、石明奎、黎亮：《建国以来贵州民族地区县域农业经济的积累环境效应研究——以关岭布依族苗族自治县为例》，《当代经济》2009 年 9 月（上）；周海林、刘荣霞：《1980～2000 年中国发展的资源环境成本分析》，《中国人口·资源与环境》2006 年第 6 期。

① 从后者入手的代表性成果有以下各篇。张连辉、赵凌云：《新中国成立以来环境观与人地关系的历史互动》，《中国经济史研究》2010 年第 1 期；洪眉、孙涛：《从观念角度看新中国的生态环境问题》，《理论界》2012 年第 10 期。

对中央重要领导人生态环境思想的历史性研究，主要集中于毛泽东、周恩来和邓小平等三位中央领导人上。其中，周恩来被公认为新中国环保事业的奠基人。研究其生态环境思想的成果，面世较早，数量尤多。①

---

① 关于周恩来的代表性成果有以下各篇。顾明：《周总理是我国环保事业的奠基人》，载李琦主编《在周恩来身边的日子——西花厅工作人员的回忆》，中央文献出版社，1998；刘东：《周恩来关于环境保护的论述与实践》，《北京党史研究》1996 年第 3 期；曲格平：《新中国环境保护工作的开创者和奠基者——周恩来》，《党的文献》2000 年第 2 期；曹应旺：《周恩来的水土保持意识》，《中国水土保持》1991 年第 6 期；杨文利：《周恩来与中国环境保护工作的起步》，《当代中国史研究》2008 年第 3 期；徐岩、高中华：《周恩来林业思想对构建和谐社会的意义》，《淮阴师范学院学报》（哲学社会科学版）2008 年第 2 期；高峻：《周恩来保护水生态环境的思想述论》，《党史研究与教学》2007 年第 3 期；黄理平：《周恩来与环境保护三十二字方针的提出》，《理论前沿》1999 年第 10 期；周臻：《周恩来生态管理思想浅论》，《当代经济》2013 年第 20 期；"周恩来林业建设思想课题"研究组：《青山常在永续利用　造福子孙后代——周恩来的林业建设思想》，《林业经济》1998 年第 2 期；曹一萍、毕涵君：《周恩来对环境保护的重视及其思想研究》，《兰台世界》2013 年 12 月；高中华、徐岩：《论周恩来的环境思想及其现实意义》，《淮阴师范学院学报》（哲学社会科学版）2005 年第 6 期；郭永虎：《试析周恩来的环境保护思想》，《吉林省社会主义学院学报》2010 年第 1 期；何立波：《周恩来为新中国环保事业奠基》，《党史博览》2010 年第 5 期；何立波：《周恩来与首都环保事业》，《觉悟》2010 年 6 月；黄务佳：《周恩来的可持续发展思想》，《探索》1998 年第 2 期；黄务佳：《周恩来可持续发展思想初探》，《齐齐哈尔社会科学》1998 年第 2 期；李敏：《论周恩来可持续发展思想》，《中国矿业大学学报》（社会科学版）2008 年第 4 期；李祥：《周恩来环境保护思想初探》，《学术交流》2009 年 11 月；李雅兴：《试论周恩来的水土保持意识》，《常德师范学院学报》（社会科学版）2000 年 3 月；李雅兴：《周恩来可持续发展思想初探》，华中师范大学 2001 年硕士学位论文；刘春秀：《周恩来对环境保护的重大贡献》，《觉悟》2008 年第 3 期；刘季：《悠悠淮河情——周恩来与淮河治理》，《江淮文史》1999 年第 2 期；闵绪国：《周恩来的环境保护思想及其特点——纪念周恩来诞辰 110 周年》，《中共南宁市委党校学报》2008 年第 2 期；闵绪国：《周恩来的环境保护思想——纪念周恩来诞辰 110 周年》，《环境保护》2008 年第 5 期；牛建立：《周恩来可持续发展思想探析》，《漳州职业大学学报》2003 年第 3 期；潘鈜：《周恩来与我国生态文明建设》，《党史博采（理论）》2014 年第 10 期；邱英汉、冯海沧：《高瞻远瞩　经纶千秋——周恩来可持续发展思想探析》，《南京政治学院学报》1998 年第 2 期；沈善文：《试析周恩来的可持续发展观》，《周恩来是代表最广大人民根本利益的楷模——学术研讨会论文汇编》，2003 年 8 月；王家云：《周恩来的可持续发展战略思想》，《毛泽东思想研究》2000 年第 4 期；魏明生：《周恩来治理开发长江流域思想的历史地位及现实意义》，《天府新论》1998 年 S1 期；席青：《周恩来生态环境建设思想探析》，《理论探索》2011 年第 3 期；谢伟、刘大宇：《周恩来对新中国环境保护工作的贡献》，《沈阳大学学报》（社会科学版）2012 年 12 月；徐寰：《周恩来关于人与自然和谐思想探讨》，《江海纵横》2006 年第 6 期；徐岩：《论周恩来林业思想对构建和谐社会的现实意义》，《觉悟》2008 年第 3 期；张望：《浅谈周恩来治理环境污染的有关思想》，《周恩来是代表最广大人民根本利益的楷模——学术研讨会论文汇编》，2003 年 8 月；周进：《周恩来与首都环保事业》，《前线》2004 年第 10 期；周进：《周恩来与新中国环保事业》，《绿叶》2006 年第 1 期；卓晓宁：《周恩来可持续发展观探析》，《唯实》2006 年 8~9 月；王家云：《论周恩来对社会主义生态文明建设的奠基性贡献》，《淮阴师范学院学报》（哲学社会科学版）2015 年第 3 期。

近年来，对毛泽东和邓小平生态环境思想的研究，呈井喷式涌现。①

---

① 关于毛泽东的生态环境思想研究成果有以下各篇。蔡克文、王善：《浅析新中国初期毛泽东对"全面协调可持续"发展的探索》，《改革与战略》2010 年第 10 期；陈晋：《"美化全中国"——毛泽东关于保护、改善和美化自然环境的论述片识》，《文艺理论与批评》2013 年第 6 期；董静、钟兴明：《浅析毛泽东生态文明思想》，《学术交流》2013 年 S1 期；段娟：《毛泽东生态经济思想及其对中国特色社会主义生态文明建设的启示》，《毛泽东思想研究》2014 年第 4 期；高凌云、吴东华：《毛泽东生态文明思想探析》，《人民论坛》2012 年第 5 期；高翔莲、张锦高：《毛泽东的人与自然观及其历史启示》，《武汉大学学报》（人文科学版）2009 年第 4 期；胡建：《从"极端人类中心主义"到"生态人类中心主义"——新中国毛泽东时期的生态文明理路》，《观察与思考》2014 年第 6 期；黄颖黔：《毛泽东自然观的发展历程》，《华中理工大学学报》（社会科学版）1993 年第 4 期；李世书：《毛泽东对马克思主义自然观的理论贡献》，《毛泽东思想研究》2007 年第 1 期；李啸虎：《毛泽东的自然观与中国古代自然哲学的渊源关系》，《毛泽东邓小平理论研究》1994 年第 4 期；刘镇江、肖明：《毛泽东生态伦理思想的二重性及其启示》，《湖南社会科学》2011 年第 1 期；梅萍、杨珍妮、王明：《毛泽东生态伦理思想及其当代启示》，《毛泽东思想研究》2015 年第 1 期；聂皖辉：《毛泽东与治理淮河》，《党史纵览》2006 年第 9 期；尚庆飞、韩步江：《毛泽东的自然概念初探——从国外学者梁再赫的〈中国古代哲学与毛泽东思想的渊源〉谈起》，《湘潭大学学报》（哲学社会科学版）2010 年 3 月；申娇：《毛泽东与邓小平生态环境建设思想比较研究》，山西师范大学 2013 年硕士学位论文；佟倩倩：《毛泽东生态思想研究》，曲阜师范大学 2012 年硕士学位论文；王秀春、张本效：《建国后毛泽东生态思想的实践探索与当代价值》，《理论导刊》2013 年第 12 期；王秀春：《从毛泽东生态思想看当代生态危机管理对策研究》，《山西农业大学学报》（社会科学版）2012 年第 7 期；吴洪珍：《毛泽东的生态思想研究》，漳州师范学院 2011 年法学硕士学位论文；吴绮雯：《论毛泽东"人定胜天"的环境思想》，《涪陵师范学院学报》2006 年 9 月；武善彩：《毛泽东关于人与自然关系的思想评析》，《毛泽东思想研究》2005 年第 3 期；熊勤学、施维树：《毛泽东自然观到科学生态文明观的转变及其原因浅析》，《经济与社会发展》2009 年第 7 期；熊舜时：《论毛泽东自然观的基本思想和社会作用》，《求索》1986 年第 2 期；徐岩：《论毛泽东的生态环境思想》，《鸡西大学学报》2009 年 4 月；颜文强：《孙中山世界进化论与毛泽东唯物自然观比较研究》，《南华大学学报》（社会科学版）2012 年 10 月；赵树迪：《毛泽东生态文明思想的当代启示》，《湖南科技大学学报》（社会科学版）2010 年 5 月；赵智娅：《毛泽东生态文明建设思想及启示》，《中共铜仁市委党校学报》2013 年第 2 期；梅萍、杨珍妮、王明：《毛泽东生态伦理思想及其当代启示》，《毛泽东思想研究》2015 年第 1 期；王兴：《毛泽东生态思想的理论价值研究》，《经济研究导刊》2015 年第 13 期；刘海霞：《毛泽东生态思想及其时代价值》，《毛泽东思想研究》2015 年第 3 期；张哲思、孟燕：《毛泽东生态文明思想探析》，《学理论》2015 年第 11 期。

关于邓小平的生态环境思想的研究有以下各篇。曹前发：《邓小平与中国环境保护事业》，《湘潮》（上半月）2014 年第 9 期；曹阳：《邓小平可持续发展观形成的依据》，《纪念邓小平同志诞辰 100 周年论文集》，2005 年 8 月；曹源：《论邓小平可持续发展思想的依据》，《青岛大学师范学院学报》2005 年 12 月；陈述：《邓小平可持续发展观研究》，《马克思主义与现实》1997 年第 4 期；崔海伟：《"南方谈话"与邓小平可持续发展思想的形成》，《山西社会主义学院学报》2012 年 6 月；邓洪：《邓小平可持续发展思想对我国环境保护的价值和意义》，《重庆工商大学学报》（社会科学版·双月刊）2004 年 12 月；（转接下页）

（转接上页）杜兰芬：《论邓小平可持续发展的思想》，《北方经贸》2001年11月；段学芬：《试论邓小平可持续发展的价值观》，《前沿》2003年第4期；冯瑛：《邓小平可持续发展思想与全面建设小康社会》，《陕西教育学院学报》2004年11月；郝俊英：《邓小平生态人类学有关思想探析》，《忻州师范学院学报》2005年第1期；何海涛：《全面性、全局性与可持续性——邓小平可持续发展思想初探》，《西南民族学院学报》（哲学社会科学版）2002年10月；侯长林：《论邓小平的生态发展观》，《铜仁职业技术学院学报》（社会科学版）2012年6月；侯淑芳：《邓小平可持续发展思想的实践意义》，《内蒙古师范大学学报》（哲学社会科学版）2001年12月；胡洪彬：《论邓小平的生态观及其现实意义》，《北京工业大学学报》（社会科学版）2007年6月；胡洪彬：《论邓小平的生态环境建设思想》，《中共云南省委党校学报》2008年10月；胡惠芳：《邓小平环境保护思想初探》，《池州师专学报》2007年8月；黄小梅：《邓小平生态思想探析》，《党史研究与教学》2013年第3期；江涛：《论邓小平可持续发展战略思想》，《探索》2001年第1期；康长春：《邓小平可持续发展思想研究》，河南大学2005年硕士学位论文；李景军、谢琳璐：《论邓小平人与自然和谐发展思想及当代价值》，《党政建设》2013年第11期；李素玲：《与时俱进的邓小平可持续发展思想》，《唐山师范学院学报》2005年1月；李校利：《生态文明背景下邓小平可持续发展思想研究简述》，《中国集体经济》2011年第5期；李玉玲：《邓小平可持续发展思想》，广西师范大学2001年硕士学位论文；刘海霞、王宗礼：《邓小平生态环境思想探析》，《中南大学学报》（社会科学版）2014年第6期；刘云兵：《再论邓小平生态文明思想》，《河南机电高等专科学校学报》2012年7月；鲁长安、柳志：《邓小平生态文明思想的主要内容及其当代价值》，《武汉电力职业技术学院学报》2009年9月；秦书生、隋学佳、郑雪：《邓小平生态思想探析》，《党政干部学刊》2013年第5期；任祥：《工业文明背景下邓小平环境保护思想初探》，《中共云南省委党校学报》2008年第6期；陶利波：《邓小平可持续发展战略思想初探》，《黑龙江省纪念邓小平同志诞辰100周年理论研讨会文集》，2004年；汪海霞：《邓小平环境保护法制理念及其时代价值》，《绥化师专学报》2004年11月；王达阳：《邓小平主政西南期间应对自然灾害的经验及启示》，《中共中央文献研究室个人课题成果集（2011年）》，中央文献出版社，2012；王剑锋：《邓小平生态文明建设思想的研究》，《管理观察》2009年2月；王孔雀：《邓小平可持续发展思想的丰富内涵和理论贡献述要》，《生产力研究》2012年第1期；王孔雀：《新时期邓小平可持续发展思想的研究》，《经济导刊》2011年第9期；王文娟、黄海菲：《邓小平对于中国社会主义生态建设的探索》，《学理论》2010年第7期；吴学琴、杜宇民：《邓小平可持续发展思想的理论意蕴》，《毛泽东思想研究》1998年第5期；伍丹：《邓小平生态与经济协调发展思想研究》，广西大学2012年硕士学位论文；萧新生：《邓小平可持续发展理论初探》，《学术研究》2000年第9期；肖建忠：《可持续发展战略与邓小平可持续发展思想》，《常熟高专学报》2000年第5期；肖丽华：《邓小平关于人与自然和谐发展思想探析》，《福建党史月刊》2011年12月；肖明：《试论邓小平生态伦理思想》，《中国集体经济》2011年第27期；谢清：《邓小平可持续发展思想在中国特色社会主义建设中的实践意义》，《广西社会科学》1999年第5期；杨蕴丽：《邓小平可持续发展思想的理论基础》，《内蒙古电大学刊》2006年第2期；俞剑平、高向勇、胡晓雀：《邓小平可持续发展理论与绿色贸易发展》，《马克思主义研究》2003年第3期；喻冰、杜艳华：《邓小平可持续发展思想与振兴辽宁老工业基地》，《理论界》2007年第6期；张春雷、祝福恩：《邓小平可持续发展思想及其构成》，《行政论坛》2002年5月；张海龙：《邓小平可持续发展思想系统研究》，东北师范大学2002年硕士（转接下页）

此外，刘少奇、陈云、李先念、万里等中央领导人的生态环境思想也陆续被挖掘出来。① 有些成果同时考察了多位中央领导人的生态环境思想或对不同领导人的生态环境思想进行了比较研究。②

（转接上页）位论文；赵东苹：《邓小平环境保护思想初探》，《法制与社会》2009 年 34 期；赵付科：《论邓小平可持续发展思想》，东北师范大学 2002 年硕士学位论文；赵罗汉：《邓小平生态文明思想研究》，首都师范大学 2012 年硕士学位论文；郑建：《邓小平可持续发展思想研究》，中国地质大学（北京）2007 年硕士学位论文；郑明中：《邓小平可持续发展思想新探》，《理论探索》2005 年第 6 期；周育平：《论邓小平可持续发展思想》，《湖南商学院学报》2006 年第 2 期；汪希、刘锋、罗大明：《邓小平生态文明建设思想的当代价值研究》，《毛泽东思想研究》2015 年第 1 期；任伶俐：《邓小平生态文明建设思想研究》，重庆工商大学 2015 年硕士学位论文；李嫄：《邓小平生态文明思想及其现实指导意义研究》，西华大学 2015 年硕士学位论文；于世梁：《论邓小平的生态观》，《辽宁行政学院学报》2015 年第 4 期。

① 关于刘少奇的成果有以下各篇，李德栓：《论刘少奇的生态辩证法思想及其当代意义》，《漳州师范学院学报》（哲学社会科学版）2011 年第 3 期；刘亚岚、卓爱平：《刘少奇为我国生态林业建设发先声》，《福建党史月刊》2008 年第 8 期；等等。关于陈云的成果有以下几篇。胡爱明：《陈云关于资源环境问题的思想对我们建设两型社会的启示》，《中外企业家》2010 年第 16 期；李德栓：《中国的生态环境问题及其解决对策——论陈云的生态环境思想》，《山西高等学校社会科学学报》2011 年 11 月；李兴道：《陈云环境保护思想探析》，《学术论坛》2007 年第 8 期；吴超：《陈云与新中国的环保事业》，《新疆社科论坛》2008 年第 5 期；周琴、郭荣华：《陈云关于环境保护的政策思想初探》，《江西广播电视大学学报》2006 年第 1 期；段娟：《陈云环境保护与资源利用思想及其对当前中国生态文明建设的启示》，《开发研究》2015 年 12 月；刘建伟、梁珍妮：《建国后陈云对环境问题的思考》，《西华大学学报》（哲学社会科学版）2014 年第 3 期；等等。关于李先念的成果有以下几篇，程振声：《李先念与新中国环境保护工作的起步》，《中共党史资料》2008 年第 3 期；王欣媛、史为磊：《李先念主政湖北时期的生态环境保护思想及其实践》，《武汉科技大学学报》（社会科学版）》2013 年第 5 期；等等。关于万里的成果有以下几篇。郭兆红、王国聘：《论万里的环境保护与造林绿化思想》，《北京林业大学学报》（社会科学版）2014 年第 1 期。

② 胡洪彬：《从毛泽东到胡锦涛：生态环境建设思想 60 年》，《江西师范大学学报》（哲学社会科学版）2009 年 12 月；华启和：《中央领导集体环境保护思想的 60 年演进》，《环境保护》2009 年第 19 期；李卫东：《中央第一代领导集体对生态建设的初步探索》，《吉林省教育学院学报》（学科版）》2010 年第 7 期；卢耸岗、魏明生：《中共三代领导集体治理开发长江流域的历史进程、主要思想和历史地位》，《毛泽东思想研究》2000 年第 1 期；冯慧玲：《改革开放以来中国共产党生态文明建设思想的发展研究》，安徽大学 2014 年硕士学位论文；黄娟、黄丹：《新中国成立以来中国共产党的生态文明思想》，《鄱阳湖学刊》2011 年第 4 期；姜惠允：《改革开放以来中国共产党生态文明建设思想研究》，安徽大学 2012 年硕士学位论文；李娟：《新中国成立以来中国共产党生态观的历史演进及当代启示》，《鄱阳湖学刊》2013 年第 2 期；陆聂海：《从马克思主义生态文明观到社会主义和谐社会——兼论建国六十年马克思主义生态文明观中国化的探索过程》，《厦门特区党校学报》2009 年第 6 期；申娇：《毛泽东与邓小平生态环境建设思想比较研究》，山西师范大学 2013 年硕士学位论文；孙显元：《毛泽东、邓小平对自然和政治国力研究》，《合肥工业大学学报》（社会科学版）1994 年第 1 期；唐良虎、李彦晶：（转接下页）

另有成果专门考察了江泽民和胡锦涛的生态环境思想。因历史感相对较弱,本文未予讨论。

也有少量文献尝试从"下层"入手研究生态环境思想的变迁。如蒋万胜和李小燕的《建国以来我国农民环保观念的变迁及其影响》[《华南师范大学学报》(社会科学版)2011年第1期]。但此类尝试仍比较粗浅。在民间环保思想足以显性影响环保政策法规的制定之前,此类研究较难深入,也影响了其研究价值。

(四)灾荒史研究

灾荒史研究历史悠久,因其研究的是人与自然的典型矛盾冲突,也被纳入环境史研究的范畴。新中国灾荒史研究成果颇为丰硕。其中,大部分成果的研究风格与前当代环境史研究基本一致,历史性特征非常显著,可视为传统灾荒史研究在时间维度上的下延。①

(转接上页)《新中国成立以来的节约思想对生态文明的影响》,《黑龙江史志》2013年第23期;王超:《建国以来我党关于经济与生态协调发展思想的研究》,江西师范大学2011年硕士学位论文;王家变:《论毛泽东思想和邓小平理论对马克思生态文明思想的继承和发展》,《鄂州大学学报》2012年12月;王连芳:《当代中国共产党人的生态文明思想研究》,河北大学2012年法学博士学位论文;王明亚、程赟:《毛泽东邓小平生态环境建设思想比较》,《天水行政学院学报》2002年第2期;王明亚:《毛泽东邓小平的工业可持续发展思想及绩效比较》,《天水行政学院学报》2001年第1期;熊勤学、施维树:《毛泽东自然观到科学生态文明观的转变及其原因浅析》,《经济与社会发展》2009年第7期;杨延松:《中国共产党建设生态文明思想研究》,东北师范大学2009年硕士学位论文;姚燕:《新中国对生态文明建设的认识和实践》,《当代中国史研究》2010年第4期;曾正德:《历代中央领导集体对建设中国特色社会主义生态文明的探索》,《南京林业大学学报》(人文社会学科版)2007年第4期;詹玉华:《建国以来党的可持续发展观时空解析》,《河北科技大学学报》(社会科学版)2007年3月;张昊旻、南丽军:《论建国以来我党生态文明思想成熟的发展历程》,《经济师》2013年第12期;周晶:《建国以来中国共产党生态文明思想探析》,辽宁师范大学2010年硕士学位论文;周敏:《改革开放以来中国共产党生态文明建设思想演进》,华中师范大学2012年硕士学位论文;吴为:《改革开放以来中国共产党生态文明思想研究》,长春工业大学2015年硕士学位论文;姜册:《建国初期中共生态保护思想、制度与实践研究(1949~1956)》,西南交通大学2015年硕二学位论文;刘起军:《中国共产党环境保护工作的实践与经验》,《当代世界与社会主义》2008年第2期。

① 此类研究有以下著作和论文彭尼·凯恩:《中国的大饥荒(1959~1961)——对人口和社会的影响》,中国社会科学出版社,1993;白丽萍:《建国以来中共自然灾害救助工作指导思想的演变》,《湖北省社会主义学院学报》2011年第2期;北原:《对"三年困难时期"人口非正常死亡问题的若干解析》,《红旗文稿》2014年第18期;蔡天新:《对三年困难时期"代食品运动"的再认识》,《延安大学学报》(社会科学版)2013年10月;(转接下页)

(转接上页) 蔡天新：《三年困难时期"粮食烹调增量法"的历史反思》，《成都大学学报》（社科版）2010 年第 4 期；陈冬生：《建国初期河北省振灾工作简论》，《廊坊师范学院学报》2004 年第 4 期；陈冬生：《建国初政府赈灾研究》，《求索》2005 年第 5 期；陈海儒：《三年困难时期代食品运动探微》，《经济与社会发展》2007 年第 2 期；陈静：《新中国初期河北省的蝗灾与社会动员》，河北师范大学 2007 年硕士学位论文；陈丕显：《湖北 1980 年的洪涝以及我对水灾治理的一些看法》，《湖北文史》1998 年第 4 期；陈廷伟：《1960 年中南海内的一次救灾应急会议——三年困难时期"代食品运动"出台记》，《文史参考》2010 年第 14 期；陈文庆：《中国共产党灾荒救助的发展历程》，《农业考古》2012 年第 3 期；陈意新：《安徽和江西两省"大跃进"及饥荒的比较研究》，《当代中国研究》2009 年第 1 期；程振声：《李先念与一九七五年河南水灾》，《百年潮》2006 年第 7 期；淳世华：《彭水县大饥荒人口非正常死亡报告》，《炎黄春秋》2014 年第 9 期；戴钢书、刘钊、黄芳：《中国共产党 90 年来领导人民群众战胜重大自然灾害的重要思想研究》，《电子科技大学学报》（社科版）2011 年第 3 期；邓绍辉、罗晓彬：《建国以来四川旱灾特点及其防治》，《四川师范大学学报》（社会科学版）2005 年 5 月；邓绍辉：《建国以来四川洪涝灾害的特点及对策》，《四川师范大学学报》（社会科学版）2001 年 9 月；邓绍辉：《建国以来四川山地灾害的特点及防治对策》，《西南民族大学学报》（人文社科版）2004 年 4 月；邓钧：《1954 年湖南水灾与政府救助工作述评》，湘潭大学 2008 年硕士学位论文；董传岭：《1959~1961 年饥荒成因探析——以山东省梁山县状况为例》，《安徽农业科学》2015 年第 2 期；范连生：《新中国成立初期黔东南地区的灾荒及其应对》，《党史研究与教学》2011 年第 2 期；范连生：《新中国成立初期黔东南地区救灾度荒的历史考察——以积谷政策为例》，《古今农业》2012 年第 4 期；范雪锋：《新中国成立初期河北省灾荒与粮食救济（1949~1956）》，河北师范大学 2014 年硕士学位论文；高冬梅：《建国以来我国蝗灾防治工作的历史考察》，《河北师范大学学报》（哲学社会科学版）2005 年第 1 期；葛玲：《建国初期自然灾害中的政府与乡村——以 1955 年皖西北临泉县城关区春荒为中心》，《党史研究与教学》2012 年第 4 期；葛玲：《天堂之路：1959~1961 年饥荒的多维透视——以皖西北临泉县的乡村十年为中心》，华东师范大学 2014 年博士论文；葛玲：《统购统销、干部行为与饥荒——以皖西北临县饥荒为中心的考察》，中国人民大学 2007 年硕士学位论文；葛玲：《政府救济抑或生产自救——1954 年的皖西北水灾救助》，《当代世界社会主义问题》2013 年第 1 期；郭贵儒、陈冬生：《建国初期河北省救灾渡荒工作述评》，《河北师范大学学报》（哲学社会科学版）2002 年第 2 期；郭茜茜：《建国以来我国防治自然灾害工作的基本经验探讨》，华中科技大学 2010 年硕士学位论文；韩海滨：《1959 年上半年中国农村饥荒问题研究——山东省巨野县情况调查》，中国人民大学 2005 年硕士学位论文；洪振快：《大饥荒中农民的反应》，《炎黄春秋》2014 年第 8 期；洪振快：《地方志中的大饥荒死亡数字》，《炎黄春秋》2014 年第 5 期；洪振快：《有关大饥荒的新谬说——从四川官方数据看"营养性死亡"250 万人的荒谬性》，《炎黄春秋》2014 年第 11 期；胡玉坤：《"三年困难"时期农村的家庭生存策略——从社会性别视角看陕西侯永禄一家的经历》，《社会科学论坛》2013 年第 8 期；贾登红：《生存与选择："三年困难时期"乡村民众的生产自救——以山西繁峙大沟村档案为考察中心》，《黑龙江史志》2014 年第 13 期；贾莹莹：《湖北省 1954 年水灾救助问题研究》，华中师范大学 2007 年硕士学位论文；蒋积伟、唐明勇：《新中国危机动员理念的变迁——以自然灾害动员为例》，《当代中国史研究》2011 年第 4 期；蒋积伟：《1978 年以来中国救灾减灾工作研究》，中共中央党校 2009 年博士学位论文；蒋积伟：《1978 年以来中国（转接下页）

(转接上页) 自然灾害管理存在的问题分析》,《贵州社会科学》2011年4月;蒋积伟:《析论20世纪80年代中国救灾体制的改革》,《北京党史》2008年第4期;蒋积伟:《新中国建立初期自然灾害对中国社会的影响》,《中国石油大学学报》(社会科学版)2011年第3期;蒋积伟:《新中国救灾工作社会化的历史考察》,《当代中国史研究》2010年第6期;蒋志强:《建国前后苏北水灾及救灾工作述论》,《江苏科技大学学报》(社会科学版)2006年第2期;金辉:《"三年自然灾害"备忘录》,《社会》1993年Z2期;靳翠玲:《1957年内蒙古自然灾害救助工作探析》,《前沿》2014年Z3期;靳翠玲:《试论建国初期内蒙古自然灾害的救助工作》,《佳木斯大学社会科学学报》2014年第3期;康沛竹:《新中国成立以来自然灾害对社会发展的影响》,《宁夏社会科学》2005年第6期;康沛竹编著《中国共产党执政以来防灾救灾的思想与实践》,北京大学出版社,2005;来全宾:《1960年代前期河北农村灾害救助研究》,河北师范大学2008年硕士学位论文;李邦本:《1959~1960年环江县灾情和党所采取的救灾措施》,《广西党史》1994年8月;李金月:《全面客观地看待三年自然灾害——我的亲身经历》,《中华魂》2013年第10期(上);李军、石涛:《中国饥荒史研究方法刍议——以〈1690~1990年间华北的饥荒:国家、市场与环境的退化〉一书为中心》,《中国社会经济史研究》2014年第4期;李闽榕、万克峰:《"三年自然灾害"真的饿死3000多万人吗?——对茅于轼先生〈饥荒饿死人估算方法〉的验证》,《当代经济研究》2013年第12期;李勤:《1954年湖北水灾与救济》,《当代中国史研究》2003年第4期;李勤:《1954年湖北水灾与救灾》,《当代中国史研究》2003年第5期;李若建:《经济体制因素对大跃进与困难时期的影响》,《开放时代》2001年8月号;李若建:《困难时期人口死亡率的初步分解分析》,《人口研究》2001年第5期;李伟、王毅:《"大跃进"中山东的两次饥荒》,《炎黄春秋》2014年第3期;李文、王晓耕:《陈云在"三年困难时期"推广食用大豆:公众营养干预的一个范例》,《党的文献》2012年第5期;李秀兰、尤万义:《党领导黑龙江人民战胜"三年自然灾害"的成功经验》,《龙江党史》1997年4月;李应斌:《三年困难时期代食品运动探析》,湘潭大学2010年硕士学位论文;林鹏:《大饥荒下的民众与政府应对研究——以南京三县为个案》,南京师范大学2014年硕士学位论文;刘长生:《1950年淮河流域水灾与新中国初步治淮》,《安阳师范学院学报》2008年第1期;刘长生:《1954年江淮水灾与社会救济》,《安庆师范学院学报》(社会科学版)2008年4月;刘大禹:《试论1954年水灾和建国初期农村集体保障制度的关系——以1954年湖南水灾为例》,《船山学刊》2005年第4期;刘德才:《略谈各种自然灾害(1949~1990年)对新疆国民经济的最大影响概况》,《新疆气象》1995年第6期;刘诗古:《粮食产量、高征购、大队干部与"大饥荒"——以白鹤、三益大队为中心》,《学术界》2012年第4期;刘小琴:《建国以来西北地区的自然灾害及防救措施(1949~2000年)》,天津商业大学2012年硕士学位论文;罗平汉:《"三年困难时期"的粮食增量发明》,《党史文苑》2014年第13期;马晓芳、都海英:《大灾面前人定胜天——辽宁人民战胜三年自然灾害侧记》,《兰台世界》2002年第7期;孟昭华、彭传荣编著《中国灾荒史(现代部分)》,水利电力出版社,1989;苗长青:《三年经济困难时期山西省的"小秋收"运动》,《当代中国史研究》2010年第3期;潘妮娜:《建国初期上海灾害救济的历史经验(1949~1952)》,华东师范大学2011年硕士学位论文;潘洋:《三年困难时期饥荒的成因再析》,《青年文学家》2011年第2期;秦忠(口述)、秦亚平(整理):《回忆三年自然灾害时期的积粮运粮会战》,《武汉文史资料》2009年第8期;曲晓雷:《新(转接下页)

（转接上页）中国初期基层政府灾害应对机制研究——以1959年登陆福建台风灾害为例》，《学术探索》2010年第1期；荣宁：《建国40年来西部民族地区自然灾害的初步研究》，《青海民族研究》2007年4月；荣宁：《周恩来与新中国的灾荒救治》，《毛泽东思想研究》2007年第1期；尚长风：《三年经济困难时期的紧急救灾措施》，《当代中国史研究》2009年第4期；尚长风：《三年困难时期生产自救工作的历史考察》，《党史研究与教学》2011年第2期；尚长风：《三年困难时期中国粮食进口实情》，《百年潮》2010年第4期；施立业、刘长生：《建国初期（1949～1957）淮河流域水灾救治研究》，《安徽大学学报》（哲学社会科学版）2008年第6期；石武英：《1950年湖北省水灾与救灾总动员》，《湖北大学学报》（哲学社会科学版）2013年5月；石武英：《建国初期湖北省水灾与抗洪救灾研究（1949～1956）》，华中师范大学2013年博士学位论文；史海涛：《建国以来中国灾害社会政策的发展研究》，西北农林科技大学2013年硕士学位论文；孙经先：《关于我国三年困难时期的人口变动（1959～1961）》，《经济纵横》2014年第5期；孙绍骋编著《中国救灾制度研究》，商务印书馆，2004年；汤兆云：《三年困难时期农村饥荒与农村人口的关系》，《江苏大学学报》（社会科学版）2010年第3期；唐春芳、刘文生：《解放初期黔西南自然灾害的救济》，《黑龙江史志》2014年第21期；唐方圆：《建国初期广西匪患对水灾的影响》，《黑龙江史志》2015年第1期；唐明勇、孙晓晖：《新中国成立以来中国共产党灾害动员的模式初探》，《江汉论坛》2010年第4期；万华英、马俊林：《1954年湖北特大水灾与救灾》，《湖北文史资料》1998年第4期；万新宇、王光谦：《近60年中国典型洪水灾害与防洪减灾对策》，《人民黄河》2011年第8期；王达阳：《邓小平十年总书记期间指导灾荒救治的经验与启示——以邓小平解决三年自然灾害期间的粮食危机为例》，《中共中央文献研究室个人课题成果集（2012年）》，中央文献出版社，2013；王东亮：《1957年山东大水灾研究》，河北大学2008年硕士学位论文；王恩桥：《顺义人民克服"三年困难"的斗争》，《北京党史》2001年第2期；王家先、施宏江：《安徽省近三十年干旱灾害及防灾减灾》，《江淮水利科技》2009年第2期；温艳：《建国初期汉中的自然灾害与救灾》，《汉中师范学院学报》（社会科学版）2004年第4期；温艳：《三年困难时期救灾途径探析》，《经济研究导刊》2009年第6期；文传甲：《西南地区1959～1961三年自然灾害分析》，《灾害学》1995年第4期；夏明方、康沛竹：《三年自然灾害——一九五九至一九六一年中国大饥荒》，《中国减灾》2008年第11期；谢永刚、李岳芹：《三年自然灾害（1959年～1961年）粮食短缺状况及教训》，载郝平主编《多学科视野下的华北灾荒与社会变迁研究》，北岳文艺出版社，2009；辛逸、葛玲：《三年困难时期城乡饥荒差异的粮食政策分析》，《中共党史研究》2008年5月；熊尚廉：《大饥荒中宣城县非正常死亡数字惊人》，《炎黄春秋》2014年第12期；许红霞：《新中国初期陈云救灾防灾思想述论》，《深圳大学学报》（人文社会科学版）2010年第5期；许虹：《建国初期党和政府救济灾荒、失业问题简述》，《党的文献》2000年第4期；杨继绳：《关于大饥荒年代人口损失的讨论》，《炎黄春秋》2014年第9期；杨奎松：《毛泽东是如何发现大饥荒的？》，《江淮文史》2014年第3期；姚宏志：《20世纪60年代初安徽省农村救灾度荒述论》，《当代中国史研究》2011年第6期；殷月兰：《建国初期抗水灾》，《纵横》2001年第4期；于恩荣：《粮食都去哪儿了——也说大跃进和饥荒年代的那些事儿》，《春秋》2014年第3期；于文善、胡亚魁：《建国以来淮河流域水患灾害及其治理》，《党史研究与教学》2005年第6期；于永、张亚红：《"三年自然灾害"时期内蒙古灾情分析》，《内蒙古师范大学学报》（哲学社会科学版）2013年7月；张富文：《新中国成立初期的生产救灾工作述论》，《河北师范大学学报》（哲学社会科学版）（转接下页）

也有若干成果呈现出新的风格。比如，从灾害学、农业科学、气象学、医学、经济学、社会学等自然科学和社会科学角度切入的研究，其风格就与传统灾荒史研究明显不同，也表现为重量化和理论分析，轻历史过程考察的特点。这在从经济学角度入手的灾荒史研究中，表现得尤为明显。①

（转接上页）2009 年第 5 期；张高臣：《毛泽东灾荒思想初探（1949～1976）》，《山东师范大学学报》（人文社会科学版）2010 年第 6 期；张广友：《目睹 1975 年淮河大水灾》，《炎黄春秋》2003 年第 1 期；张善余：《三年经济困难时期中国人口地区分布的变动》，《中国人口科学》2002 年第 3 期；张晓丽：《20 世纪 50 年代安徽水灾中医疗救助活动述论——以 1954 年淮河水灾为例》，《安徽史学》2010 年第 2 期；赵朝峰：《简评建国初期的救灾渡荒工作》，《中共党史研究》2000 年第 4 期；赵朝峰：《新中国成立初期的灾害救助工作》，《当代中国史研究》2011 年第 5 期；郑功成：《抗灾救灾：新中国 60 年的经验与教训》，《华中师范大学学报》（人文社会科学版）2010 年第 4 期；郑珺：《建国以来我国抗灾减灾的经验及其启示——以抗震、抗洪、抗击"非典"为例》，《当代中国成功发展的历史经验》，当代中国出版社，2007；钟声、张梓晗：《洞庭湖 1954 年大水灾与环境变迁》，《绥化学院学报》2013 年 2 月；周飞舟：《"三年自然灾害"时期我国省级政府对灾荒的反应和救助研究》，《社会学研究》2003 年第 2 期；周曼：《三年困难时期安徽人口变动研究》，河北大学 2011 年硕士学位论文；朱来常：《安徽三年困难时期的严峻形势与为克服困难而作出的努力》，《安徽史学》1996 年第 1 期；邹雅林：《1973 年周总理指导甘肃抗灾救灾》，《百年潮》2010 年第 11 期。

① 自然科学角度的研究成果有以下各篇。冯丽文：《我国近 35 年来干旱灾害及其对国民经济部门的影响》，《灾害学》1988 年第 2 期；亚南、李阔、许吟隆：《1951～2010 年华北平原农业气象灾害特征分析及粮食减产风险评估》，《中国农业气象》2013 年第 2 期；茂松、李章成、王道龙、杨修、钟秀丽、李正、李育慧：《50 年来我国自然灾害变化对粮食产量的影响》，《自然灾害学报》2005 年第 4 期；李治国、陆贤东、管相荣：《1982～2011 年旱灾对中国粮食产量影响研究》，《江苏农业科学》2014 年第 8 期；刘德才：《略谈各种自然灾害（1949～1990 年）对新疆国民经济的最大影响概况》，《新疆气象》1995 年第 6 期；卢丽萍、程丛兰、刘伟东、覃志豪：《30 年来我国农业气象灾害对农业生产的影响及其空间分布特征》，《生态环境学报》2009 年 7 月；满苏尔·沙比提、陆吐布拉·依明：《南疆近 60 年来大风灾害特征及其对农业生产的影响》，《干旱地区农业研究》2012 年 1 月；桑京京、查小春：《近 60 年陕西省洪涝灾害对经济社会发展影响研究》，《干旱区资源与环境》2011 年第 7 期；苏跃、廖婧琳、冯泽蔚、李茂松：《54 年来贵州旱灾及其对粮食生产的影响》，《贵州农业科学》2008 年第 1 期；王瑶、王永红、陈霞、陈国俊、王小林：《生命早期暴露于中国饥荒年（1959～1961）人群认知状态的研究》，《重庆医科大学学报》2015 年第 1 期；王政军：《1949～1984 年旱灾对烟台地区小麦生产的影响》，《农业考古》2014 年第 3 期；文传甲：《西南地区 1959～1961 年三年自然灾害分析》，《灾害学》1995 年第 4 期；张海东、张尚印、李庆祥：《对我国 1959～1961 年气候条件的分析与评估》，《当代中国史研究》2004 年第 1 期；张皓、刘耀宗、李红艳：《通辽市 1949～2007 年农业历史旱灾规律分析》，《内蒙古水利》2014 年第 3 期；张颉、李远碧、李李、李秀川：《生命早期饥荒暴露对 50 岁成年人血脂、血糖水平的影响》，《蚌埠医学院学报》2014 年第 1 期；张运凤、王莉、雷宏军、商崇菊、陈学凯：《新中国 60 年来贵州农业旱灾特征分析》，《中国水运》（下半月）2014 年第 12 期；周长生：《黑龙江省近三十年农业气象灾害对粮食生产影响研究》，黑龙江大学 2010 年硕士学位论文。（转接下页）

从研究内容来看，灾荒的成因、救灾与防灾的组织、政策与实践，灾荒的影响，救灾和防灾思想，民众的灾荒应对等均有涉及。从研究对象来看，"三年困难时期"（又被称为 1959~1961 年大饥荒）是研究的热点。几乎所有相关学科对此均有研究。其他成果则多集中于对 20 世纪 50 年代中前期的灾荒的研究。

（五）疫病史研究

疫病史（也称公共卫生史）研究当下也被纳入环境史研究范畴。新中国的公共卫生工作，经历了从以行政性、运动式为主逐步转向以制度性、常规式为主的转变过程。它是中国由传统走向现代的一个侧影。"现代性"也就成为新中国疫病史研究的基本语境。这也体现了新中国疫病史研究的重要学术价值。在研究主题上，爱国卫生运动、血吸虫病防治工作、城市

（转接上页）经济学、社会学、新闻学等角度研究成果有以下：范子英、孟令杰、石慧：《为何 1959~1961 年大饥荒终结于 1962 年》，《经济学（季刊）》2009 年第 1 期；范子英、孟令杰：《经济作物、食物获取权与饥荒：对森的理论的检验》，《经济学（季刊）》2007 年第 2 期；范子英、石慧：《为何大饥荒发生在粮食主产区？》，《经济学（季刊）》2013 年第 2 期；范子英：《1950 年代粮食危机的研究：共识与展望》，《当代经济研究》2013 年第 12 期；范子英：《关于大饥荒研究中的几个问题》，《经济学（季刊）》2010 年第 3 期；胡鞍钢、陆中臣、沙万英、郭其蕴、杨建新：《中国自然灾害与经济发展》，湖北科学技术出版社，1996；胡玉坤：《"三年困难"时期农村的家庭生存策略——从社会性别视角看陕西侯永禄一家的经历》，《社会科学论坛》2013 年第 8 期；李若建：《经济体制因素对大跃进与困难时期的影响》，《开放时代》2001 年 8 月号；李若建：《困难时期人口死亡率的初步分解分析》，《人口研究》2001 年第 5 期；林毅夫、杨涛：《食物供应量、食物获取权与中国 1959~61 年的饥荒》，《经济杂志》2000 年 1 月号；刘愿：《"大跃进"运动与中国 1958~1961 年饥荒——集权体制下的国家、集体与农民》，《经济学（季刊）》2010 年第 3 期；刘愿：《中国"大跃进"饥荒成因再辩——政治权利的视角》，《经济学（季刊）》2010 年第 3 期；宋雨河、李军：《旱灾对粮食产量的影响——基于 1978~2009 年山西省数据的实证分析》，《古今农业》2011 年第 4 期；孙亚男：《近三十年重大水旱灾害对中国农村经济的影响》，黑龙江大学 2009 年硕士学位论文；文贯中、刘愿：《从退堂权的失而复得看"大跃进"饥荒的成因和教训》，《经济学（季刊）》2010 年第 3 期；文贯中、刘愿：《再论公共食堂退出权在"大跃进"饥荒中的作用》，《经济学（季刊）》2010 年第 3 期；文贯中：《中国三年大饥荒的触发及加剧之原因——论无退出自由的公共食堂的谋杀性后果》，《当代中国研究》2009 年第 1 期；杨涛：《探讨大饥荒的成因：集权、计划失误与政治行为的影响》，《经济学（季刊）》2010 年第 3 期；杨阳：《中国大饥荒再探究：—和运用横截面相依性的处理效应方法》，厦门大学 2014 年硕士学位论文；赵德余：《粮食危机、获取权与 1959~1961 年大饥荒的再解释》，《华南农业大学学报》（社会科学版）2014 年第 4 期；刘凤：《三年困难时期前后〈人民日报〉计划生育报道研究》，《潍坊工程职业学院学报》2013 年第 1 期。

公共卫生治理和农村卫生工作,是改革开放前新中国公共卫生工作中的突出内容,取得了相当成就,遂成为研究的重点。传染性疾病是疫病史的重要研究对象。因此,关于鼠疫、疟疾、霍乱、"非典"等典型传染性疾病,均有研究涉及。另有研究考察了新中国成立以来的重要公共卫生政策、制度和思想。其中的长时段回顾性研究,比较集中地呈现了新中国公共卫生工作现代化的轨迹。在学科背景上,新中国疫病史研究者既有历史学的,也有医学或卫生学的。后者涉入疫病史的研究,也是新中国疫病史相对于前当代疫病史的重要特征。①

---

① 艾智科:《新中国成立初期的城市清洁卫生运动研究》,《中共党史研究》2012年第9期;陈芳芳:《政治视野下20世纪50年代爱国卫生运动研究——以福州地区为例》,福建师范大学2011年硕士学位论文;陈浩、巫娜:《浅析建国初期江西省血吸虫病重疫区成因》,《石家庄职业技术学院学报》2014年第4期;陈杰:《50年代济南市爱国卫生运动述论》,《山东农业管理干部学院学报》2011年第5期;陈松友、宋岩峰:《新中国成立初期东北地区的鼠疫流行及其防控》,《东北师范大学学报》(哲学社会科学版)2015年第2期;陈志宏:《毛泽东卫生思想试析》,《首都医科大学学报》(社会科学版增刊)2011年;代宏刚:《20世纪50年代甘肃省爱国卫生运动初探》,西北师范大学2011年硕士学位论文;戴韶华:《爱国卫生运动中小营巷的变迁——一项政治社会学的解读》,《法制与社会》2010年6月(上);邓智旺:《新中国成立初期爱国卫生运动中的社会动员》,《兰台世界》2011年12月(上旬);段创新:《1950~1958年开封市传染病流行与防治研究》,河南大学2010年硕士学位论文;甘江平:《群众运动与社会动员——建国初期广东省爱国卫生运动研究》,中山大学2009年硕士学位论文;巩瑞波:《新中国成立初期东北农村卫生工作研究》,东北师范大学2013年硕士学位论文;贾鸽:《建国初期天津爱国卫生运动考察(1949~1959)》,《兰台世界》2013年2月(上旬);金媛媛:《建国初期的爱国卫生运动(1949~1959年)》,安徽大学2010年硕士学位论文;李臣:《建国以来我国灾害性公共危机管理的考察与反思》,广西师范大学2010年硕士学位论文;李春明、范顺良、艾经纬:《军队爱国卫生工作五十年回顾与展望》,《解放军预防医学杂志》2002年第4期;李洪河:《反细菌战调查与建国初期爱国卫生运动的肇始》,《河北师范大学学报》(哲学社会科学版)2010年第3期;李洪河:《建国初期的城市公共卫生治理述论》,《辽宁大学学报》2008年第2期;李娟:《20世纪50年代上海爱国卫生运动研究》,上海师范大学2014年硕士学位论文;李立明:《新中国公共卫生60年的思考》,《中国公共卫生管理》2014年第3期;李立明:《新中国公共卫生六十年的成就与展望》,《中国公共卫生管理》2014年第1期;李倩、孙道宽、王全锋:《1970~2013年金湖县血吸虫病流行态势与防治效果》,《热带病与寄生虫学》2014年第4期;李玉荣:《改革开放前新中国公共卫生事业的发展及其基本经验》,《理论学刊》2011年第3期梁丽哲:《河北传染病流行与政府应对(1949~1957)》,河北大学2010年硕士学位论文;廖声莲、吴赘:《20世纪50~80年代鄱阳湖区血吸虫病防治成就的历史考察》,《鄱阳湖学刊》2014年第6期;刘小华、莫志斌:《新中国建立初期公共卫生事件的应对机制——以除"四害"为中心的考察(1950~1960)》,《求索》2013年第8期;石宏亮:《1952年北京市爱国卫生运动考察》,《北京党史》2010年第5期;石宏亮:《简述爱国卫生运动产生的历史缘由》,《福建党史月刊》2014年10月;隋越:《试谈我国建国以来卫生事业管理的得与失》,(转接下页)

（转接上页）《卫生经济》1984 年第 6 期；孙梅、吴丹、施建华、李程跃、吕军、苏忠鑫、宁宁、张建华、徐鹏、郝模：《我国突发公共卫生事件应急处置政策变迁：2003～2013 年》，《中国卫生政策研究》2014 年第 7 期；孙秀芳、李宁：《论公共卫生危机治理中的社会制度优势——以"大跃进"运动前血吸虫病防治为例》，《河北学刊》2014 年第 3 期；田晓晴：《20 世纪 80 年代山西省爱国卫生运动刍议》，《山西高等学校社会科学学报》2011 年第 5 期；万心：《建国以来余江县防治血吸虫病的历史经验研究》，江西师范大学 2013 年硕士学位论文；万振凡、万心：《环境史视野下的 20 世纪鄱阳湖区血吸虫病史研究》，《江西财经大学学报》2011 年第 3 期；王宝芝：《1952～1953 年河北省爱国卫生运动述论》，河北大学 2008 年硕士学位论文；王冠中：《新中国成立初期的城市应急资源整合机制——以 1949 年北京市防控察北鼠疫为例》，《城市问题》2011 年第 3 期；王冠中：《新中国公共卫生事件应对中的中西医协调——以 20 世纪 50 年代的血吸虫病防治为例》，《安徽史学》2012 年第 3 期；王慧超：《城市的躯体和排泄——对北京粪便处理变革的考察（1930～1950 年代）》，北京师范大学 2010 年硕士学位论文；王江然：《建国初期的除"四害"与公共卫生事件的应对》，《前沿》2012 年第 8 期；王月昀：《20 世纪 50 年代上海市爱国卫生运动研究》，上海师范大学 2012 年硕士学位论文；王卫华：《20 世纪 50 年代华北地区爱国卫生运动研究》，西北大学 2011 年硕士学位论文；伍小涛：《新中国成立初期民族地区公共卫生工作——以贵州省为例（1949～1956）》，《中共党史资料》2009 年第 4 期；项晓霞：《环境史学视野里的中国环境保护与社会发展——以 2003 年"非典"事件为个案研究》，江西师范大学 2009 年硕士学位论文；肖爱树：《1949～1959 年爱国卫生运动述论》，《当代中国史研究》2003 年第 1 期；肖爱树：《20 世纪 60～90 年代爱国卫生运动初探》，《当代中国史研究》2005 年第 3 期；肖爱树：《毛泽东与爱国卫生运动》，《青海社会科学》2003 年第 4 期；肖婷婷：《20 世纪 50 年代湖南省爱国卫生运动研究》，湘潭大学 2014 年硕士学位论文；尹跃进、张晓丽：《建国初期我国对于突发公共卫生事件的应对机制——以 1950 年江苏高邮县血吸虫病爆发事件为例》，《南京医科大学学报》（社会科学版）2013 年第 4 期；于大泳：《1952～1965 年山东省爱国卫生运动问题研究》，齐鲁工业大学 2014 年硕士学位论文；袁一傲：《我国污水灌溉卫生工作进展》，《环境保护科学》1989 年第 2 期；岳谦厚、贺蒲燕：《山西省稷山县农村公共卫生事业述评（1949～1984 年）——以太阳村（公社）为重点考察对象》，《当代中国史研究》2007 年第 5 期；曾雪兰：《1964～1965 年河北副霍乱流行与社会应对研究》，河北师范大学 2010 年硕士学位论文；张春燕：《新国家建设与社会风尚的重塑——1949 至 1959 年爱国卫生运动研究》，中国人民大学 2004 年硕士学位论文；张儒子：《建国初期成都爱国卫生运动述论（1952～1959）》，四川师范大学 2014 年硕士论文；朱建童：《浅析毛泽东医疗卫生思想的内容和特点》，《职业技术》2014 年第 1 期；周建：《1950～2012 年都江堰疟疾防治措施与效果分析》，《中国卫生产业》2015 年第 33 期；马安翔、温勇康、樊桂福、黄亚铭：《1950～2014 年二林县疟疾防治效果评价》，《现代医学》2015 年第 11 期；范志成、蔡冬青、程猛、夏咏、邵英：《1951～2013 年襄阳市襄州区疟疾防治策略和措施与效果分析》，《河南预防医学杂志》2015 年第 3 期；陈曦：《毛泽东农村医疗卫生思想及其当代意义》，西华大学 2015 年硕士学位论文；陈浩：《二十世纪五六十年代江西血防人员群体研究》，江西师范大学 2014 年硕士学位论文；李洪河：《新中国成立前后中国共产党领导的卫生宣传与教育研究》，《河南师范大学学报》（哲学社会科学版）2015 年 3 月；傅虹桥：《新中国的卫生政策变迁与国民健康改善》，《现代哲学》2015 年 9 月；李玲、江宇：《毛泽东医疗卫生思想和实践及其现实意义》，《现代哲学》2015 年 9 月；张金林：（转接下页）

(六) 其他相关研究

新中国环境史研究中,还出现了若干比较"另类"的成果。其中,从外交学或外交史角度切入的研究有:范亚新的《冷战后中国环境外交的历史进程》(中国政法大学 2011 年博士学位论文)、齐峰的《改革开放 30 年中国环境外交的解读与思考——兼论构建环境外交新战略》(《中国科技论坛》2009 年 3 月)、王茜的《中国生态外交实践的序幕:

(转接上页)《"大跃进"时期的爱国卫生运动论析》,《商丘师范学院学报》2015 年 4 月;李玲:《医疗卫生改革的问题与出路:毛泽东"六二六指示"的崭新探索》,《现代哲学》2015 年 9 月;肖祥敏、李玲:《毛泽东卫生思想及其当代价值》,《南华大学学报》(社会科学版) 2015 年 4 月;李洪河、李乾坤:《新中国成立初期李德全的医疗卫生思想和实践探析》,《中国浦东干部学院学报》2015 年 5 月;祝江斌、杨臻:《党和国家第二代领导集体重大突发公共卫生事件危机管理思想研究》,《云南行政学院学报》2015 年 7 月;刘劲松:《毛泽东主席与新中国的卫生防疫事业》,《兰台世界》2015 年 12 月;李洪河:《毛泽东与新中国的卫生防疫事业》,《党的文献》2011 年 4 月;田圆:《邓小平应对重大突发公共卫生事件的危机管理思想研究——基于 1988 年上海甲肝的历史考察》,《湖南工业职业技术学院学报》2015 年 12 月;刘丽平、张玲:《建国初期四川省妇幼卫生事业研究 (1949~1955)》,《兰台世界》2015 年 12 月;张金林、王晓凯:《新中国成立前后苏北区医疗卫生事业发展述略》,《盐城工学院学报》(社会科学版) 2015 年 3 月;贾鸽:《新中国成立初期天津公共卫生事业研究》,《文化学刊》2015 年 10 月;邓红、王利娟:《新中国成立初期政府主导下妇幼保健事业的起步与发展——基于天津的考察》,《河北学刊》2015 年 3 月;伍小涛:《新中国成立初期民族地区公共卫生工作——以贵州省为例 (1949~1956)》,《中共党史资料》2009 年 12 月;王璐璐:《新中国成立初期西南民族地区农村卫生事业的发展》,《兰台世界》2015 年 6 月;王帅:《建国初期党对农村公共卫生事业的探索》,《黑龙江史志》2015 年 6 月;肖建珍:《20 世纪 50 年代江西省爱国卫生运动研究》,《江西师范大学》2015 年 6 月;肖婷婷:《20 世纪 50 年代湖南省爱国卫生运动研究》,湘潭大学 2015 年硕士学位论文;李娟:《20 世纪 50 年代上海爱国卫生运动研究》,上海师范大学 2014 年硕士学位论文;卫国华:《20 世纪 50 年代华北地区爱国卫生运动研究》,西北大学 2011 年硕士学位论文;王月昀:《20 世纪 50 年代上海市爱国卫生运动研究》,上海师范大学 2012 年硕士学位论文;陈芳芳:《政治视野下 20 世纪 50 年代爱国卫生运动研究——以福州地区为例》,福建师范大学 2011 年硕士学位论文;代宏刚:《20 世纪 50 年代甘肃省爱国卫生运动初探》,西北师范大学 2011 年硕士学位论文;田晓晴:《20 世纪 80 年代山西省爱国卫生运动刍议》,《山西高等学校社会科学学报》2011 年 5 月;钟冰:《建国初期 (1949~1956) 党的领导集体医疗卫生思想研究》,湖南中医药大学 2015 年硕士学位论文;刘正:《建国初期河南省爱国卫生运动研究》,信阳师范学院 2015 年硕士学位论文;张儒子:《建国初期成都爱国卫生运动述论 (1952~1959)》,四川师范大学 2014 年硕士学位论文;张红芳、张玲:《建国初期全民参与卫生防疫的成功尝试——对〈四川日报〉中爱国卫生运动报道的分析 (1952~1955)》,《黑龙江史志》2015 年 3 月;刘峰:《基于档案考察的血吸虫病防治——以 1950 年代的海宁为例》,《浙江档案》2015 年 6 月。

历史回顾与影响——以 1972 年联合国人类环境会议为视点》（《党史研究与教学》2012 年第 6 期）等。从政治学或政治史角度切入的有：段昌群、杨雪清和张文逸的《生态环境问题对新中国政治生活之影响——从政治生态学的角度分析》（《云南大学人文社会科学学报》2000 年第 4 期），王建革的《生态政治：1953 年的乌拉特前旗及其周边地区》（《中国农史》2004 年第 3 期）。从教育学或教育史角度切入的有：王忠祥和谢世诚的《中国环境教育四十年发展历程考察》（《广西社会科学》2013 年第 10 期）。从新闻学或新闻史角度切入的有：张潇的《〈人民日报〉环境报道三十年：变化、趋势、影响》（西北大学 2010 年硕士学位论文）。还有学者专门研究了环境样品库的发展历程。如邱芳、孟祥周、仇雁翎、黄清辉、刘颖、吴玲玲、肖乾芬、孙雅洁、王锐、周懿慧、于振洋、尹大强、朱志良、赵建夫的《中国环境样品库的历史发展和未来展望》，其为 2014 年中国环境科学学会学术年会的论文。这明显具有科技史的色彩。

二　特征

相对于中国古代环境史和近代环境史研究，新中国环境史研究主要呈现出以下六方面的特征。

1. 研究领域更广阔

中国古代和近代环境史的研究领域，以灾荒史、水利史、疫病史、生态环境思想史以及生态环境保护史等为主。它们也是新中国环境史研究的重要领域。除此之外，新中国环境史的若干重要研究领域或主题，则是古代和近代环境史研究极少涉及的。如，与现代化密切相关的环境史研究，尤其是跟工业化和绿色革命密切相关的环境问题研究，以及现代环境保护问题研究。另如环境外交史、环保宣传和教育史、环境新闻史等，也基本是新中国环境史所特有的。这一差别，体现出环境史研究主题的历史性特征和现代化的环境史意义。

2. 学科背景更丰富

虽然环境史学者们非常强调环境史的学科交叉特征和相关自然科学理论与方法的使用，但从研究者的学科背景来看，中国古代和近代环境史研究者基本是历史学者，接受的主要是历史学的训练。这跟较早倡导环境史研究的学者基本是历史学者，他们主要研究古代和近代环境问题，有密切关系。相比之下，新中国环境史研究者的学科背景或学科来源要丰富得多。其中既有党史和国史（包括经济史、政治史、社会史、文化史、思想史等）研究者，也有经济学、社会学、政治学、法学、新闻学、外交学、地理学、人类学、灾害学、生态学、环境科学、农业科学、气象学、医学、卫生学、地理学等社会科学和自然科学的研究者。非史学学者较多涉足新中国环境史研究，而较少涉足中国古代和近代环境史研究，或许是因为新中国环境史料的丰富性、数据资料的连续性和可获得性较强，从而更便于他们从本学科出发开展历史性研究。

3. 研究方法更多样

研究者学科背景的丰富性，也使得新中国环境史研究的理论与方法更为多样，更能体现环境史研究的学科交叉特征。这在上述灾荒史、疫病史以及关于生态环境的历史影响因素的研究中，均有所体现。但从中国环境史（包括当代与前当代环境史）研究的现状来看，似乎并未出现环境史所独有的理论与方法。① 当下的环境史研究，更多表现为融会多学科理论和方法的"论坛"。② 由此，环境史理论上更易于成为实现多学科交叉与融合的重要切入点和结合点。

4. 研究风格现分异

上述学科背景的差异，导致环境与历史两个变量相结合的方式，即研究风格，出现分异。在对古代和近代环境史的研究中，它们的结合主要表现为"自然融入历史"，即自然变量被有机融入历史研究之中。③ 在学科流变上，这主要表现为历史研究领域或主题的拓展。而在新中国环境史研究中，其既表现为"自然融入历史"，也在相当程度上表现为"历史融入自然"，即历史变量被引入与人地关系相关的人文社会科学和自然科学研究之中。后者更多意义上是环境经济学、环境社会学、环境政治学、环境法学、环境人类学、环境地理学、环境新闻学以及以现实的人地关系作为研

---

① 当然也有国内环境史学者持不同观点。他们认为，从历史角度研究环境问题，本身就是环境史独有的理论。
② 此处借用了希克斯在《经济史理论》中对经济史功能的论述。他认为，"经济史的一个主要功能是作为经济学家与政治学家、法学家、社会学家和历史学家——关于世界大事、思想和技术等的历史学家——可以相互对话的一个论坛"。参见约翰·希克斯《经济史理论》，商务印书馆，1987，第4～5页。
③ 李根蟠先生将环境史研究概括为"人类回归自然，自然进入历史"。

究对象的其他人文社科和自然科学学科,向历史维度的延伸。因此,对于"自然融入历史"而言,历史学是主导性背景学科,而对"历史融入自然"而言,非历史学则是主导性背景学科。中国的环境史研究,也就因研究者们所受学术理论、方法及思维方式训练的差异,而呈现出不同的风格,即出现了"自然融入历史"型与"历史融入自然"型两种不同风格的环境史。中国古代和近代环境史研究以"自然融入历史"型为主,新中国环境史研究则兼具两种风格。

5. 现实关怀更强烈

"一切历史都是当代史",都是回应时代呼唤的产物。现实关怀、鉴古资今,是历史学的重要学科使命和学科特征。环境史在美国和中国的兴起即源于此。但相对中国古代和近代环境史而言,新中国环境史研究表现出了更强烈的现实关怀,与现实的联系也更紧密一些。这主要是由生态环境问题的历史性特征决定的。当前人们所关注的生态环境问题,主要是以工业化为核心内容的现代化所导致的。中国工业化的快速推进是在新中国成立之后实现的,其导致的生态环境问题也主要显现于新中国成立之后。这也使得新中国环境史研究的现实意义更强,学科担当更大。①

6. 学科意识较淡薄

近十几年来,随着中国环境史研究的快速兴起,众多学者对环境史的学科属性和研究理路进行了积极而卓有成效的探讨。深入考察这些探讨,我们发现,其中的参与者主要是研究中国古代、近代环境史和外国环境史的学者,基本未出现新中国环境史研究者的身影。就此来看,新中国环境史研究者的环境史学科意识或学科自觉性相对淡薄的多。明确以"环境史"为题的关于新中国环境史研究的综述付之阙如,即是学科意识淡薄的体现。我们认为,这跟上文所述的研究者的学科背景有密切关系。毕竟,很多新中国环境史研究者是非历史学者,他们未来亦未必将环境史作为自己的主要研究方向。再者,同为历史学者,古代史和近代史研究者相比新中国史研究者,其历史学科意识似乎更强烈一些。这恐怕也是他们更多参与讨论,并展现出更强学科意识的重要原因。

---

① 一位研究中国古代环境史的学者曾坦言,研究新中国环境史的现实意义更大一些。

三 不足

纵观现有的新中国环境史研究成果,我们认为尚存在以下四方面的问题。这些问题,也正是未来新中国环境史研究的努力方向。

1. 资料建设有待加强

新中国环境史研究资料极为丰富。既有巨量一般意义上的史料,也有大量可作为研究资料的相关研究成果,如自然科学的相关研究。这为研究的开展提供了非常广阔的空间。近年来,既有研究在史料的挖掘和运用上取得了长足进步,但相对于丰富的史料而言,做得还很不够。很多学者仍局限于"面上"史料的运用,这尤其体现在对重要领导人的相关思想的研究上。即便是此类研究,在资料掌握上,往往也不够全面。这导致重复建设比较严重,创新性不足。做足史料搜集整理的功夫,将是深化新中国环境史研究必须即刻着手的首要工作。

2. 研究对象有待开拓

首先,在空间维度上,现有研究多是区域层面的中观研究,具体到企业或基于家庭的微观研究较少,涵盖较多省区或全国层面的宏观研究也不多见。微观研究不足,容易导致研究不够深入。宏观研究不足,则容易弱化或忽视生态环境问题及其应对的区域差异。其次,在时间维度上,1949年似乎是一堵高耸的隔墙,使中国环境史研究呈现出近代与当代的明显分野。这可能会人为割裂环境史研究对象的完整演变过程,或难以更好地呈现生态环境问题的历史性特征,从而不利于历史经验的总结和历史规律的探寻。开展打通近代与当代的环境史研究,甚至开展贯通古代与当代的研究,将是未来的重要努力方向。再次,在研究视角上,从顶层入手的较多,从普通居民入手的较少。如上所述,这很大程度上是中国的宏观制度安排决定的,也与政治过程有密切关系。但在居民的环境意识与自发环境应对方面,尚存相当研究空间。

3. 学科融合有待深化

新中国环境史研究者的学科背景是异常多样的,但学科融合度却亟待深化。如前所述,虽然很多非史学学者涉足新中国环境史研究,或做出了实际上可纳入环境史范畴的成果,但由于他们一般缺少史学训练,更注重运用自然科学、统计学或计量经济学方法开展研究,主要探讨历史中相关变量的数量或统计学关系，而对历史中人与自然的作用过程与历史逻辑涉及较少，因此他们的研究成果的历史感总体不强。而历史学者则往往缺少足够的自然科学和社会科学的专业训练与知识准备，因此他们的研究往往难以深入技术性较强的领域，难以在方法上有所拓展，也容易出现技术性错误。因此，新中国环境史研究在学科融合上仍是浅表性的，其成果往往也难以同时获得相关学科的认同。

实现差异较大的学科的深度融合，是开展环境史研究的突出难点。这是环境史研究普遍面临的问题。推进学科融合应该是双向的。鉴于非史学学者深度介入环境史研究的可能性不大，这就需要具有史学背景的学者更深入地学习其他学科尤其是自然科学学科提供的智识成果。这对于新中国环境史研究而言，尤为重要和迫切。因为，自然科学学者主要研究新中国生态环境问题，已经为新中国环境史研究提供了前当代中国环境史研究求之不得的重要资料。这至少为新中国环境史研究者进入前当代中国环境史难以涉足的领域提供了资料上的可能性。面对这种可能性，新中国环境史学者如果不能积极、深入地吸收这些成果并有所作为，不仅将严重制约研究领域和方法的拓展，也将严重削弱新中国环境史研究的学术价值。但在当前通行的分学科进行学术训练的学术体制下，推进学科的深度融合，恐怕还主要依赖于研究者的自身努力。

4. 国际视野有待拓展

众所周知，生态环境问题是一个全球性问题。其产生与应对，既有一般性，也存在国际差异。因此，通过国际比较，在国际视野中审视中国生态环境问题的产生与演变，就非常必要和重要。这将有助于人们更深入地认识中国环境史在世界环境史中的历史方位、特征与意义，有助于人们探究中国生态环境问题的共性与个性，也有助于人们对中国环境史作出更为客观的评价。但现有研究多是就中国谈中国，一般没有进行国际比较，研究视野比较狭窄。进一步拓展国际视野、积极开展国际比较研究，是深化中国环境史研究，尤其是新中国环境史研究的重要途径。

An Overview of Studies of Contemporary Chinese Environmental History

Zhang Lianhui

Abstract: This paper starts with an overview of the studies of environmental history of the People's Republic of China published by 2015, and then initially outlines the major characteristics and shortcomings of these studies. On the whole, in our view, compared with the studies of environmental history of ancient and modern China, the studies of contemporary Chinese environmental history have six major characteristics: more research subjects, more academic background, more research methods, more intense realistic care, weaker discipline-consciousness and different research style. Meanwhile, there are four areas that need to be strengthened in these studies, such as the construction of historical materials, the diversity of research subjects, the degree of discipline integration and the internationalization of research vision.

Key words: Contemporary China; Environmental History; Overview

稿　约

自2017年开始,中国经济史学会会刊《中国经济史论丛》更名为《中国经济史评论》(本来计划改为《中国经济史集刊》,但是由于多种原因,这个名字不能用,因此更名为《中国经济史评论》),由中国经济史学会、河北师范大学历史文化学院、《河北师范大学学报》编辑部共同主办。会刊主要刊登中国古代经济史、近代经济史、现代经济史以及世界经济史等方面的研究文章,同时也会兼顾书评、综述等方面的佳作。

目前,会刊只是初创,虽然经历了四年的积累和沉淀,但仍前路坎坷,不过,我们的信心不变,情怀不变,虽栉风沐雨,我们仍会坚持下去。在这一路走来的过程中,我们感受到了您的支持,感受到了您的厚爱,我们希望,未来您能一如既往地支持我们,帮助我们。我们深知,推动中国经济史学的研究是当代学人的一份沉甸甸的责任,没有经济史学的研究,就没有中国特色社会主义政治经济学体系的构建,没有经济史学的研究,就不能为中华民族的伟大复兴提供学理上的支撑。我们欢迎您的真知灼见,不论您是谁,大佬、大腕、大咖、年轻的学者、博士生、硕士生,我们都敞开怀抱!

我们无以回报,只能赘以稿费,我们的计划是千字300元。

具体事项告知如下:

1. 本刊主要发表经济史研究方面的学术论文。同时兼顾学术述评等。注重学术性、理论性、专业性和知识性。

2. 稿件文字、标点、年代、数字等书写方式均以国家新闻出版广电总局有关规定为准。来稿请采用脚注、每页分别编序。来稿请附300字以内的中、英文提要,以及3~5个中、英文关键词。为方便我们工作,文稿请尽量采用单倍行距,正文宋体五号字,摘要、关键词、大段引文楷体五号字,注释宋体小五号字。

3. 本刊取舍稿件以学术水平为准，请作者来稿时务必附姓名、单位、地址、邮编、电话、电子邮箱等。本刊尊重作者版权，一般不对来稿进行删改，仅作必要的技术性和文字性修改。无论来稿采用与否，稿件一律不退，烦请自留底稿。

4. 来稿篇幅不限，本刊欢迎长论文。

5. 本刊采用电子投稿，投稿信箱为 suifumin@126.com。

我们常年征稿，期待您惠赐大作！

《中国经济史评论》编辑部
2017 年 8 月 10 日

图书在版编目(CIP)数据

中国经济史评论. 2017年. 第一期:总第5期/魏明孔, 戴建兵主编. -- 北京:社会科学文献出版社, 2017.10
 ISBN 978-7-5201-1660-2

Ⅰ.①中… Ⅱ.①魏…②戴… Ⅲ.①中国经济史-文集 Ⅳ.①F129-53

中国版本图书馆CIP数据核字(2017)第260784号

中国经济史评论 2017年第1期(总第5期)

主　　编 / 魏明孔　戴建兵
执行主编 / 隋福民

出 版 人 / 谢寿光
项目统筹 / 周　丽　陈凤玲
责任编辑 / 宋淑洁

出　　版 / 社会科学文献出版社·经济与管理分社(010)59367226
　　　　　 地址:北京市北三环中路甲29号院华龙大厦　邮编:100029
　　　　　 网址:www.ssap.com.cn
发　　行 / 市场营销中心(010)59367081　59367018
印　　装 / 三河市尚艺印装有限公司

规　　格 / 开　本:787mm×1092mm　1/16
　　　　　 印　张:14　字　数:236千字
版　　次 / 2017年10月第1版　2017年10月第1次印刷
书　　号 / ISBN 978-7-5201-1660-2
定　　价 / 68.00元

本书如有印装质量问题,请与读者服务中心(010-59367028)联系

版权所有 翻印必究